Jacob et Wilhelm Grimm

80 Contes

UltraLetters Publishing

Titre : 80 Contes

Auteur : Jacob et Wilhelm Grimm

Couverture : Atelier Sommerland, Fotolia.

ISBN : 978-2-930718-11-8

www.UltraLetters.com

UltraLetters Publishing, Bruxelles
contact@UltraLetters.com

Sommaire

1. L'aïeul et le petit-fils

Il y avait une fois un homme vieux, vieux comme les pierres. Ses yeux voyaient à peine, ses oreilles n'entendaient guère, et ses genoux chancelaient. Un jour, à table, ne pouvant plus tenir sa cuiller, il répandit de la soupe sur la nappe, et même un peu sur sa barbe.

Son fils et sa bru en prirent du dégoût, et désormais le vieillard mangea seul, derrière le poêle, dans un petit plat de terre à peine rempli. Aussi regardait-il tristement du côté de la table, et des larmes roulaient sous ses paupières ; si bien qu'un autre jour, échappant à ses mains tremblantes, le plat se brisa sur le parquet.

Les jeunes gens le grondèrent, et le vieillard poussa un soupir ; alors ils lui donnèrent pour manger une écuelle de bois.

Or, un soir qu'ils soupaient à table, tandis que le bonhomme était dans son coin, ils virent leur fils, âgé de quatre ans, assembler par terre de petites planches.

— Que fais-tu là ? lui demandèrent-ils.

— Une petite écuelle, répondit le garçon, pour faire manger papa et maman quand je serai marié...

L'homme et la femme se regardèrent en silence... ; des larmes leur vinrent aux yeux. Ils rappelèrent entre eux l'aïeul qui ne quitta plus la table de famille.

2. L'apprenti meunier et la petite chatte

Il était une fois un meunier qui avait ni femme ni enfant, mais qui avait à son service trois jeunes apprentis.

Cela faisait quelques années que les apprentis travaillaient auprès de lui et, un jour, il les fit venir et leur dit: « Je suis vieux et je veux maintenant prendre ma retraite au coin du feu. Allez! Parcourrez le monde. Et celui qui me rapportera le meilleur des chevaux devra s'occuper de moi jusqu'à mes derniers jours, et à celui-là je donnerai mon moulin. »

Le troisième apprenti, Hans, était plus jeune que les autres; et ces derniers, le tenant pour idiot, ne lui confiaient jamais le moulin. Lorsque que tous trois se furent retirés, les deux plus vieux dirent à Hans: « Tu peux bien rester ici, jamais de toute ta vie tu ne trouveras de cheval. » Mais Hans alla quand même avec eux. Alors que la nuit tombait, ils arrivèrent à une grotte et rampèrent à l'intérieur pour y dormir. Les deux plus vieux attendirent que Hans se fût endormi, puis ils se levèrent et partirent en secret. Ils laissèrent là le petit Hans et se dirent qu'ils avaient été rusés. Mais la suite n'allait pas se dérouler comme ils l'avaient prévue!

Quand le soleil se leva, Hans se réveilla et constata qu'il n'y voyait goutte. Il regarda partout autour de lui et s'exclama: « Mon Dieu! Où suis-je? » Puis, il rampa hors de la grotte, alla dans la forêt et se dit: « Maintenant, je suis tout seul et je me suis égaré. Comment vais-je donc faire pour trouver un cheval ? » Alors qu'il allait, comme ça, perdu dans ses pensés, il rencontra une petite chatte bigarrée. Celle-ci lui dit gentiment: « Hans, où vas-tu donc comme cela? » « Hélas, tu ne peux pas m'aider », répondit Hans. « Je connais ton désir, dit la chatte, tu aimerais trouver un beau cheval. Viens avec moi et sois mon fidèle serviteur sept années durant. Ensuite, je te donnerai un magnifique cheval, un cheval comme tu en n'as jamais vu. » « C'est une chatte étonnante, pensa Hans, mais je vais tout de même la suivre pour voir si ce qu'elle dit est vrai. »

Ainsi, la chatte multicolore l'emmena dans son palais enchanté. Là, se trouvaient d'autres petits chats bruyants qui étaient ses serviteurs. Ils montaient et descendaient l'escalier agilement, étaient gais et joyeux. Le soir venu, lorsqu'ils s'assirent à la table, trois des chats durent faire de la musique: l'un joua de la contrebasse, l'autre du violon, le troisième, les joues toutes gonflées, souffla dans la trompette aussi fort qu'il le pouvait. Quand le repas fut terminé, la table fut poussée dans un coin, et la chatte bigarrée dit: « Maintenant viens, Hans, et danse avec moi! » « Non, répondit Hans, avec une chatte, je ne danserai pas; cela, je ne l'ai jamais fait. » « Alors, allez le coucher. », dit la chatte à ses serviteurs. L'un d'eux prit une chandelle et le conduisit à sa chambre. Là, un autre serviteur lui ôta ses souliers, un autre les bas, et finalement, un autre souffla la chandelle.

Le lendemain matin, les serviteurs revinrent et l'aidèrent à se lever. L'un d'eux lui enfila ses bas, un autre lui mit ses jarretières, un autre le chaussa, un autre le lava, tandis qu'un autre lui nettoyait le visage avec sa queue. « Hé bien! On fait la belle vie, ici », se dit Hans réjoui de son nouveau travail. Mais il dut travailler et fendre du bois à longueur de journée pour la chatte. Pour cela, il reçut une hache d'argent, un coin d'argent, une scie d'argent et une cogné de cuivre.

Hans s'appliqua à son travail et demeura au palais enchanté. Il mangeait toujours de bon repas, mais jamais, à part la chatte bigarrée et ses serviteurs, il ne voyait quelqu'un. Un jour, la chatte lui dit: « Va! Fauche mon champ et met le foin à sécher. » Aussi, lui donna-t-elle une faux d'argent et une pierre à aiguiser d'or, lui ordonnant de tout rapporter en état. Hans partit et fit ce qu'elle lui avait ordonné de faire.

Lorsque son travail fut terminé, il rapporta au palais la faux, la pierre à aiguiser et le foin. Et comme les sept années étaient maintenant écoulées, il demanda à la chatte s'il n'était pas le temps de lui donner sa récompense. « Non, répondit la chatte, tu dois encore accomplir un dernier travail pour moi: voici des matériaux d'argent, une égoïne, une équerre, et tout ce qui peut être utile; tout cela, fait d'argent. Avec cela, tu dois maintenant me construire une petite maison! »

Hans lui construisit une jolie petite maison et lorsque tout fut prêt, il dit à la chatte que, bien qu'il ait maintenant fait tout ce qu'on lui avait demandé, il n'avait toujours pas reçu de cheval. « Peut-être voudrais-tu voir mon cheval? », rétorqua la chatte. « Oui », répondit Hans. Alors la chatte sortit de la maisonnette - là se trouvaient douze magnifiques chevaux, si polis et si blancs qu'on pouvait presque se mirer dedans. En les voyant, Hans sentit son cœur sautiller dans sa poitrine. La chatte lui offrit encore un repas et lui dit: « Maintenant, retourne chez toi. Mais je ne te donnerai pas le cheval tout de suite: dans trois jours, je viendrai et te l'apporterai. »

Alors la chatte lui montra le chemin du retour et Hans se mit en route. Depuis sept ans, Hans n'avait jamais reçu de nouveaux vêtements; il dut donc retourner chez lui vêtu de ses mêmes vieilles guenilles, devenues beaucoup trop petites avec le temps. Lorsqu'il arriva au moulin, les deux autres apprentis étaient déjà de retour. Chacun d'eux avait rapporté un cheval, mais l'un était aveugle, l'autre paralysé. Ils demandèrent à Hans: « Alors Hans, où donc as-tu mis ton cheval? » « Dans trois jours il sera ici », répondit Hans. Les deux autres apprentis s'esclaffèrent et le traitèrent d'idiot.

Hans entra et alla dans la salle à manger. Mais le meunier lui dit qu'il ne pouvait pas s'asseoir à la table, qu'il était trop déguenillé et qu'ils auraient honte de sa présence. Il lui donna un peu de nourriture et l'envoya manger dehors. Lorsque le soir fut venu et qu'il fut temps d'aller se coucher, les deux autres apprentis ne voulurent pas lui donner un lit. Hans dut se faufiler dans la basse-cour et dormir sur la paille.

Quand il se leva le troisième jour, un carrosse arriva, tiré par un attelage de six chevaux. Un domestique en apportait un septième, celui-ci était pour Hans. À ce moment, une princesse, qui n'était nul autre que la petite chatte bigarrée que Hans avait servie sept années durant, descendit du carrosse. Elle entra dans le moulin, et demanda au meunier où se trouvait Hans. « Hé bien! dit le meunier, nous ne pouvons pas lui permettre de rester à l'intérieur. Il est si déguenillé qu'il a dû s'installer dans la basse-cour! » Alors, la princesse demanda à ce qu'on aille le chercher immédiatement.

On alla donc le chercher, et Hans se présenta devant elle vêtu de ses vieilles guenilles. Là, le domestique sortit de magnifiques vêtements; Hans dut se laver et s'habiller. Lorsqu'il eut terminé, il ne pouvait y avoir plus beau prince que lui. Là-dessus, la princesse exigea qu'on lui fasse voir les chevaux que les autres apprentis avaient rapportés. Mais l'un était aveugle, et l'autre paralysé. Elle fit apporter le septième cheval par l'un de ses valets, et lorsqu'il le vit, le meunier s'écria: « Mille tonnerres! Jamais je n'ai vu un tel cheval! » « Il est pour Hans », dit la princesse. « Si c'est son cheval, alors c'est à lui que je donnerai mon moulin », dit le meunier. Mais la princesse lui répondit qu'il pouvait garder son moulin.

Elle prit son cher Hans par la main, le fit monter avec elle dans son carrosse et, ensemble, ils s'éloignèrent. Ils se dirigèrent d'abord vers la maisonnette que Hans avait construite avec les outils d'argent. Mais la maisonnette s'était transformée en un immense château, couvert, aussi bien à l'intérieur qu'à l'extérieur, d'or et d'argent. Puis, ils célébrèrent un grand mariage et vécurent riches et heureux pour le reste de leur vie.

3. Le banquet céleste

Un pauvre petit paysan entendît un jour à l'église le prêtre dire que, quand on voulait entrer au paradis, il fallait marcher droit. Il se mit en route, allant toujours tout droit devant lui, par monts et par vaux, sans jamais se détourner. A la fin, son chemin le conduisit dans une grande ville et au milieu d'une belle église où on célébrait le service divin. En voyant toute cette magnificence, il s'imagina qu'il était arrivé dans le ciel, et, plein de joie, il s'y arrêta.

Quand l'office fut terminé, le sacristain lui dit de sortir, mais il répond: « Non, je ne sors pas, je suis enfin au ciel et j'y reste. » Le sacristain alla trouver le curé et lui dit qu'il y avait dans l'église un enfant qui ne voulait pas en sortir et qui s'imaginait être en Paradis. « S'il le croit ainsi, dit le curé, il faut l'y laisser. » Là-dessus, il vint auprès de l'enfant et lui demanda s'il voulait travailler. Le petit répondit que oui et qu'il était habitué au travail, mais qu'il ne voulait pas sortir du ciel.

Il resta donc dans l'église; et, comme il y voyait les fidèles adorer à genoux une statue en bois de l'enfant Jésus, il s'imagina que c'était là le bon Dieu et dit à cette image. " Que tu es maigre, ô mon Dieu! Certainement ces gens-là ne te donnent pas à manger: je partagerai mon pain avec toi tous les jours. « Il entendit alors une voix qui lui disait: " Donne à ceux qui ont faim, et tu me nourriras. »

A la porte de l'église, une pauvre vieille femme tendait sa main tremblante aux passants. L'enfant lui donna la moitié de son pain; puis il regarda la statue, et il lui sembla qu'elle souriait; il fit ainsi chaque jour, et la statue paraissait contente.

Quelque temps après il tomba malade, et pendant huit jours il ne sortit pas de son lit. Dès qu'il put se lever, il vint s'agenouiller aux pieds de l'enfant Jésus. Le curé, qui le suivait, l'entendit prier ainsi: « Mon Dieu, ne m'accuse pas si depuis si longtemps je ne t'ai pas nourri; j'étais malade, je ne pouvais me lever. »

Comme il restait à genoux, le curé lui demanda ce qu'il faisait. « Oh! mon père, répondit-il, voici ce que me dit l'enfant Jésus: « J'ai vu ta bonne volonté » et cela suffit. Dimanche prochain ce « sera toi qui viendras avec moi au festin céleste. »

Le prêtre pensa que Dieu lui ordonnait de donner la communion au pauvre petit; il le prépara donc à ce grand jour. Le dimanche l'enfant assista au service divin; mais au moment de la communion, Dieu le rappela à lui et le fit asseoir au festin céleste.

4. La belle Catrinelle et Pif-Paf Lelutin

- Bien le bonjour, père Latisane Desureau

- Salut et grand merci, Pif Paf Lelutin.

- Si je vous le demande, est-ce que je pourrais épouser votre fille ?

- Oui, bien sûr, cela se peut si la mère Traitlavàche, son frère Hautorgueil, sa sœur Fromagemou et la belle Catrinelle sont d'accord, cela se peut vraiment.

- La mère Traitlavache, où est-elle à cette heure ?

- A l'étable, elle trait pour nous faire le beurre.

- Bien le bonjour, la mère Traitlavache !

- Salut et grand merci, Pif Paf Lelutin.

- Si je vous le demande, est-ce que je pourrais épouser votre fille?

- Oui, cela peut se faire si le père Latisane Desureau et le frère Hautorgueil et la sœur Fromagemou et Catrinelle elle-même sont d'accord.

- Mais le frère Hautorgueil, où est-il à présent ?

- C'est au bûcher qu'il est, et notre bois, qu'il fend.

- Bien le bonjour, frère Hautorgueil !

- Salut et grand merci, Pif Paf Lelutin.

- Si je vous le demande, est-ce que je pourrais épouser votre soeur ?

- Oui, bien sûr, si le père Latisane Desureau, la mère Traitlavache et la belle Catrinelle sont d'accord, la chose pourrait se faire.

- Mais où se trouve donc la sœur Fromagemou ?

- Dans le jardin qu'elle est, à nous couper des choux.

- Bien le bonjour, sœur Fromagemou !

- Salut et grand merci, Pif Paf Lelutin.

- Si je vous le demande, est-ce que je pourrais épouser votre sœur ?

- Oui, bien sûr, c'est tout à fait possible si le père Latisane Desureau, la mère Traitlavache, le frère Hautorgueil et la belle Catrinelle elle-même sont d'accord.

- Mais où puis-je trouver la belle Catrinelle ?

- Dans la chambre, à compter ses sous dans l'escarcelle.

- Bien le bonjour, Catrinelle !

- Salut et grand merci, Pif Paf Lelutin.

- Si je te le demande, veux-tu être ma chérie ?

- Mais bien sûr, si le père Latisane Desureau, la mère Traitlavache, le frère Mautorgueil et la sœur Fromagemau sont d'accord, cela pourrait bien arriver.

- Belle Catrinelle, combien as-tu pour faire la dot ?

- Quatorze sous de capital, trois francs cinquante de dettes, une demi-livre de poires sèches, une main de prunes, une poignée de carottes. Et si je ne suis pas trop sotte, Cela fait une belle dot ! Mais toi, cher Lelutin, quel métier est le tien ? Serais-tu artisan tailleur ?

- Quelque chose de meilleur !

- Serais-tu cordonnier ?

- J'ai un meilleur métier !

- Serais-tu forgeron ?

- Mais c'est bien mieux, voyons !

- Serais-tu donc meunier ?

- C'est beaucoup mieux, ce que je fais !

- Peut-être alors que tu fais des balais ?

- Exactement, voilà ce que je fais. Un aussi beau métier, est-ce que tu en connais ?

5. La betterave

Il était une fois deux frères qui faisaient tous deux le métier de soldats, mais l'un demeurait pauvre tandis que l'autre était riche. Alors le pauvre voulut sortir de sa misère et quitta l'uniforme pour se faire paysan; il défricha et laboura son bout de terre et y sema des betteraves. Le grain germa, poussa, et il y eut une betterave qui devint forte et grande, continuant sans cesse à grossir sans vouloir jamais s'arrêter, et encore, et encore, de sorte qu'on pouvait bien la nommer la reine des betteraves, car jamais on n'en avait vu de pareille et jamais on n'en verra plus. Elle était si grosse, à la fin, qu'elle emplissait à elle seule un gros tombereau, auquel il fallut atteler deux bœufs; et le paysan ne savait trop qu'en faire, se demandant si c'était un bonheur ou un malheur que ce géant d'entre les betteraves. « Si je la vends, se disait-il, elle ne va guère me rapporter; et si je la consomme moi-même, les betteraves ordinaires me feront autant d'usage. Le mieux serait encore d'en faire présent d'honneur au roi » Aussitôt dit, aussitôt fait : piquant ses bœufs, il mena son tombereau jusque dans la cour royale, et il offrit sa betterave en présent au roi.

- L'étrange chose! s'exclama le roi. J'ai déjà vu pourtant bon nombre de merveilles, mais un tel monstre, jamais! Quelle sorte de graine as-tu, pour qu'elle ait donné ce géant ? Ou bien est-ce à toi seul que cela est dû, parce que tu as la main heureuse ?

- Oh non ! Protesta le paysan, ce n'est pas que j'aie la main heureuse, ni la chance avec moi: je ne suis qu'un pauvre soldat que la misère et la faim ont forcé à accrocher l'uniforme à un clou pour se mettre à travailler la terre. J'ai bien un frère qui est soldat aussi, mais il est riche, lui, et Votre Majesté doit sûrement le connaître. Mais moi, parce que j'étais si pauvre, personne ne me connaissait.

Le roi eut compassion et lui dit :

- Oublie à présent ta pauvreté, mon ami: avec ce que je vais te donner, tu seras au moins aussi riche que ton frère. Et en effet, il lui donne d'abord de l'or en quantité, et puis des champs, des prés, des bois, et des troupeaux, qui firent de lui un riche entre les riches, à côté duquel la richesse de son frère n'était rien.

En apprenant ce qu'il avait obtenu d'une seule betterave, le frère se prit à l'envier et se mit à réfléchir en long et en large au bon moyen d'en faire autant : une pareille chance, n'est-ce pas, il n'y avait aucune raison qu'il ne la connût pas! Mais comme il tenait à se montrer plus adroit, ce fut de l'or et ce furent des chevaux qu'il offrit en présent au roi. Le roi, en recevant ce cadeau, lui dit qu'il ne voyait rien de mieux à lui donner en échange, rien de plus rare et de plus extraordinaire que la betterave géante, si bien qu'il fallut que le riche chargeât sur un gros tombereau la betterave de son frère et la rapportât dans sa maison. Il en rageait, à vrai dire, et son dépit, sa fureur se calmèrent si peu, quand il se retrouva chez lui, qu'il en vint aux mauvaises pensées et résolut de tuer ce frère abhorré. Il s'aboucha avec des bandits meurtriers qui se chargèrent de lui dresser un guet-apens pour lui ôter la vie, puis il alla trouver son frère et lui dit:

« Mon cher frère, je connais un trésor caché. Viens avec moi, que nous allions le prendre! » Sans méfiance, le frère le suivit; mais quand ils furent en rase campagne, les bandits lui tombèrent dessus, le ligotèrent et le tirèrent au pied d'un arbre, auquel ils voulaient le pendre. A cet instant, la mâle peur les saisit en entendant résonner le pas d'un cheval qui approchait, et le chant à tue-tête du cavalier. Vite, vite, ils jetèrent, cul par-dessus tête, leur prisonnier dans un sac qu'ils nouèrent, le hissèrent jusqu'aux hautes branches de l'arbre et prirent la fuite à toutes jambes. Celui qui arrivait si gaiement sur la route n'était autre qu'un écolier errant, joyeux drille qui chantait en chemin pour se tenir compagnie. Là-haut, dans son sac, le prisonnier s'était employé à faire un trou pour y voir, et quand il vit qui passait au-dessous de lui, il lui cria son salut: « A la bonne heure, et Dieu te garde! » L'étudiant regarda de droite et de gauche, ne sachant pas d'où venait cette voix. « Oui m'appelle ? » finit-il par demander; et l'autre, au plus haut de l'arbre, lui répondit par un vrai discours.

- Lève un peu tes regards ! cria-t-il. Je suis ici en haut, installé dans le sac de la sagesse. J'y ai appris quantité de grandes choses en peu de temps. Les universités, avec tout ce qu'on peut y apprendre, ne sont que du vent à côté! Dans un petit moment, j'en aurai fini et je descendrai, sage entre tous les sages, et savant plus que tous les savants du monde. Je connais les étoiles et les signes du ciel, le souffle de tous les vents, les sables dans la mer, la guérison des maladies, les vertus des plantes, le langage des oiseaux et les secrets des pierres. Si tu y entrais une seule fois, tu sentirais et tu éprouverais la magnificence qui se répand hors du sac de la sagesse!

- Bénie soit l'heure qui m'a fait te rencontrer! s'exclama l'étudiant, tout émerveillé de ce qu'il venait d'entendre. Est-ce que je ne pourrais pas, moi aussi, tâter un peu du sac de la sagesse ? Rien qu'un tout petit peu...

Là-haut, l'homme du sac feignit de ne pas y consentir bien volontiers, montra de l'hésitation et finit par dire:

- Pour un petit moment, oui, mais contre récompense et gracieux remerciements. Et puis, il te faudra attendre encore une heure.- il me reste quelques petites choses à recevoir pour compléter mon enseignement.

Impatient, l'étudiant attendit sans rien dire un court moment, puis, n'y tenant plus, il supplia l'autre de le laisser se mettre dans le sac: sa soif de sagesse le torturait tellement ! Là-haut, l'homme du sac fit mine de se laisser toucher et convaincre.

- C'est entendu, dit-il, mais pour que je puisse sortir du temple de la connaissance, il faut que tu fasses descendre le sac au bout de sa corde, et alors tu pourras y entrer à ton tour ! L'étudiant le fit descendre, dénoua le lien du sac et libéra le prisonnier.

- A moi, maintenant ! cria-t-il aussitôt, tout enthousiaste. Vite, hisse-moi là-haut ! Déjà il était prêt à se fourrer dans le sac, mais l'autre l'arrêta: « Halte ! Pas comme cela ! » Et il l'attrapa par la tête et le fourra tête en bas dans le sac, noua la corde sur ses pieds et hissa, ainsi empaqueté, le digne disciple de la sagesse, jusqu'au sommet de l'arbre où il resta à se balancer, la tête en bas.

- Comment te sens-tu, mon cher confrère ? lui cria-t-il d'en bas. Commences-tu à sentir déjà l'infusion de la sagesse en toi ? Pour mieux apprendre, tiens-toi tranquille et ne parle pas, surtout pas, jusqu'à ce que tu sois devenu pleinement sage!

Et sur ces bonnes paroles, il monta le cheval de l'étudiant et s'en alla, mais non sans avoir averti quelqu'un au passage, pour qu'il vienne une heure plus tard le descendre de là.

6. Blanche-Neige

Traduit par Félix Frank et E. Alsleben.

C'était au milieu de l'hiver, et les flocons de neige tombaient comme des plumes ; une reine était assise près de sa fenêtre au cadre d'ébène et cousait. Et comme elle cousait et regardait la neige, elle se piqua les doigts avec son épingle et trois gouttes de sang en tombèrent. Et voyant ce rouge si beau sur la neige blanche, elle se dit : « Oh ! si j'avais un enfant blanc comme la neige, rouge comme le sang et noir comme l'ébène ! »

Bientôt elle eut une petite fille qui était aussi blanche que la neige, avec des joues rouges comme du sang et des cheveux noirs comme l'ébène ; ce qui fit qu'on la nomma Blanche-Neige. Et lorsque l'enfant eut vu le jour, la reine mourut.

Un an après, le roi prit une autre femme. Elle était belle, mais fière et hautaine à ne pouvoir souffrir qu'aucune autre la surpassât en beauté. Elle avait un miroir merveilleux ; et quand elle se mettait devant lui pour s'y mirer, elle disait : « Petit miroir, petit miroir, quelle est la plus belle de tout le pays ? »

Et le miroir répondait : « Madame la reine, vous êtes la plus belle. »

Alors elle était contente, car elle savait que le miroir disait la vérité.

Mais Blanche-Neige grandissait et devenait toujours plus belle ; et quand elle eut sept ans, elle était aussi belle que le jour, plus belle que la reine elle-même. Comme celle-ci demandait une fois à son miroir : « Petit miroir, petit miroir, quelle est la plus belle de tout le pays ? »

Il lui répondit aussitôt : « Madame la reine, vous êtes la plus belle ici, mais Blanche-Neige est mille fois plus belle que vous. »

La reine, consternée, devint livide de rage et d'envie. Depuis ce moment, la vue de Blanche-Neige lui bouleversa le cœur, tant la petite fille lui inspirait de haine. L'envie et la jalousie ne firent que croître en elle, et elle n'eut plus de repos ni jour ni nuit. Enfin, elle fit venir son chasseur et lui dit : « Portez l'enfant dans la forêt ; je ne veux plus l'avoir devant les yeux ; là, vous la tuerez et vous m'apporterez son foie et ses poumons, comme preuve de l'exécution de mes ordres. »

Le chasseur obéit et emmena l'enfant avec lui ; et quand il eut tiré son couteau de chasse pour percer le cœur de l'innocente Blanche-Neige, voilà que la petite fille commença à pleurer et dit : « Ah ! mon bon chasseur, laisse-moi la vie ! Je courrai dans la forêt sauvage et ne reviendrai jamais. »

Elle était si belle que le chasseur eut pitié d'elle et dit : « Va, pauvre enfant ! »

Il pensait en lui-même : « Les bêtes féroces vont te dévorer bientôt. »

Pourtant, il se sentit le cœur soulagé d'un grand poids à l'idée qu'il avait pu se dispenser de l'égorger. Et comme il vit courir devant lui un marcassin, il le tua, en prit le foie et les poumons, s'en fut les présenter à la reine, qui les fit bien assaisonner et cuire : et la méchante femme crut manger la chair et le sang de Blanche-Neige.

Pendant ce temps, la pauvre enfant errait toute seule dans l'épaisse forêt, et elle avait si grand'peur qu'elle regardait d'un air inquiet tous les arbres et toutes les feuilles, ne sachant où trouver du secours. Puis elle se mit à courir sur les pierres pointues et sur les épines, et les bêtes féroces bondissaient à côté d'elle, mais sans lui faire aucun mal. Elle courut aussi longtemps que ses pieds purent la porter, jusqu'à la brune, et elle aperçut alors une petite cabane où elle entra pour se reposer. Tout dans cette cabane était petit, mais si gentil et si propre qu'on ne saurait le décrire. Il y avait une petite table recouverte d'une nappe blanche avec sept petites assiettes, chaque assiette avec sa petite cuiller, puis sept petits couteaux, sept petites fourchettes et sept petits gobelets. Contre le mur, il y avait sept petits lits l'un à côté de l'autre, couverts de draps blancs comme la neige.

Blanche-Neige avait très-faim et très-soif; elle mangea une cuillerée de légumes avec une bouchée de pain dans chaque assiette, et but dans chaque gobelet une goutte de vin, car elle ne voulait pas prendre une seule part tout entière. Puis, comme elle était fatiguée, elle essaya de se coucher dans un des petits lits; mais l'un était trop long, l'autre trop petit, et enfin il n'y eut que le septième qui fût à sa taille; elle y resta donc, fit sa prière et s'endormit.

La nuit venue, les maîtres de la cabane arrivèrent ; c'étaient des nains qui cherchaient de l'airain et de l'or dans les montagnes. Ils allumèrent leurs petites lampes, et quand le logis fut éclairé, ils virent bientôt que quelqu'un avait passé par là, car tout n'était plus dans le même ordre où ils l'avaient laissé.

Le premier dit : « Qui s'est assis sur ma chaise ? »

Le second : « Qui a mangé dans mon assiette ? »

Le troisième : « Qui a pris de mon pain ? »

Le quatrième : « Qui a touché à mes légumes ? »

Le cinquième : « Qui a piqué avec ma fourchette ? »

Le sixième : « Qui a coupé avec mon couteau ? »

Et le septième : « Qui a bu dans mon gobelet ? »

Puis le premier se retourna et il vit que son lit était un peu affaissé.

« Qui s'est couché dans mon lit ? » dit-il.

Et les autres d'accourir et dire :

« Dans le mien aussi, il y a eu quelqu'un. »

Mais le septième, en regardant son lit, aperçut Blanche-Neige qui y était couchée et dormait. Il appela ses frères, qui se hâtèrent de venir et se récrièrent d'étonnement et chacun fut chercher sa lampe pour mieux contempler Blanche-Neige.

« Ah ! mon Dieu, ah ! mon Dieu, répétaient les nains, que cette enfant est belle ! »

Ils étaient ravis de l'admirer et se gardèrent bien de l'éveiller ; le septième nain dormit une heure dans le lit de chacun de ses compagnons jusqu'au point du jour. Le matin, quand Blanche-Neige sortit de son sommeil, elle vit les petits hommes et fut effrayée. Mais ils se montrèrent fort aimables et lui demandèrent son nom.

« Je me nomme Blanche-Neige, » dit-elle.

– Par quel hasard, reprirent les nains, es-tu venue dans notre maison ? »

Alors elle leur conta son histoire comment sa belle-mère avait voulu la faire tuer, comment le chasseur l'avait épargnée, et comment elle avait couru tout le jour jusqu'à ce qu'elle rencontrât la petite cabane. Les nains lui dirent : « Veux-tu faire notre ménage, les lits, la cuisine, coudre, laver, tricoter ? En ce cas, nous te garderons avec nous et tu ne manqueras de rien. »

Blanche-Neige leur promit tout ce qu'ils désiraient et resta chez eux. Elle vaquait aux soins du ménage. Le matin, les nains s'en allaient pour chercher dans les montagnes de l'airain et de l'or ; le soir, ils rentraient au logis, où le diner devait se trouver prêt. Toute la journée la jeune fille était seule, et ils l'avertissaient en partant de se tenir sur ses gardes : « Car, disaient les bons petits hommes, ta marâtre saura bientôt que tu es ici ; n'ouvre à personne ! »

Cependant, la reine qui croyait avoir mangé la chair et le sang de Blanche-Neige, pensait bien être de nouveau la plus belle femme du pays ; et pour en avoir l'assurance, elle se mit devant son miroir et lui dit : « Petit miroir, petit miroir, quelle est la plus belle de tout le pays? »

Aussitôt le miroir de répondre : « Madame la reine, vous êtes la plus belle ici, mais Blanche-Neige au delà des montagnes, chez les sept petits nains, est mille fois plus belle que vous. »

La reine pâlit de colère ; elle savait que le miroir ne mentait pas, et elle reconnut que le chasseur l'avait trompée et que Blanche-Neige vivait encore. Elle songea derechef aux moyens de la tuer ; car aussi longtemps qu'elle ne serait pas la plus belle, elle sentait qu'elle n'aurait pas de repos. Enfin, elle imagina de se grimer le visage et de s'habiller en vieille marchande, de façon à se rendre méconnaissable. Ainsi déguisée, elle alla dans les sept montagnes, chez les sept nains, frappa à la porte de la cabane et cria : «De belles marchandises! Achetez, achetez ! »

Blanche-Neige regarda par la fenêtre et dit : « Bonjour, ma bonne femme ; que vendez-vous là ? »

– De bonnes marchandises, de belles marchandises, reprit l'autre, des lacets de toutes les couleurs ! »

Et elle tira de sa boîte un lacet tressé de soies de diverses couleurs.

« Je peux laisser entrer cette brave femme, » pensa Blanche-Neige.

Et tirant le verrou de la porte, elle ouvrit à la vieille et lui acheta le beau lacet.

« Enfant, dit la vieille, de quelle façon êtes-vous lacée ? Je vais vous montrer comment il faut faire. »

Blanche-Neige, sans aucun soupçon, se plaça devant elle, et se fit lacer avec le nouveau lacet; mais la vieille le serra si fort que la jeune fille en perdit la respiration et tomba comme morte.

« Maintenant, tu as fini d'être la plus belle, » dit la marâtre, et elle s'en alla au plus vite.

Vers le soir, les sept nains revinrent à la cabane, mais quel ne fut pas leur trouble en apercevant leur chère Blanche-Neige étendue par terre sans mouvement et comme inanimée ! Ils la relevèrent, et quand ils eurent vu le lacet qui l'étranglait, ils le coupèrent ; alors elle commença à respirer faiblement et revint à elle peu à peu. Les nains écoutèrent le récit de ce qui s'était passé et dirent :

« La vieille marchande n'était autre que la reine ; prends garde de n'ouvrir à personne, désormais, en notre absence. »

La méchante reine, dès qu'elle fut de retour chez elle, alla droit à son miroir et lui demanda : « Petit miroir, petit miroir, quelle est la plus belle de tout le pays ? »

Et le miroir magique de répondre : « Madame la reine, vous êtes la plus belle ici, mais Blanche-Neige, au delà des montagnes, chez les sept petits nains, est mille fois plus belle que vous. »

Lorsque la reine entendit cela, tout son sang se porta au cœur, tant sa colère fut violente à l'idée que Blanche-Neige était en vie.

« À présent, dit-elle, il faut que je trouve un moyen infaillible de la perdre ! »

Et, avec son art de sorcière, elle fabriqua un peigne empoisonné. Puis elle se déguisa de nouveau, sous la figure d'une autre vieille bohémienne. Elle s'en fut par les sept montagnes, chez les sept nains, frappa à la porte, et dit : « Bonnes marchandises à vendre ! Achetez ! »

Blanche-Neige regarda par la fenêtre ; mais elle répondit :

– Je ne dois faire entrer personne ; passez votre chemin.

– On vous permettra bien de regarder seulement, » repartit la vieille, qui tira le peigne empoisonné et le mit sous les yeux de la jeune fille.

Il plut tellement à celle-ci qu'elle se laissa entraîner à ouvrir la porte. Lorsqu'elle eut acheté le peigne, la vieille dit : « Attends je vais te peigner comme il faut. »

La pauvre Blanche-Neige, sans nulle méfiance, laissa faire la vieille ; mais à peine avait-elle entré le peigne dans les cheveux de sa victime, que le poison commença à agir, et que la jeune fille tomba roide par terre, comme frappée de mort.

« Eh bien, ma belle, dit la vieille en ricanant ; cette fois c'en est fait de toi ! » Puis elle sortit.

Par bonheur, le soir approchait, et c'était l'heure du retour des nains. En voyant Blanche-Neige étendue ainsi, ils pensèrent tout de suite à sa belle-mère et cherchèrent partout la cause de ce qui venait d'arriver. Ils mirent la main sur le peigne empoisonné, et, à peine l'eurent-ils retiré, que Blanche-Neige reprit connaissance et raconta ce qui avait eu lieu. Les nains lui recommandèrent plus vivement que jamais de ne laisser pénétrer personne jusqu'à elle.

Tandis que la charmante enfant triomphait pour la troisième fois de ses embûches, la reine, dans son palais, consultait le miroir suspendu au mur : « Miroir, petit miroir, quelle est la plus belle de tout le pays ? »

Et comme naguère il répondait : « Madame la reine, vous êtes la plus belle ici, mais Blanche-Neige, au delà des montagnes, chez les sept petits nains, est mille fois plus belle que vous. »

Lorsque la marâtre entendit cette nouvelle réponse, elle trembla de fureur.

« Blanche-Neige mourra, s'écria-t-elle, quand il devrait m'en coûter la vie ! »

Puis elle s'enferma dans une chambre secrète où personne n'entrait, et y prépara une pomme empoisonnée, superbe à voir, blanche et rose de peau, fraîche à croquer ; cette pomme avait le pouvoir de tuer quiconque en goûterait un morceau. Lorsqu'elle l'eut bien apprêtée, la reine se peignit la figure, et, déguisée en paysanne, retourna dans les sept montagnes, au pays des sept nains. Parvenue à la cabane où demeurait Blanche-Neige, elle frappa, et la jeune fille mit la tête à la fenêtre.

« Je ne dois laisser entrer personne, dit-elle, les nains me l'ont défendu.

– Soit ! répliqua la paysanne, cela m'est égal ; on m'achètera mes pommes ailleurs ; tenez, en voici une, je vous la donne.

– Non, dit Blanche-Neige, je ne dois rien prendre.

– Auriez-vous peur de quelque poison? dit la vieille ; regardez, voici ma pomme coupée en deux moitiés : mangez la rouge, moi je mangerai la blanche. »

Mais la pomme était préparée avec tant d'art, que le côté rouge seul était empoisonné. Blanche-Neige avait envie de la belle pomme, et lorsque la paysanne se mit à en manger la moitié, la pauvre petite ne put y tenir davantage ; elle tendit la main et prit la moitié où se trouvait le poison. À peine ses lèvres s'y furent-elles posées, qu'elle tomba morte sur le sol. La reine la considéra avec des yeux terribles, rit aux éclats et dit : « Blanche comme neige ! rouge comme sang ! noire comme l'ébène ! cette fois-ci les nains ne te réveilleront point ! »

Et lorsqu'elle interrogea son miroir, selon sa formule habituelle : « Petit miroir, petit miroir, quelle est la plus belle de tout le pays ? »

Il répondit enfin : « Madame la reine, la plus belle, c'est vous ! »

Alors, le cœur envieux de la marâtre fut satisfait, autant que peut l'être un cœur envieux.

Les nains, en arrivant à la maison, le soir, trouvèrent Blanche-Neige étendue encore une fois par terre, sans haleine et sans mouvement. Ils la relevèrent, cherchèrent la cause de ce nouveau malheur, la desserrèrent, peignèrent ses cheveux, et lui lavèrent le visage avec de l'eau et du vin ; mais rien n'y fit la pauvre enfant était morte et resta morte.

Ils la couchèrent dans une bière et se mirent tous les sept autour d'elle, veillant et pleurant pendant trois jours. Puis ils voulurent l'enterrer ; mais elle avait si bien l'air d'une personne vivante, tant ses joues étaient fraîches et roses, qu'ils se dirent : « Nous ne pouvons la mettre dans la terre noire. »

Ils lui firent un cercueil de verre pour qu'on pût la voir de tous côtés, l'ensevelirent dedans et écrivirent dessus en lettres d'or, qu'elle était fille de roi, et se nommait Blanche-Neige. Ensuite ils placèrent le cercueil sur le haut de la montagne, et l'un d'eux restait toujours auprès d'elle pour la garder. Les oiseaux vinrent aussi pleurer Blanche-Neige le premier fut un hibou, le second un corbeau, et le troisième une colombe.

Blanche-Neige était ainsi depuis bien longtemps dans son cercueil et ne changeait pas de figure, ne semblant toujours qu'endormie, car elle était toujours blanche comme neige, avec des joues rouges comme du sang, sous ses beaux cheveux noirs comme l'ébène.

Or, il advint qu'un fils de roi, allant par la forêt, arriva chez les nains pour y passer la nuit. Il vit Blanche-Neige couchée dans le cercueil de verre sur la montagne, et lut ce qui s'y trouvait écrit en lettres d'or. Alors il dit aux nains : « Livrez-moi ce cercueil, je vous donnerai ce que vous voudrez. »

Mais les nains répondirent : « Nous ne le livrerions pas pour tout l'or du monde !

– Eh bien, reprit-il d'un ton suppliant, faites-m'en présent ; car je ne peux plus vivre sans voir Blanche-Neige. »

Les bons petits nains, touchés de ses prières, eurent pitié de lui et lui permirent d'emporter le cercueil. Les gens du prince le soulevèrent sur leurs épaules ; mais, ayant heurté du pied une grosse racine, ils tombèrent, et par l'effet du choc, le cœur de la pomme sortit du gosier de Blanche-Neige. Presque aussitôt, elle rouvrit les yeux, se redressa et dit : « Mon Dieu ! où suis-je ?

– Avec moi qui t'aime plus que tout au monde ! s'écria le fils de roi plein de joie. »

Et il lui raconta ce qui s'était passé.

« Viens avec moi dans le château de mon père, dit-il, et tu seras ma femme. »

Et Blanche-Neige sentit bien qu'elle l'aimait aussi, et elle s'en fut avec lui, et la noce fut préparée en grande pompe.

On n'oublia pas d'inviter la méchante belle-mère à la fête. Lorsqu'elle se fut parée de ses plus riches atours, elle se mit devant son petit miroir et dit : « Petit miroir, petit miroir, quelle est la plus belle de tout le pays ? »

Le miroir répondit : « Madame la reine, vous êtes la plus belle ici, mais la jeune reine est plus belle que vous ! »

La méchante femme se récria de fureur ; dans son trouble, elle ne savait plus que faire. Tout d'abord, elle ne voulait plus aller à la noce ; mais bientôt elle changea de résolution et n'eut point de repos qu'elle ne fût partie pour voir la jeune reine.

Et lorsqu'elle entra, elle reconnut Blanche-Neige et resta immobile de terreur et d'angoisse.

Mais on avait déjà mis des pantoufles de fer sur un feu de charbons ardents, et on les apporta toutes brûlantes : il lui fallut chausser ces pantoufles rougies au feu et danser avec, elle fut condamnée à danser jusqu'à ce qu'elle eût les pieds consumés et tombât roide morte.

7. La Belle au bois dormant

Traduction de René Bories.

Il y a très longtemps un roi et une reine s'alanguissaient de n'avoir pas d'enfant. Chaque jour ils se lamentaient : - « Si nous pouvions avoir un enfant ! » Mais ils ne pouvaient toujours pas en avoir.

Un jour cependant, alors que la reine était allongée dans son bain, une Grenouille croassa dans la prairie et lui parla ainsi : - « Ton vœu sera exaucé, l'an à venir tu mettras au monde une fille. »

La prédiction de la Grenouille se réalisa et la reine mit au monde une fille qui était si belle que le roi en fut rempli de joie et fit donner une grande fête. Il ne fut pas seulement invité la famille, les amis, les connaissances mais encore toutes les femmes sages du royaume pour qui l'enfant aurait de la grâce et de l'importance. Il y en avait treize dans le royaume mais comme il n'y avait que douze assiette en or dans lesquelles elles devaient manger, l'un d'elle devrait rester chez elle. La fête fut donnée avec faste et lorsqu'elle se termina les femmes sages vinrent pour offrir leurs merveilleuses offrandes : une lui offrit la Vertu, une autre la Beauté, la troisième la Richesse et encore tout ce qui peut se souhaiter dans ce monde.

Lorsque la onzième eut prononcé son offrande, entra brusquement la treizième. Elle voulait ainsi se venger de n'avoir pas été invitée et sans saluer ni regarder personne elle prononça d'une voix puissante : - « La fille du roi se piquera avec un fuseau lors de sa quinzième année et en tombera morte. » Et sans un mot de plus, elle fit demi-tour et quitta la salle.

Tout le monde en fut atterré lorsqu'entra la douzième femme sage qui n'avait toujours pas prononcé son offrande. Ne pouvant lever le mauvais sort mais seulement l'adoucir elle annonça : - « Elle ne tombera pas morte mais dans un profond sommeil de cent années. » Le roi qui voulut protéger sa chère enfant fit promulguer un décret par lequel tous les fuseaux de son royaume devraient être brûlés.

Les dons des femmes sages furent pleinement exaucer car l'enfant était si belle, modeste, bonne et pleine de bon sens que tous lui témoignait beaucoup d'amour. Arriva le jour où elle eut précisément quinze ans et durant lequel le roi et la reine se furent absentés du château où la fillette resta seule. Elle se rendit partout pour le plaisir, inspectant les pièces, les chambres et parvint finalement dans une vieille tour. Elle monta les marches en colimaçon et arriva devant une petite porte. Dans la serrure il y avait une vieille clef rouillée et lorsqu'elle la tourna la porte s'ouvrit sur une vieille femme assise dans une pièce minuscule et qui filait avec application son lin.

- « Bonjour, petite mère », dit la fille du roi, - « Que fais-tu là ? » - « Je file », dit la vieille et elle hocha la tête. – « Qu'est-ce que cette chose qui sautille joyeusement ? » questionna la fillette qui prit le fuseau et voulut aussi filer.

À peine eut-elle touché le fuseau que le sort fut accompli, elle se piqua le doigt. Dans l'instant où elle ressentit la piqûre qu'elle tomba sur le lit qui se trouvait là et plongea dans un profond sommeil. Et ce sommeil se répandit sur tout le château : le roi et la reine qui venaient d'y revenir entrèrent dans la grande salle et sombrèrent aussi dans le sommeil et toute la cour avec eux.

Les chevaux dans l'écurie, les chiens dans la cour, les colombes sur le toit, les mouches sur le mur, oui, le feu qui faseyait[1] dans l'âtre, tout devint tranquille et s'endormit. Le rôtir cessa de brunir et le cuisinier dont l'apprenti avait fait une bêtise et qui voulait lui tirer les cheveux, s'endormit aussi. Même le vent se calma et dans les arbres auprès du château plus une feuille ne bougeait.

Autour du château, une haie d'aubépines commença à croître qui chaque année devenait de plus en plus haute et qui enfin entoura tout le château si bien que l'on ne pouvait plus rien en voir pas même la flamme qui flottait sur le toit.

Alors il courut dans le pays, la légende de la Belle au Bois Dormant car c'est ainsi que fut nommée la fille du roi, si bien que tous les fils de roi se rendaient dans le royaume et voulaient fendre la haie vive. Mais c'était impossible car les épines avaient comme des bras qui se tenaient fortement ensemble, les jouvenceaux y restaient accrochés sans pouvoir s'en défaire pour mourir d'une fin atroce.

Bien des années plus tard vint un fils de roi qui entendit un vieil homme raconter l'histoire de la haie d'aubépine derrière laquelle se trouvait un château. Dans celui-ci, une splendide fille de roi qu'on appelait Belle au Bois Dormant y sommeillait depuis cent ans ainsi que le roi, la reine et toute la

---

[1] Image : Faseyer se dit d'une voile qui flotte et qui bat dans le vent.

cour. Le vieil homme tenait de son grand-père que de nombreux fils de roi étaient venus et avaient tenté de franchir la haie mais ils y étaient restés accroché pour mourir d'une triste fin.

Alors le jouvenceau déclara : - « Je ne crains rien, et je veux voir la Belle au Bois Dormant. » Le vieil homme voulut l'en dissuader mais le jeune homme ne voulut rien écouter.

Cependant les cent années s'étaient écoulées et le jour était venu où la Belle au Bois Dormant devait se réveiller. Alors que le fils du roi s'approchait de la haie d'épines, il y avait de hautes et belles fleurs qui s'écartèrent pour le laisser passer sans le blesser et qui se refermaient de nouveau en haie vive. Dans la cour du château, il vit les chevaux et les chiens de chasse à la robe tachetée, allongés et endormis, sur le toit, les colombes étaient perchées la tête enfouie sous leur aile. Lorsqu'il pénétra dans la bâtisse, les mouches dormaient collées au mur, le cuisinier tendait encore le bras pour se saisir de l'apprenti et la servante était assise devant la poule noire qu'elle devait plumer. Puis il alla dans la grande salle où toute la cour était allongée et était endormie et en haut sur le trône reposaient le roi et la reine. Il poursuivit son chemin, tout était si calme qu'il entendait sa respiration et enfin il entra dans la tour et ouvrit la porte de la petite pièce dans laquelle sommeillait la Belle au Bois Dormant....

Elle gisait là si belle qu'il ne pouvait en détourner les yeux, il se pencha et lui donna un baiser. Alors qu'il l'effleurait de ses lèvres, la Belle au Bois Dormant, battit des paupières, se réveilla et le regarda avec affection. Puis ils descendirent ensemble, le roi se réveilla, la reine et toute la cour avec et se regardèrent en ouvrant de grands yeux.

Et les chevaux dans la cour se levèrent et ruèrent ; les chiens de chasse sautèrent et remuèrent la queue ; les colombes sur le toit sortirent la tête de dessous leur aile regardèrent çà et là puis s'envolèrent vers les champs ; les mouches sur le mur bourdonnèrent à nouveau ; le feu dans l'âtre crépita et reprit sa cuisson ; le rôti repris sa brunissure ; le cuisinier envoya une taloche à l'apprenti qui se mit à crier ; et la servante finit de plumer la poule.

Enfin les noces du prince avec la Belle au Bois Dormant purent être données avec faste et ils vécurent heureux jusqu'à leurs derniers jours.

8. La bonne bouillie

Il était une fois une pieuse et pauvre fille qui vivait seule avec sa mère. Elles n'avaient plus rien à manger, et la fillette s'en alla dans la forêt, où elle fit la rencontre d'une vieille femme qui connaissait sa misère et qui lui fit cadeau d'un petit pot, auquel il suffisait de dire. « Petit pot, cuis! », pour qu'il vous cuise une excellente et douce bouillie de millet; et quand on lui disait. « Petit pot, cesse! », il s'arrêtait aussitôt de faire la bouillie.

La fillette rapporta le pot chez sa mère, et c'en fut terminé pour elles de la pauvreté et de la faim, car elles mangeaient de la bonne bouillie aussi souvent et tout autant qu'elles le voulaient. Une fois, la fille était sortie et la mère dit: « Petit pot, cuis! »

Alors il cuisina, et la mère mangea jusqu'à n'avoir plus faim; mais comme elle voulait maintenant que le petit pot s'arrêtât, elle ne savait pas ce qu'il fallait dire, et alors il continua et continua, et voilà que la bouillie déborda; et il continua, et la bouillie envahit la cuisine, la remplit, envahit la maison, puis la maison voisine, puis la rue, continuant toujours et continuant encore comme si le monde entier devait se remplir de bouillie que personne n'eût plus faim. Oui, mais alors commence la tragédie, et personne ne sait comment y remédier. La rue entière, les autres rues, tout est plein; et quand il ne reste plus, en tout et pour tout, qu'une seule maison qui ne soit pas remplie, la fillette rentre à la maison et dit tout simplement. « Petit pot, cesse! » Et il s'arrête et ne répand plus de bouillie. Mais celui qui voulait rentrer en ville, il lui fallait manger son chemin.

9. Les bottes en cuir de buffle

Un soldat qui n'a peur de rien se doit aussi de ne se tracasser de rien. Tel était le soldat de cette histoire, qui venait d'être démobilisé ; comme il ne savait rien et n'avait rien appris qui pût lui servir à gagner son pain, il s'en alla tout simplement et se mit à mendier. Il possédait un vieux manteau de drap contre les intempéries, et il était aussi chaussé de hautes bottes en cuir de buffle, qu'il avait pu garder. Un jour, il s'en alla, coupant à travers champs, sans s'occuper le moins du monde des chemins ou des routes, des carrefours ou des ponts, et il finit par se trouver dans une grande forêt sans trop savoir où il était. En cherchant à se repérer, il vit, assis sur une souche d'arbre, quelqu'un de bien vêtu qui portait le costume vert des chasseurs. Le soldat vint et lui serra la main, puis s'assit familièrement dans l'herbe à côté de lui, les jambes allongées.

— Je vois, dit-il au chasseur, que tu portes de fines bottes fameusement cirées ; mais si tu étais toujours par monts et par vaux comme moi, elles ne résisteraient pas longtemps, c'est moi qui te le dis ! Regarde un peu les miennes : c'est du buffle et cela tient le coup, même s'il y a longtemps qu'elles servent !

Au bout d'un moment, le soldat se remit debout.

— J'ai trop faim pour rester là plus longtemps, dit-il. Mais toi, mon vieux Bellesbottes, quelle est ta direction ?

— Je n'en sais trop rien, répondit le chasseur, je me suis égaré dans la forêt.

— Tu es dans le même cas que moi, alors, reprit le soldat. Qui se ressemble s'assemble, comme on dit. On ne va pas se quitter, mais chercher le bon chemin ensemble !

Le chasseur eut un léger sourire et ils cheminèrent de conserve jusqu'à la tombée de la nuit.

— On n'en sortira pas, de cette forêt ! s'exclama le soldat. Mais j'aperçois là-bas une lumière, on y trouvera de quoi manger sans doute. Allons-y !

Ils arrivèrent à une solide maison de pierre et frappèrent à la porte. Une vieille femme vint ouvrir.

— Nous cherchons un campement pour la nuit et quelque chose à nous mettre sous la dent, dit le soldat ; mon estomac est aussi vide qu'un vieux tambour.

– Ne restez pas là ! leur conseilla la vieille femme. C'est une maison de voleurs, un repaire de bandits, et ce que vous avez de mieux à faire, c'est de vous en aller avant leur retour. S'ils vous trouvent ici, vous êtes perdus !

– Oh ! les choses ne sont pas si terribles que cela, répondit le soldat. Cela fait deux jours que je n'ai rien mangé, pas une miette. Périr ici ou aller crever de faim dans la forêt, cela ne change rien pour moi. Je préfère entrer !

Le chasseur ne voulait pas le suivre, mais le soldat l'attrapa par la manche et le tira en lui disant :

— Allez, viens, vieux frère, on n'est pas encore mort pour autant !

Compatissante, la vieille femme leur dit :

— Allez vous cacher derrière le poêle, je vous ferai passer les restes, s'il y en a, quand ils seront endormis.

Ils venaient à peine de se glisser dans leur coin quand les bandits, au nombre de douze, firent irruption dans la maison et se précipitèrent à table en réclamant à corps et à cris leur souper. La table était déjà mise et la vieille leur apporta un rôti énorme, dont les bandits se régalèrent. Mais quand la délicieuse odeur du plat vint chatouiller les narines du soldat, il n'y put plus tenir.

– J'y vais ! dit-il au chasseur. Je me mets à table avec eux et je mange ! Impossible d'attendre.

– Tu vas nous faire tuer ! dit le chasseur en le retenant par le bras.

Mais le soldat fit exprès de tousser bien fort et les bandits, en l'entendant lâchèrent couteaux et fourchettes pour se précipiter derrière le poêle, où ils les trouvèrent tous les deux.

– Ha ha ! mes beaux messieurs, on se cache dans les coins ? et qu'est-ce que vous fichez ici ? on vous a envoyé espionner ? C'est bon, vous allez bientôt savoir comment on plane sous une bonne branche nue !

– Eh là ! un peu plus de manières, que diable ! s'exclama le soldat. Je crève de faim, alors donnez-moi d'abord à manger ! Après, vous ferez ce qu'il vous plaira.

Les bandits en furent stupéfaits et le chef parla

– Au moins, toi, tu n'as pas froid aux yeux ! C'est bon, on va te donner à manger d'abord et tu mourras après.

– On verra bien, fit le soldat avec insouciance, tout en allant se mettre à table pour travailler hardiment du couteau dans le rôti. Viens manger, mon vieux Bellesbottes ! lança-t-il à son compagnon. Tu dois être aussi affamé que moi. Le rôti est fameux, je t'assure ! Même chez toi, tu n'en mangerais pas de meilleur !

Mais le chasseur resta à l'écart et ne voulut pas manger, et le soldat y alla de bon appétit, observé avec stupéfaction par les bandits qui se disaient

— Il ne manque pas de culot, celui-là !

– C'est joliment bon ! déclara le soldat quand il eut vidé son assiette. Maintenant, il faudrait aussi boire un bon coup, et la bonne bouteille se fait attendre !

Le chef se sentait d'assez bonne humeur pour lui faire encore ce plaisir et il cria à la vieille femme

— Monte-nous une bonne bouteille de la cave ! Mais du bon, hein, tu as compris ?

Ce fut le soldat lui-même qui déboucha la bouteille, en faisant péter le bouchon de façon retentissante, puis il passa, bouteille en main, près du chasseur, auquel il chuchota

— Prends garde, vieux frère, tu vas maintenant en voir de belles ! Regarde bien : je vais lever mon verre à la santé de toute la sacrée clique !

Sur quoi il se retourna, leva son verre au-dessus de sa tête et déclama

– A votre bonne santé à tous, mais la gueule grande ouverte et le bras droit levé !

Et il but une solide lampée. Il avait à peine dit ces mots que les bandits restaient tous figés comme des statues, la bouche ouverte et le bras droit dressé en l'air.

— Je suis sûr que tu as encore bien d'autres tours dans ton sac, lui dit le chasseur en voyant cela, mais c'est très bien. A présent, viens, allons-nous-en !

— Holà, mon vieux frère, ce serait une retraite prématurée ! répondit le soldat. L'ennemi est vaincu, il nous faut encore cueillir notre butin. Tu vois, ils sont tous figés solidement, et la stupéfaction leur tient la gueule ouverte

; mais ils ne peuvent pas bouger sans ma permission. Alors viens, mangeons et buvons tranquillement, puisque la table est servie.

La vieille femme dut leur monter une autre bouteille de la cave, et le soldat ne consentit à se lever de table qu'après avoir mangé au moins pour trois jours. L'aube s'annonçait déjà.

— Voilà, dit-il, le moment est venu de lever le camp ; mais pour n'avoir pas à s'épuiser en marches et contremarches, on va se faire indiquer par la vieille le chemin le plus court pour aller à la ville.

Une fois là-bas, le soldat s'en fut trouver ses anciens camarades et leur dit :

— J'ai découvert là-bas, dans la forêt, tout un terrier de gibier de potence. Vous allez venir avec moi, qu'on les cueille au gîte !

Puis il se tourna vers son ami le chasseur et lui dit — Tu viens aussi avec nous.

— il faut que tu les voies battre des ailes, nos oiseaux, quand on les aura faits aux pattes !

Après avoir disposé ses hommes tout autour des bandits, le soldat prit la bouteille, but un bon coup, puis leva son verre en disant joyeusement.

— A votre bonne santé à tous !

Instantanément, les bandits retrouvèrent l'usage de leurs membres et purent bouger, mais les soldats eurent tôt fait de les jeter à terre et de leur lier pieds et mains avec de bonnes cordes. Ensuite, le soldat leur commanda de les jeter tous comme des sacs dans une charrette et leur dit :

— Et maintenant, tout droit à la prison !

Avant leur départ, toutefois, le chasseur prit un des hommes de l'escorte à part et lui fit encore une recommandation particulière.

— Mon vieux Bellesbottes, lui dit le soldat, nous avons pu heureusement prendre l'ennemi par surprise et bien nous nourrir sur son dos. Maintenant, il ne nous reste plus qu'à nous reposer à l'arrière-garde et à suivre le train tout tranquillement.

En approchant de la ville, le soldat s'aperçut qu'il y avait foule aux portes et que tout le monde poussait des cris de joie en agitant de verts rameaux ; il vit ensuite que toute la garde, en grand uniforme et en ordre de marche, s'avançait à leur rencontre.

— Qu'est-ce que cela veut dire ? s'étonna-t-il en se tournant vers le chasseur.

– Tu ne sais donc pas que le roi, longtemps absent de son royaume, y fait retour aujourd'hui ? lui répondit-il. Et ils sont tous venus pour l'accueillir.

– Mais le roi, où est-il ? Je ne le vois pas, dit le soldat.

– Ici, répondit le chasseur. Je suis le roi et j'ai fait annoncer mon retour.

Il ouvrit alors sa veste verte de chasseur pour que tout le monde pût voir son vêtement royal, qu'elle cachait. Pour le coup, le soldat sursauta, tomba à genoux et le supplia de lui pardonner de s'être conduit comme il l'avait fait, dans son ignorance, en le traitant d'égal à égal, et en l'affublant de tous ces surnoms irrespectueux. Le roi lui tendit la main en lui disant :

– Tu es un brave soldat et tu m'as sauvé la vie. Jamais plus tu ne seras dans la misère, je vais m'en occuper. Et s'il te prend parfois envie de déguster une tranche de rôti aussi appréciable que celui du repaire des bandits, tu n'auras tout simplement qu'à venir aux cuisines du palais. Mais avant de lever ton verre à la santé de qui que ce soit, il faudra tout de même que tu viennes me demander d'abord la permission !

10.   Bout de paille, braise et haricot

Dans un petit village vivait une pauvre vieille femme, qui s'était ramassé un plat de haricots et voulait les faire cuire. Elle dressa son feu dans la cheminée et l'alluma avec une bonne poignée de paille pour qu'il brûle plus vite. Quand elle mit ses haricots dans la marmite, il y en eut un qui lui échappa par mégarde, et qui vint choir sur le sol juste à côté d'un brin de paille; l'instant d'après, c'était un bout de braise qui sautait du foyer et qui venait tomber auprès des autres.

Le bout de paille entama la conversation: « Chers amis, d'où arrivez-vous comme cela? » - « La chance m'a permis de sauter hors du feu, » répondit la braise et sans la force de cet élan, « c'était pour moi la mort certaine: je serais maintenant réduite en cendres. » - « Je l'ai échappé belle aussi, » répondit le haricot à son tour, « car si la vieille femme m'avait jeté dans la marmite, irrémissiblement c'en était fait de moi et j'étais cuit avec les autres. » - « Croyez-vous peut-être que le j'aurais eu un destin plus clément? » reprit le bout de paille. « Tous mes frères, la vieille les a fait passer en feu et en fumée: soixante d'un coup, qu'elle avait pris, auquel elle a ôté la vie! Moi, par bonheur, je lui ai filé entre les doigts. » - « Et maintenant, qu'est-ce que nous allons faire? » demanda la braise. « A mon avis, » dit le haricot, "puisque nous avons tous les trois sites miraculeusement échappé à la mort, nous devrions nous unir en bons camarades et partir tous d'ici pour gagner un autre pays, afin d'éviter quelque nouveau malheur.

La proposition convint aux deux autres, et tous ensemble ils se mirent en chemin. Ils arrivèrent bientôt devant un ruisselet qui n'avait pas le moindre pont, ni même une passerelle le, et ils ne savaient pas comment passer de l'autre côté. Le fétu eut alors une bonne idée et dit: « Je vais me coucher en travers, et vous pourrez ainsi passer sur moi comme sur un pont. » La paille, donc, se suspendit entre une rive et l'autre, et sur ce pont improvisé, la braise, avec son naturel ardent, s'avança hardiment, mais à tout petits pas pour ne pas renverser le fragile édifice. Arrivée au milieu, toutefois, en entendant le bruit que faisait le courant au-dessous d'elle, la peur la prit et elle s'immobilisa, n'osant pas se risquer plus avant; aussi le bout de paille commença-t-il à prendre feu, se rompant net par le milieu et tombant dans l'eau, entraînant dans sa perdition la braise, qui chuinta en touchant l'eau et rendit aussitôt l'esprit. Le haricot, demeuré prudemment sur la rive, partit d'un tel fou rire en voyant cette histoire, et s'en tordit tellement sans pouvoir s'arrêter, que, pour finir, il éclata.

C'en eût été fini de lui pareillement, si par bonheur un compagnon tailleur qui faisait son tour d'Allemagne ne s'était arrêté au bord de ce ruisseau pour se reposer. Par ce qu'il avait bon cœur et l'âme secourable, le tailleur prit du fil et une aiguille et se mit aussitôt à le recoudre. Le haricot lui en fit ses remerciements chaleureux et choisis comme on l'imagine; mais comme il avait utilisé du fil noir, c'est pour cela que, depuis ce temps là, tous les haricots ont une couture noire.

11.   Cendrillon

Il y avait un homme riche dont la femme était tombée malade; et quand elle se sentit approcher de sa fin, elle appela à son chevet son unique fillette et lui dit : « Mon enfant chérie, reste toujours pieuse et bonne, et tu pourras compter sur l'aide du Bon Dieu; et moi, du haut du ciel, je te regarderai et te protégerai. » Après ces paroles, elle ferma les yeux et mourut. Chaque jour, désormais, la fillette se rendit sur la tombe de sa mère, et chaque jour elle pleurait, s'appliquant à rester pieuse et bonne. Quand l'hiver vint, il mit un blanc manteau de neige sur la tombe; et quand le soleil du printemps l'eut enlevé, le père prit une seconde femme.

Cette femme avait amené dans la maison ses deux filles qui étaient jolies et blanches de visage, mais vilaines et noires de cœur. Et pour la pauvre enfant du premier lit, ce fut une période affreuse qui commença. - Cette dinde idiote, est-ce qu'elle va rester avec nous? dirent-elles. Elle n'a pas sa place au salon! Il faut gagner son pain quand on veut le manger. Allez ouste! Hors d'ici fille de cuisine! Elles lui ôtèrent ses beaux vêtements, lui mirent un vieux tablier gris et la chaussèrent de sabots de bois, puis elles se moquèrent d'elle en la poussant dans la cuisine. « Oh! la fière princesse, qu'elle est bien attifée, voyez-moi ça! » Alors elle dut travailler dur du matin jusqu'au soir, se lever bien tôt, tirer de l'eau, allumer le feu, faire la cuisine et la vaisselle, la lessive et tous les gros travaux. Les deux sœurs, au surplus, n'arrêtaient pas de lui faire toutes les misères possibles et imaginables, riaient d'elle à tout propos, lui jetaient les pois ou les lentilles dans la cendre pour qu'elle eût à rester là encore à les trier une fois de plus. Le soir, quand elle était exténuée de sa journée, elle n'avait pas de lit pour se coucher, mais devait s'étendre par terre, sur la pierre du foyer, dans les cendres; et comme elle en était toujours souillée et salie, les sœurs l'appelaient Cendrillon.

Un jour que le père devait se rendre à la foire, il demanda à ses deux belles-filles ce qu'elles voulaient qu'il leur rapportât. « De belles robes! » dit l'une. « Des perles et des joyaux! » dit l'autre. - Et toi, Cendrillon, qu'aimerais-tu? demanda-t-il à sa fille. - La première branche qui cinglera votre chapeau en cours de route, père, coupez-la pour moi, répondit-elle. Il acheta donc pour ses deux belles-filles de jolies toilettes, des perles et des pierres précieuses;

et, il s'en revenait, quand en passant à cheval dans un bosquet, une branche de noisetier lui cingla le chapeau et le fit tomber à terre. Il coupa le rameau et l'emporta. Arrivé à la maison, il donna aux deux sœurs ce qu'elles avaient voulu et à Cendrillon le rameau de noisetier. Cendrillon l'en remercia et s'en alla planter la petite branche sur la tombe de sa mère; elle pleurait si fort que ses larmes mouillèrent et arrosèrent le rameau, qui prit racine poussa et devint un fort bel arbre. Cendrillon s'y rendait chaque jour trois fois, pleurant et priant sous le bel arbre, et toujours un petit oiseau blanc venait s'y poser. Si elle formulait un souhait, le petit oiseau de l'arbre lui jetait aussitôt ce qu'elle avait souhaité.

Il advint une fois, que le roi donna une fête de trois jours, à laquelle étaient invitées toutes les jolies filles du pays, afin que son fils pût se choisir une fiancée. Quand les deux sœurs apprirent qu'elles étaient invitées aussi, elles furent tout excitées et appelèrent Cendrillon aussitôt: « Coiffe-nous lui dirent-elles, fais briller nos chaussures et serre-nous dans nos ceintures: nous allons pour le mariage au palais du roi. »

Cendrillon obéit, mais en pleurant, tant elle eût aimé les accompagner au bal; aussi alla-t-elle en demander la permission à sa belle-mère. - Toi, Cendrillon? fit la belle-mère. Sale et dégoûtante comme tu l'es, tu voudrais être de la noce? Tu n'as ni robe ni souliers, et tu voudrais aller danser?

Mais comme elle ne se laissait pas décourager et continuait de la supplier, la belle-mère finit par lui dire, pour avoir la paix : « Bon, tu pourras venir, si en deux heures de temps, tu réussis à ramasser et à trier le pot de lentilles que je vais renverser dans les cendres. »

Le pot versé, Cendrillon gagna le jardin par la porte de derrière et appela : "Gentils pigeons, mignonnes tourterelles et vous tous les petits oiseaux de sous le ciel, venez vite à mon aide et trions comme il faut :

« Les bonnes dans le petit pot,
Les autres dans votre jabot. »

Deux blancs pigeons entrèrent d'abord par la fenêtre de la cuisine, puis vinrent les tourterelles, et enfin, tous les petits oiseaux du ciel, en rangs pressés, battant des ailes pour se poser tout partout sur les cendres. Les pigeons penchèrent un peu la tête et commencèrent à pic, pic, pic, piqueter les lentilles et les autres se mirent aussi à pic, pic, pic, piqueter les lentilles pour les tirer de la cendre et les rassembler dans le pot. Il ne s'était pas passé une heure que déjà tout était fini et que tous les oiseaux s'étaient envolés de nouveau. Tout heureuse, Cendrillon s'empressa d'aller montrer le pot à sa marâtre, croyant qu'elle allait, elle aussi, se rendre avec les autres à la fête du roi.

- Non, Cendrillon, dit celle-ci: tu n'as pas de robe à te mettre et tu ne sais pas danser. Tout le monde se moquerait de toi.

Mais pour qu'elle cessât de pleurer, la marâtre lui promit :

- Si tu me trie deux pleins pots de lentilles dans la cendre en une heure de temps, alors tu pourras venir. Car en elle-même, elle se disait: « Cela, jamais elle n'arrivera à le faire! »

Dès qu'elle eut éparpillé les deux pots de lentilles dans les cendres, Cendrillon courut au jardin par la porte de derrière et appela : « Gentils pigeons, mignonnes tourterelles et vous tous les petits oiseaux de sous le ciel, venez vite à mon aide et trions comme il faut :
Les bonnes dans le petit pot,
Les autres dans votre jabot. »

Deux blancs pigeons entrèrent d'abord par la fenêtre de la cuisine, puis vinrent les tourterelles, et enfin, tous les petits oiseaux du ciel, en rangs serrés, battant des ailes pour se poser tout partout sur les cendres. Les pigeons penchèrent un peu la tête et commencèrent à pic, pic, pic, piqueter les lentilles et les autres se mirent aussi à pic, pic, pic, piqueter les lentilles pour les tirer de la cendre et les ramasser dans les pots. Il ne s'était pas passé une demi-heure que tout était fini et que tous les oiseaux s'envolèrent de nouveau. Joyeuse, Cendrillon s'empressa d'aller montrer les pots à sa marâtre, croyant aller avec les autres à la fête du roi.

- Tout cela ne sert à rien, dit celle-ci : tu n'as pas de robes à te mettre et tu ne sais pas danser; tu ne peux donc pas venir avec nous. Tu nous ferais honte.

Elle lui tourna le dos et gagna la porte avec ses deux filles orgueilleuses et altières.

Lorsqu'il n'y eut plus personne à la maison, Cendrillon alla sur la tombe de sa mère, se mit sous le noisetier et dit:

« Arbre gentil, agite-toi bien fort
Pour me couvrir d'argent et d'or. »

Alors l'oiseau lui fit descendre une robe d'argent et d'or ainsi que des pantoufles brodées de soie et d'argent. Elle se hâta de revêtir la robe et alla à la fête des noces. Ni sa belle-mère, ni ses demi-sœurs ne la reconnurent, pensant plutôt que ce devait être là quelque fille de roi étrangère au pays, tant elle était belle dans cette robe d'or. Elles ne songeaient pas le moins du monde à Cendrillon qu'elles croyaient toujours à la maison, en train de fouiller dans les cendres pour en trier les lentilles. Le fils du roi vint à sa rencontre, la prit par la main et dansa avec elle. Il ne voulut même danser avec nulle autre, et c'est pourquoi il ne lui lâchait pas la main; et si quelque autre cavalier venait pour l'inviter à son tour, le prince lui disait : « C'est ma cavalière. »

Jusqu'au soir elle dansa, puis elle voulut rentrer chez elle, mais le prince lui dit qu'il irait avec elle et l'accompagnerait, tant il était curieux de voir de quelle famille venait cette jolie jeune fille. Il l'accompagna, en effet, mais au dernier moment elle lui échappa et sauta dans le pigeonnier. Le prince attendit que revînt le père et lui dit que la jeune inconnue avait sauté dans le pigeonnier. « Serait-ce Cendrillon? » se demanda le père, qui réclama une hache et une pioche pour ouvrir en deux le pigeonnier. Mais il n'y avait personne à l'intérieur; et quand ils entrèrent dans la maison, Cendrillon, dans son costume misérable et souillé, était couchée sur la cendre, avec une méchante veilleuse à huile qui clignotait dans la cheminée. Elle avait, en effet, bien vite sauté du pigeonnier par-derrière et couru jusqu'au noisetier, où elle avait quitté sa robe magnifique pour la déposer sur la tombe, et le petit oiseau l'avait remportée tandis qu'elle retrouvait la cuisine et son vieux tablier gris pour se coucher sur la cendre, dans l'âtre.

Le lendemain, comme recommençait la fête, dès que ses parents et les deux sœurs altières eurent quitté la maison, Cendrillon courut au noisetier et dit:

« Arbre gentil, agite-toi bien fort
Pour me couvrir d'argent et d'or. »

Alors l'oiseau lui fit descendre une robe encore beaucoup plus splendide et magnifique que celle de la veille. Et quand elle apparut à la fête ainsi parée, tout le monde s'étonna et s'émerveilla de sa beauté. Le fils du roi, qui avait attendu sa venue, la prit aussitôt par la main et ne dansa qu'avec elle. Et si quelque autre cavalier venait pour l'inviter, il lui disait : « C'est ma danseuse. » Quand elle voulut rentrer, le soir venu, le prince l'accompagna, car il voulait voir dans quelle maison elle entrait. Mais elle lui échappa et sauta dans le jardin derrière la maison. Il y avait là un grand et bel arbre tout chargé de magnifiques poires, et elle grimpa si prestement entre ses branches vive comme un écureuil, que le prince ne sut pas où elle avait bien pu passer. Mais il attendit que revînt le père et lui dit que la jolie inconnue avait disparu, mais il croyait qu'elle s'était cachée dans le grand poirier. Le père se dit en lui même: « Serait-ce Cendrillon? » et se fit apporter une hache, entama l'arbre tout autour et l'abattit; mais il n'y avait personne dedans. Et quand ils entrèrent dans la cuisine, Cendrillon était là, couchée dans la cendre comme toujours. Elle avait sauté de l'arbre par derrière, en effet, et rapporté vite, vite, sa robe magnifique au petit oiseau du noisetier pour reprendre son vieux tablier gris. Le troisième jour, quand ses parents et les sœurs furent partis, Cendrillon retourna sur la tombe de sa mère et dit au noisetier :

« Arbre gentil, agite-toi bien fort
Pour me couvrir d'argent et d'or. »

Et la robe que l'oiseau lui fit descendre, cette fois, était si merveilleuse et d'une telle magnificence que jamais elle n'avait rien eu qui lui ressemblât; et les escarpins n'étaient faits que d'or. Parée de la sorte, elle fit son entrée à la fête et tout le monde béa d'admiration, ne sachant plus que dire. Le fils du roi ne dansa qu'avec elle, et si quelqu'un d'autre venait pour l'inviter, il disait : « C'est ma cavalière. »

Le soir, Cendrillon voulut s'en aller et le prince voulut l'accompagner, mais elle s'esquiva si lestement qu'il ne put la suivre. Seulement le prince avait recouru à la ruse et fait enduire de poix toutes les marches du perron, et tandis qu'elle dégringolait l'escalier en volant presque, sa pantoufle gauche y resta collée. Le fils du roi prit cet escarpin, qui était minuscule, délicat, et entièrement fait d'or.

Le lendemain matin, le prince alla trouver le père et lui dit : « Je ne veux point d'autre épouse que celle à qui cette chaussure d'or ira. » Ce fut une grande joie pour les deux sœurs, car elles avaient un joli pied. L'aînée alla dans sa chambre avec l'escarpin, qu'elle voulait chausser. Sa mère était présente. Mais le soulier était trop petit et le pouce n'y pouvait entrer. La mère s'empressa de lui tendre un couteau : « Coupe-le, lui dit-elle; quand tu seras reine, tu n'auras plus besoin de marcher. »

La jeune fille se coupa l'orteil et enfila son pied dans la chaussure, quelque vive que fût la douleur, puis sortit retrouver le prince. Il la prit sur son cheval et partit avec elle comme sa fiancée; mais ils devaient passer non loin de la tombe où deux colombes, perchées sur le noisetier, se mirent à glousser bien fort :

« Roucou-oucou, roucou-oucou
Dans la pantoufle le sang coule:
L'escarpin était trop petit,
La fiancée est au logis. »

Jetant un coup d'œil au pied chaussé, le prince vit que le sang en ruisselait. Il fit faire demi-tour à son cheval et ramena la fausse fiancée à sa maison en disant que ce n'était pas elle qu'il devait épouser, et que l'autre sœur devait essayer l'escarpin. La seconde alla dans sa chambre avec l'escarpin et réussit très bien à y enfiler ses orteils, mais ce fut le talon qui refusa d'entrer. Oui, le talon était trop gros. Alors la mère lui tendit le couteau et lui dit : « Coupe un bout du talon: quand tu seras reine, tu n'auras plus besoin de marcher. »

La jeune fille s'enleva un morceau du talon et força son pied dans la chaussure, quelque vive que fût la douleur, puis sortit retrouver le prince. Il la prit sur son cheval et partit avec elle comme sa fiancée. Mais quand ils furent non loin du noisetier, les deux colombes roucoulèrent de plus belle :

« Roucou-oucou, roucou-oucou
Dans la pantoufle le sang coule:
L'escarpin était trop petit,
La fiancée est au logis. »

De nouveau, le prince jeta un coup d'oeil sur le pied chaussé, vit que le sang coulait, coulait si fort de la chaussure que le bas blanc en était tout rougi. Alors il tourna la bride et ramena la fausse fiancée à la maison.

- Ce n'est pas celle-là non plus que je dois épouser, dit-il. N'avez-vous pas d'autre fille?

-Non, dit le père, il n'y a plus ici que ce pauvre souillon de Cendrillon, la fille de ma première femme, qui est là-bas, dans la cuisine; mais celle-là ne saurait être la fiancée, c'est impossible!

Le fils du roi déclara néanmoins qu'il fallait l'envoyer chercher, mais la mère s'interposa : « Non, non, elle n'est pas présentable: elle est beaucoup trop sale pour se laisser voir! »

Le prince insista: il y tenait absolument, et il fallut qu'on allât la chercher. Cendrillon voulut d'abord se laver les mains et le visage, puis elle vint s'incliner devant le fils du roi, qui lui tendit l'escarpin d'or. Ensuite elle s'assit sur un escabeau, sortit son pied du pesant sabot de bois et le chaussa de la pantoufle qui le moulait parfaitement. Quand elle se releva, en voyant son visage, le prince la reconnut et s'exclama : « C'est elle, la véritable fiancée! »

La belle-mère et les deux demi-sœurs en pâlirent de rage, mais le prince prit Cendrillon sur son cheval et partit avec elle. Et quand ils passèrent non loin du noisetier, les deux colombes blanches roucoulèrent doucement, quoique assez haut pour se faire entendre :

« Roucou-oucou, roucou-oucou
La pantoufle n'a rien du tout:
Sa fiancée est avec lui,

L'escarpin n'est pas trop petit. »

Puis les colombes quittèrent l'arbre et vinrent se poser gracieusement sur les épaules de Cendrillon, une à droite et l'autre à gauche, et elles restèrent là.

Le jour des noces de Cendrillon avec le fils du roi, à l'heure de la cérémonie, arrivèrent les deux sœurs pour l'accabler de flatteries et de doux compliments, car elles voulaient s'insinuer dans ses bonnes grâces et avoir part à son bonheur. Le cortège gagnait l'église derrière les fiancés, et la sœur aînée marchait à droite de Cendrillon, la cadette à sa gauche : alors la colombe de droite et la colombe de gauche leur piquèrent à chacune un œil. A la sortie de l'église, par contre, l'aînée marchait à gauche de Cendrillon et la cadette à droite; alors les deux colombes leur piquèrent à chacune l'autre œil. Et c'est ainsi que, par la cécité jusqu'à leur dernier jour, elles ont été punies de leur méchanceté et de leur fausseté.

12.   Chat et souris associés

Le chat fit la connaissance d'une souris. Il l'assura si bien que ses sentiments envers elle étaient amicaux et chaleureux que la souris se laissa convaincre et finit par accepter de vivre avec le chat, sous le même toit. « Il nous faudra faire nos réserves de nourriture pour l'hiver, » dit le chat, « sinon nous risquons de mourir de faim. Toi, ma petite souris, tu ne peux pas aller partout, tu pourrais te faire prendre dans un piège. » C'était une bonne idée. Ils achetèrent alors un petit pot de saindoux mais ne savaient pas où le cacher. Ils réfléchirent longtemps et, finalement, le chat décida : « Sais-tu ce que nous allons faire ? Nous le cacherons dans l'église ; on ne peut imaginer meilleure cachette ! Personne n'oserait emporter quelque chose d'une église. Nous poserons le pot sous l'autel et nous ne l'entamerons qu'en cas de nécessité absolue. » Ils portèrent donc le pot en ce lieu sûr, mais très vite le chat eut envie de saindoux. Il dit à la souris : « Je voulais te dire, ma petite souris, ma cousine m'a demandé d'être le parrain de leur petit dernier. Ils ont eu un petit, blanc avec des taches marron et je dois le tenir pendant le baptême. Laisse-moi y aller, et occupe-toi aujourd'hui de la maison toute seule, veux-tu ? » — « Bien sûr, sans problème, » acquiesça la souris, « vas-y, si tu veux, et pense à moi quand tu mangeras des bonnes choses. J'aurais bien voulu, moi aussi, goûter de ce bon vin doux qu'on donne aux jeunes mamans. » Mais tout cela était faux ; le chat n'avait pas de cousine et personne ne lui avait demandé d'être parrain. Il s'empressa d'aller à l'église, rampa jusqu'au petit pot de saindoux et lécha jusqu'à avoir mangé toute la graisse du dessus. Ensuite, il partit se promener sur les toits pour voir ce qui se passait dans le monde, et puis surtout pour trouver encore quelque chose de bon à manger. Puis il s'allongea au soleil. Et chaque fois qu'il se souvenait du petit pot de saindoux, il se léchait les babines et se caressait la moustache. Il ne rentra à la maison que dans la soirée. « Te voilà enfin de retour ! » l'accueillit la petite souris. « T'es-tu bien amusé ? Vous avez dû bien rire. » — « Oui, ce n'était pas mal, » répondit le chat. « Et quel nom avez-vous donné à ce chaton ? » demanda la souris. « Sanledessu, » répondit sèchement le chat. « Sanledessu ? » chicota la souris, « quel drôle de nom ! Assez rare, dirais-je. Est-il courant dans votre famille ? » — « Tu peux dire ce que tu veux, » rétorqua le chat, « mais ce n'est pas pire que Volemiettes, le nom de tes filleuls. »

Peu de temps après, le chat se sentit de nouveau l'eau venir à la bouche. « Sois gentille, » supplia-t-il, « occupe-toi encore une fois de la maison toute seule. Fais cela pour moi, petite souris ; on m'a encore demandé d'être le parrain. Le chaton a une collerette blanche au cou, je ne peux pas refuser. » La gentille souris fut d'accord. Et le chat se glissa à travers le mur de la ville, s'introduisit dans l'église et vida la moitié du pot de saindoux. « Rien à faire, » se dit-il, « c'est bien meilleur quand on mange tout seul. » Et il se félicita de son exploit. Lorsqu'il arriva à la maison, la petite souris demanda : « Comment avez-vous baptisé le bébé ? » — « Miparti, » répondit le chat. « Miparti ? Pas possible ! je n'ai jamais entendu un nom pareil. Je parie qu'il n'est même pas dans le calendrier. »

Le chat ne tarda pas à se sentir de nouveau l'eau à la bouche en pensant au pot de saindoux. « Jamais deux sans trois, » dit-il à la souris. « On me demande de nouveau d'être le parrain. L'enfant est tout noir, seules les pattes sont blanches, elles mis à part, il n'a pas un seul poil blanc. Un enfant comme ça ne nait qu'une fois par siècle ! Tu me laisseras y aller, n'est-ce pas ? » — « Sanledessu ! Miparti ! » répondit la souris, « ce sont des noms si étranges. Cela ne s'est jamais vu. Ils me trottent dans la tête sans arrêt. » — « C'est parce que tu restes tout le temps ici, avec ta vilaine robe gris foncé à longue natte, tu passes toutes tes journées enfermée ici, pas étonnant que tout se brouille dans ta tête, dit le chat. Voilà ce qui arrive quand on passe sa vie dans ses pantoufles. » Le chat parti, la petite souris fit le ménage dans toute la maison. Pendant ce temps-là, le chat gourmand vida entièrement le pot de saindoux. « Et voilà, » pensa-t-il, « maintenant que j'ai tout mangé, je ne serai plus tenté. » Si repu qu'il s'essoufflait en marchant, il ne rentra à la maison que la nuit, mais serein. La petite souris lui demanda aussitôt le nom du troisième chaton. « Je suis sûr que tu n'aimeras pas, » répondit le chat. « Il s'appelle Toufini. » — « Toufini ! » chicota la souris. « Cela parait suspect, ce nom ne me dit rien qui vaille. Je ne l'ai jamais vu imprimé quelque part. Toufini ! Qu'est ce que cela veut dire, en fait ? » Elle hocha la tête, se roula en boule et s'endormit.

Depuis ce jour, plus personne n'invita le chat à un baptême. L'hiver arriva, et dehors, il n'y avait rien à manger. La petite souris se rappela qu'ils avaient quelque chose en réserve. « Viens, mon chat, allons chercher notre pot de saindoux que nous avons caché pour les temps durs. On va se régaler. » — « Tu te régaleras, tu te régaleras, » marmonna le chat, « cela sera comme si tu sortais ta petite langue fine par la fenêtre. » Ils s'en allèrent et lorsqu'ils arrivèrent dans l'église, le pot était toujours à sa place mais vide. « Ça y est, » dit la souris, « je comprends tout, j'y vois clair à présent. Tu parles d'un ami ! Tu as tout mangé quand tu allais faire le parrain : d'abord Sanledessu, puis Miparti et pour finir... » — « Tais-toi, » coupa le chat, « encore un mot et je te mange ! »

Mais la petite souris avait le « Toufini » sur la langue, et à peine l'eut-elle prononcé que le chat lui sauta dessus, l'attrapa et la dévora. Eh oui, ainsi va le monde.

13. Le Choix d'une femme

Un jeune paysan désirait se marier. Il connaissait trois sœurs également belles, si bien qu'il était embarrassé de savoir sur laquelle des trois il ferait tomber son choix. Il demanda conseil à sa mère, qui lui dit :

— Invite-les toutes les trois à une petite collation, et aie soin de placer du fromage sur la table ; puis observe attentivement de quelle manière elles le couperont.

Le jeune homme fit comme sa mère lui avait dit.

La première des trois sœurs enleva son morceau de fromage avec la croûte.

La seconde s'empressa de séparer la croûte de son morceau ; mais dans son empressement elle en coupa la croûte, de telle sorte, qu'il y resta encore beaucoup de fromage.

La troisième détacha la croûte avec soin, si bien qu'elle ne rejeta de son morceau ni trop, ni trop peu.

Le jeune paysan raconta à sa mère le résultat de ses observations.

— C'est la troisième qu'il te faut prendre pour femme, lui dit-elle.

Il suivit ce conseil, et fut un mari heureux et content.

14. La Chouette

Il y a environ quelques siècles, lorsque les hommes n'étaient pas encore aussi fins et aussi rusés qu'ils le sont aujourd'hui, il arriva une singulière histoire dans je ne sais plus qu'elle petite ville, fort peu familiarisée, comme on va le voir, avec les oiseaux nocturnes.

A la faveur d'une nuit très-obscure, une chouette, venue d'une forêt voisine, s'était introduite dans la grange d'un habitant de la petite ville en question, et, quand reparut le jour, elle n'osa pas sortir de sa cachette, par crainte des autres oiseaux qui n'auraient pas manqué de la saluer d'un concert de cris menaçants.

Or, il arriva que le domestique vint chercher une botte de paille dans la grange ; mais à la vue des yeux ronds et brillants de la chouette tapie dans un coin, il fut saisi de frayeur, qu'il prit ses jambes à son cou, et courut annoncer à son maître qu'un monstre comme il n'en avait encore jamais vu se tenait caché dans la grange, qu'il roulait dans ses orbites profondes des yeux terribles, et qu'à coup sûr cette bête avalerait un homme sans cérémonie et sans difficulté.

— Je te connais, beau masque, lui répondit son maître ; s'il ne s'agit que de faire la chasse aux merles dans la plaine, le cœur ne te manque pas ; mais aperçois-tu un pauvre coq étendu mort contre terre, avant de t'en approcher, tu as soin de t'armer d'un bâton. Je veux aller voir moi-même à quelle espèce de monstre nous allons avoir affaire.

Cela dit, notre homme pénétra d'un pied hardi dans la grange, et se mit à regarder en tous sens.

Il n'eut pas plutôt vu de ses propres yeux l'étrange et horrible bête, qu'il fut saisi d'un effroi pour le moins égal à celui de son domestique. En deux bonds il fut hors de la grange, et courut prier ses voisins de vouloir bien lui prêter aide et assistance contre un monstre affreux et inconnu :

— Il y va de votre propre salut, leur dit-il ; car si ce terrible animal parvient à s'évader de ma grange, c'en est fait de la ville entière !

En moins de quelques minutes, des cris d'alarme retentirent par toutes les rues ; les habitants arrivèrent armés de piques, de fourches et de faux, comme s'il se fût agi d'une sortie contre l'ennemi ; puis enfin parurent, en grand costume et revêtus de leur écharpe, les conseillers de la commune avec le bourgmestre en tête. Après s'être mis en rang sur la place, ils s'avancèrent militairement vers la grange qu'ils cernèrent de tous côtés. Alors le plus courageux de la troupe sortit du cercle, et se risqua à pénétrer dans la grange, la pique en avant ; mais on l'en vit ressortir aussitôt à toutes jambes, pâle comme la mort, et poussant de grands cris.

Deux autres bourgeois intrépides osèrent encore après lui tenter l'aventure, mais ils ne réussirent pas mieux.

A la fin, on vit se présenter un homme d'une stature colossale et d'une force prodigieuse. C'était un ancien soldat qui, par sa bravoure, s'était fait une réputation à la guerre.

— Ce n'est pas en allant vous montrer les uns après les autres, dit-il, que vous parviendrez à vous débarrasser du monstre ; il s'agit ici d'employer la force, mais je vois avec peine que la peur a fait de vous autant de femmes.

Cela dit, notre valeureux guerrier se fit apporter cuirasse, glaive et lance, puis il s'arma en guerre.

Chacun vantait son courage, quoique presque tous fussent persuadés qu'il courait à une mort certaine.

Les deux portes de la grange furent ouvertes, et l'on put voir alors la chouette qui était allée se poser sur une poutre du milieu. Le soldat se décida à monter à l'assaut. En conséquence, on lui apporta une échelle qu'il plaça contre la poutre.

Au moment où il s'apprêtait à monter, ses camarades lui crièrent en cœur de se conduire en homme ; puis, ils le recommandèrent à saint Georges qui, chacun le sait, dompta jadis le dragon.

Quand il fut parvenu aux trois quarts de l'échelle, la chouette qui s'aperçut qu'on en voulait à sa noble personne, et que d'ailleurs les clameurs de la foule avait effarouchée, ne sachant de quel côté s'enfuir, se mit soudain à rouler de grands yeux, hérissa ses plumes, déploya ses vastes ailes, desserra son bec hideux, et poussa trois cris sauvages, d'une voix rauque et effrayante.

— Frappez-la de votre lance ! s'écrièrent au même instant du dehors les bourgeois électrisés.

— Je voudrais bien vous voir à ma place, répondit le belliqueux aventurier ; je gage qu'alors vous ne seriez pas si braves.

Toutefois, il monta encore d'un degré sur l'échelle ; après quoi, la peur s'empara de lui, si bien qu'il lui resta tout au plus assez de force pour redescendre jusqu'au bas.

Dès lors, il ne se trouva plus personne pour affronter le danger.

— Au moyen de sa seule haleine et par la fascination de son regard, disaient-ils tous, cet horrible monstre a pénétré de son venin et blessé à mort le plus robuste d'entre nous ; à quoi nous servirait donc de nous exposer à une mort certaine ?

D'accord sur ce point, ils tinrent conseil à l'effet de savoir ce qu'il y avait à faire pour préserver la ville d'une ruine imminente. Pendant longtemps tous les moyens avaient été jugés insuffisants, lorsqu'enfin par bonheur le bourgmestre eut une idée.

— Mon avis est, dit ce respectable citoyen, que nous dédommagions, au nom de la commune, le propriétaire de cette grange; que nous lui payions la valeur de tous les sacs d'orge et de blé qu'elle renferme ; puis, que nous y mettions le feu, aux quatre coins, ce qui ne coûtera la vie à personne. Ce n'est pas dans une circonstance aussi périlleuse qu'il faut se montrer avare des deniers publics ; et d'ailleurs il s'agit ici du salut commun.

L'avis du bourgmestre fut adopté à l'unanimité. En conséquence, le feu fut mis aux quatre coins de la grange, qui bientôt fut entièrement consumée, tandis que la chouette s'envolait par le toit.

Si vous doutez de la vérité de ce récit, allez sur les lieux vous en informer vous-même.

15.   La clef d'or

Un hiver, comme le pays tout entier était recouvert de neige, on envoya un pauvre garçon chercher du bois.

Avant même d'en avoir ramassé et d'en avoir chargé sa luge, il était déjà gelé comme une grive. Il se dit alors qu'avant de rentrer à la maison, il allait allumer un petit feu pour se réchauffer.

Il écarta la neige et, en tâtonnant par terre, il trouva une petite clef d'or.

Une clef n'est jamais loin d'une serrure, se dit-il. Il commença à gratter de plus en plus profondément et, en effet, il découvrit une petite boîte en fer.

Pourvu que la clef puisse l'ouvrir, pensa-t-il, elle contient certainement des objets de grande valeur. Il chercha le trou de la serrure mais ne le trouva pas; il finit toutefois par le découvrir; mais le trou était si petit que le garçon avait failli ne pas le voir.

Il essaya la clef et, par bonheur, c'était la bonne. Il la fit tourner une fois - et maintenant, nous devons attendre qu'il ouvre complètement et qu'il soulève le couvercle; ce n'est qu'après que nous saurons quels trésors il a trouvés dans la boîte.

16. Le Clou

Un marchand avait fait de bonnes affaires à la foire ; il avait vendu toutes ses marchandises, et bien garni son sac de monnaies d'or et d'argent. Il s'était mis en route vers sa demeure où il désirait arriver ce même jour encore avant la tombée de la nuit. Il cheminait donc à cheval, son lourd portemanteau solidement attaché derrière la selle. Vers l'heure du dîner, il fit halte dans une ville, et lorsqu'il voulut se remettre en route, le valet d'écurie, qui lui amena son cheval, lui dit :

— Monsieur ne sait pas sans doute qu'il manque un clou au fer gauche de derrière son cheval.

— Ne t'en inquiète pas, répondit le marchand, le fer n'en tiendra pas moins pendant les six lieues au plus qu'il reste à faire. Je suis pressé.

Vers l'heure du goûter, il s'arrêta de nouveau pour faire donner l'avoine à sa monture. Le garçon d'écurie ne tarda pas à venir le trouver dans l'auberge.

— Monsieur ne sait pas, sans doute, lui dit-il, qu'il manque un fer au pied gauche de derrière de son cheval. Dois-je le conduire chez le maréchal ?

— Ne t'en inquiète pas, répondit le marchand, pour une couple de lieues qu'il me reste à faire, mon cheval se passera bien de ce fer. Je suis pressé.

Il se remit en route. Mais bientôt après le cheval boita ; il n'y avait pas longtemps qu'il boitait, lorsqu'il commença à trébucher ; il eut à peine trébuché deux ou trois fois, qu'il s'abattit et se cassa une jambe. Le marchand fut obligé de laisser là son cheval gisant, de déboucler son portemanteau, de le placer sur son dos et de regagner à pied son logis, où il n'arriva que très avant dans la nuit.

C'est pourtant ce maudit clou que j'ai négligé de faire remettre, qui a été cause de tout mon malheur, pensait-il en marchant d'un air sombre.

17.   Conte Devinette

Trois femmes avaient été métamorphosées en fleurs et brillaient ainsi dans la campagne. Cependant le charme permettait que l'une d'elles retournât chaque nuit dans sa demeure.

Il y avait quelque temps qu'elle subissait cette métamorphose, lorsqu'elle dit à son mari: « L'aurore va paraître, et je devrai te quitter de nouveau pour rejoindre mes compagnes et redevenir, comme elles, fleur des champs; mais si tu arrives aujourd'hui avant midi, et que tu me cueilles, l'enchantement cessera, et je ne le quitterai plus désormais. »

Vous me demanderez maintenant comment son mari aura pu la reconnaître, puisque toutes les fleurs étaient pareilles?

Je vous répondrai: Son mari la reconnut, parce qu'elle avait passé la nuit à la maison et non dans les champs, et qu'ainsi la rosée, qui était tombée sur les autres, ne se trouva pas sur elle.

18.   Le conte du genévrier

Il y a de cela bien longtemps, au moins deux mille ans, vivait un homme riche qui avait une femme de grande beauté, honnête et pieuse; ils s'aimaient tous les deux d'un grand amour, mais ils n'avaient pas d'enfant et ils en désiraient tellement, et la femme priait beaucoup, beaucoup, nuit et jour pour avoir un enfant; mais elle n'arrivait pas, non, elle n'arrivait pas à en avoir.

Devant leur maison s'ouvrait une cour où se dressait un beau genévrier, et une fois, en hiver, la femme était sous le genévrier et se pelait une pomme; son couteau glissa et elle se coupa le doigt assez profondément pour que le sang fît quelques taches dans la neige. La femme regarda le sang devant elle, dans la neige, et soupira très fort en se disant, dans sa tristesse: « Oh! si j'avais un enfant, si seulement j'avais un enfant vermeil comme le sang et blanc comme la neige! » Dès qu'elle eut dit ces mots, elle se sentit soudain toute légère et toute gaie avec le sentiment que son vœu serait réalisé. Elle rentra dans la maison et un mois passa: la neige disparut; un deuxième mois, et tout avait reverdi; un troisième mois, et la terre se couvrit de fleurs; un quatrième mois, et dans la forêt, les arbres étaient tout épais et leurs branches vertes s'entrecroisaient sans presque laisser de jour: les oiseaux chantaient en foule et tout le bois retentissait de leur chant, les arbres perdaient leurs fleurs qui tombaient sur le sol; le cinquième mois passé, elle était un jour sous le genévrier et cela sentait si bon que son cœur déborda de joie et qu'elle en tomba à genoux, tant elle se sentait heureuse; puis le sixième mois s'écoula, et les fruits se gonflèrent, gros et forts, et la femme devint toute silencieuse; le septième mois passé, elle cueillit les baies du genévrier et les mangea toutes avec avidité, et elle devint triste et malade; au bout du huitième mois, elle appela son mari et lui dit en pleurant: « Quand je mourrai, enterre-moi sous le genévrier. » Elle en éprouva une immense consolation, se sentit à nouveau pleine de confiance et heureuse jusqu'à la fin du neuvième mois. Alors elle mit au monde un garçon blanc comme la neige et vermeil comme le sang, et lorsqu'elle le vit, elle en fut tellement heureuse qu'elle en mourut.

Son mari l'enterra alors sous le genévrier et la pleura tant et tant: il ne faisait que la pleurer tout le temps. Mais un jour vint qu'il commença à la pleurer moins fort et moins souvent, puis il ne la pleura plus que quelquefois de temps à autre; puis il cessa de la pleurer tout à fait. Un peu de temps passa encore, maintenant qu'il ne la pleurait plus, et ensuite il prit une autre femme.

De cette seconde épouse, il eut une fille; et c'était un garçon qu'il avait de sa première femme: un garçon vermeil comme le sang et blanc comme la neige. La mère, chaque fois qu'elle regardait sa fille, l'aimait beaucoup, beaucoup; mais si elle regardait le petit garçon, cela lui écorchait le cœur de le voir; il lui semblait qu'il empêchait tout, qu'il était toujours là en travers, qu'elle l'avait dans les jambes continuellement; et elle se demandait comment faire pour que toute la fortune revînt à sa fille, elle y réfléchissait, poussée par le Malin, et elle se prit à détester le petit garçon qu'elle n'arrêtait pas de chasser d'un coin à l'autre, le frappant ici, le pinçant là, le maltraitant sans cesse, de telle sorte que le pauvre petit ne vivait plus que dans la crainte. Quand il revenait de l'école, il n'avait plus un instant de tranquillité.

Un jour, la femme était dans la chambre du haut et la petite fille monta la rejoindre en lui disant:

- Mère, donne-moi une pomme!

- Oui, mon enfant! lui dit sa mère, en lui choisissant dans le bahut la plus belle pomme qu'elle put trouver. Ce bahut, où l'on mettait les pommes, avait un couvercle épais et pesant muni d'une serrure tranchante, en fer.

- Mère, dit la petite fille, est-ce que mon frère n'en aura pas une aussi?

La femme en fut agacée, mais elle répondit quand même:

- Bien sûr, quand il rentrera de l'école.

Mais quand elle le vit qui revenait, en regardant par la fenêtre, ce fut vraiment comme si le Malin l'avait possédée: elle reprit la pomme qu'elle avait donnée à sa fille, en lui disant: « Tu ne dois pas l'avoir avant ton frère. » Et elle la remit dans le bahut, dont elle referma le pesant couvercle.

Et lorsque le petit garçon fut arrivé en haut, le Malin lui inspira son accueil aimable et ses paroles gentilles: « Veux-tu une pomme, mon fils? » Mais ses regards démentaient ses paroles car elle fixait sur lui des yeux féroces, si féroces que le petit garçon lui dit:

- Mère, tu as l'air si terrible: tu me fais peur. Oui, je voudrais bien une pomme.

Sentant qu'il lui fallait insister, elle lui dit:

- Viens avec moi! et, l'amenant devant le gros bahut, elle ouvrit le pesant couvercle et lui dit: Tiens! prends toi-même la pomme que tu voudras!

Le petit garçon se pencha pour prendre la pomme, et alors le Diable la poussa et boum! elle rabattit le lourd couvercle avec une telle force que la tête de l'enfant fut coupée et roula au milieu des pommes rouges.

Alors elle fut prise de terreur (mais alors seulement) et pensa: « Ah! si je pouvais éloigner de moi ce que j'ai fait! » Elle courut dans une autre pièce, ouvrit une commode pour y prendre un foulard blanc, puis elle revint au coffre, replaça la tête sur son cou, la serra dans le foulard pour qu'on ne puisse rien voir et assit le garçon sur une chaise, devant la porte, avec une pomme dans la main.

La petite Marlène, sa fille, vint la retrouver dans la cuisine et lui dit, tout en tournant une cuillère dans une casserole qu'elle tenait sur le feu:

- Oh! mère, mon frère est assis devant la porte et il est tout blanc; il tient une pomme dans sa main, et quand je lui ai demandé s'il voulait me la donner, il ne m'a pas répondu. J'ai peur!

- Retournes-y, dit la mère, et s'il ne te répond pas, flanque-lui une bonne claque!

La petite Marlène courut à la porte et demanda: « Frère, donne-moi la pomme, tu veux? » Mais il resta muet et elle lui donna une gifle bien sentie, en y mettant toutes ses petites forces. La tête roula par terre et la fillette eut tellement peur qu'elle se mit à hurler en pleurant, et elle courut, toute terrifiée, vers sa mère:

- Oh! mère, j'ai arraché la tête de mon frère!

Elle sanglotait, sanglotait à n'en plus finir, la pauvre petite Marlène. Elle en était inconsolable.

- Marlène, ma petite fille, qu'as-tu fait ? dit la mère. Quel malheur! Mais à présent tiens-toi tranquille et ne dis rien, que personne ne le sache, puisqu'il est trop tard pour y changer quelque chose et qu'on n'y peut rien. Nous allons le faire cuire en ragoût, à la sauce brune.

La mère alla chercher le corps du garçonnet et le coupa en menus morceaux pour le mettre à la sauce brune et le faire cuire en ragoût. Mais la petite Marlène ne voulait pas s'éloigner et pleurait, pleurait et pleurait, et ses larmes tombaient dans la marmite, tellement qu'il ne fallut pas y mettre de sel.

Le père rentra à la maison pour manger, se mit à table et demanda: « Où est mon fils? » La mère vint poser sur la table une pleine marmite de ragoût à la sauce brune et petite Marlène pleurait sans pouvoir s'en empêcher. Une seconde fois, le père demanda « Mais où est donc mon fils?

- Oh! dit la mère, il est allé à la campagne chez sa grand-tante; il y restera quelques jours.

- Mais que va-t-il faire là-bas? demanda le père et il est parti sans seulement me dire au revoir!

- Il avait tellement envie d'y aller, répondit la femme; il m'a demandé s'il pouvait y rester six semaines et je le lui ai permis. Il sera bien là-bas.

- Je me sens tout attristé, dit le père; ce n'est pas bien qu'il soit parti sans rien me dire. Il aurait pu quand même me dire adieu! »

Tout en parlant de la sorte, le père s'était mis à manger; mais il se tourna vers l'enfant qui pleurait et lui demanda:

- Marlène, mon petit, pourquoi pleures-tu? Ton frère va revenir bientôt. Puis il se tourna vers sa femme: « 0 femme, lui dit-il, quel bon plat tu as fait là! Sers-m'en encore »

Elle le resservit, mais plus il en mangeait, et plus il en voulait.

- Donne-m'en, donne-m'en plus, je ne veux en laisser pour personne: il me semble que tout est à moi et doit me revenir.

Et il mangea, mangea jusqu'à ce qu'il ne restât plus rien, suçant tous les petits os, qu'il jetait à mesure sous la table. Mais la petite Marlène se leva et alla chercher dans le tiroir du bas de sa commode le plus joli foulard qu'elle avait, un beau foulard de soie, puis, quand son père eut quitté la table, elle revint ramasser tous les os et les osselets, qu'elle noua dans son foulard de soie pour les emporter dehors en pleurant à gros sanglots. Elle alla et déposa son petit fardeau dans le gazon, sous le genévrier; et quand elle l'eut mis là, soudain son cœur se sentit tout léger et elle ne pleura plus. Le genévrier se mit à bouger, écartant ses branches et les resserrant ensemble, puis les ouvrant de nouveau et les refermant comme quelqu'un qui manifeste sa joie à grands gestes des mains. Puis il y eut soudain comme un brouillard qui descendit de l'arbre jusqu'au sol, et au milieu de ce brouillard c'était comme du feu, et de ce feu sortit un oiseau splendide qui s'envola très haut dans les airs en chantant merveilleusement. Lorsque l'oiseau eut disparu dans le ciel, le genévrier redevint comme avant, mais le foulard avec les ossements n'était plus là. La petite Marlène se sentit alors toute légère et heureuse, comme si son frère était vivant; alors elle rentra toute joyeuse à la maison, se mit à table et mangea.

L'oiseau qui s'était envolé si haut redescendit se poser sur la maison d'un orfèvre, et là il se mit à chanter:

« Ma mère m'a tué;
Mon père m'a mangé;
Ma sœurette Marlène
A pris bien de la peine
Pour recueillir mes os jetés
Dessous la table, et les nouer
Dans son foulard de soie
Qu'elle a porté sous le genévrier.
Kywitt, kywitt, bel oiseau que je suis! »

L'orfèvre était à son travail, dans son atelier, occupé à fabriquer une chaînette d'or; mais lorsqu'il entendit l'oiseau qui chantait sur son toit, cela lui parut si beau, si beau qu'il se leva précipitamment, perdit une pantoufle sur son seuil et courut ainsi jusqu'au milieu de la rue, un pied chaussé, l'autre en chaussette, son grand tablier devant lui, tenant encore dans sa main droite ses pinces à sertir, et dans la gauche la chaînette d'or; et le soleil brillait clair dans la rue. Alors il resta là et regarda le bel oiseau auquel il dit:

- Oiseau, que tu sais bien chanter! Comme c'est beau! Chante-le-moi encore une fois, ton morceau!

- Non, dit l'oiseau, je ne chante pas deux fois pour rien. Donne-moi la chaînette d'or, et je le chanterai encore.

- Tiens, prends la chaînette d'or, elle est à toi, dit l'orfèvre, et maintenant chante-moi encore une fois ton beau chant.

L'oiseau vint prendre la chaînette d'or avec sa patte droite, se mit en face de l'orfèvre et chanta:

« Ma mère m'a tué;
Mon père m'a mangé;
Ma sœurette Marlène
A pris bien de la peine
Pour recueillir mes os jetés
Dessous la table, et les nouer
Dans son foulard de soie
Qu'elle a porté sous le genévrier.
Kywitt, kywitt, bel oiseau que je suis! »

Et aussitôt il s'envola pour aller se poser sur le toit de la maison d'un cordonnier, où il chanta:

« Ma mère m'a tué;
Mon père m'a mangé;
Ma sœurette Marlène
A pris bien de la peine
Pour recueillir mes os jetés
Dessous la table, et les nouer
Dans son foulard de soie
Qu'elle a porté sous le genévrier.
Kywitt, kywitt, bel oiseau que je suis! »

Le cordonnier entendit ce chant et courut en bras de chemise devant sa porte pour regarder sur son toit, et il dut mettre la main devant ses yeux pour ne pas être aveuglé par le soleil qui brillait si fort.

- Oiseau, lui dit-il, comme tu sais bien chanter!

Il repassa sa porte et rentra chez lui pour appeler sa femme. « Femme, lui cria-t-il, viens voir un peu dehors: il y a un oiseau, regarde-le, cet oiseau qui sait si bien chanter! » Il appela aussi sa fille et les autres enfants, et encore ses commis et la servante et le valet, qui vinrent tous dans la rue et regardèrent le bel oiseau qui chantait si bien et qui était si beau, avec des plumes rouges et vertes, et du jaune autour de son cou: on aurait dit de l'or pur; et ses yeux scintillants on aurait dit qu'il avait deux étoiles dans sa tête!

- Oiseau, dit le cordonnier, maintenant chante encore une fois ton morceau.

- Non, dit l'oiseau, je ne chante pas deux fois pour rien; il faut que tu me fasses un cadeau.

- Femme, dit le cordonnier, monte au grenier: sur l'étagère la plus haute, il y a une paire de chaussures rouges; apporte-les-moi.

La femme monta et rapporta les chaussures.

- Tiens, c'est pour toi, l'oiseau! dit le cordonnier. Et maintenant chante encore une fois.

L'oiseau descendit et prit les chaussures avec sa patte gauche, puis il s'envola sur le toit où il chanta:

« Ma mère m'a tué;
Mon père m'a mangé;
Ma sœurette Marlène
A pris bien de la peine
Pour recueillir mes os jetés
Dessous la table, et les nouer

Dans son foulard de soie
Qu'elle a porté sous le genévrier.
Kywitt, kywitt, bel oiseau que je suis! »

Et quand il eut chanté, il s'envola, serrant la chaîne d'or dans sa patte droite et les souliers dans sa gauche, et il vola loin, loin, jusqu'à un moulin qui tournait, tac-tac, tac-tac, tac-tac, tac-tac; et devant la porte du moulin il y avait vingt garçons meuniers qui piquaient une meule au marteau, hic-hac, hic-hac, hic-hac, pendant que tournait le moulin, tac-tac, tac-tac, tac-tac. Alors l'oiseau alla se percher dans un tilleul et commença à chanter:

« Ma mère m'a tué. »

Un premier s'arrêta et écouta:

« Mon père m'a mangé. »

Deux autres s'arrêtèrent et écoutèrent:

« Ma sœurette Marlène
A pris bien de la peine. »

Quatre autres s'arrêtèrent à leur tour:

« Pour recueillir mes os jetés
Dessous la table, et les nouer
Dans son foulard de soie. »

A présent, ils n'étaient plus que huit à frapper encore:

« Qu'elle a porté »

Cinq seulement frappaient encore:

« sous le genévrier. »

Il n'en restait plus qu'un qui frappait du marteau:

« Kywitt, kywitt, bel oiseau que je suis! »

Le dernier, à son tour, s'est aussi arrêté et il a même encore entendu la fin.

- Oiseau, dit-il, ce que tu chantes bien! Fais-moi entendre encore une fois ce que tu as chanté, je n'ai pas entendu.

- Non, dit l'oiseau, je ne chante pas deux fois pour rien. Donne-moi la meule et je chanterai encore une fois.

- Tu l'aurais, bien sûr, si elle était à moi tout seul, répondit le garçon meunier.

- S'il chante encore une fois, approuvèrent tous les autres, il est juste qu'il l'ait, et il n'a qu'à la prendre.

L'oiseau descendit de l'arbre et les vingt garçons meuniers, avec des leviers, soulevèrent la lourde meule, ho-hop! ho-hop! ho-hop! ho-hop! Et l'oiseau passa son cou par le trou du centre, prenant la meule comme un collier avec lequel il s'envola de nouveau sur son arbre pour chanter:

« Ma mère m'a tué;
Mon père m'a mangé;
Ma sœurette Marlène
A pris bien de la peine
Pour recueillir mes os jetés
Dessous la table, et les nouer
Dans son foulard de soie
Qu'elle a porté sous le genévrier.
Kywitt, kywitt, bel oiseau que je suis! »

Dès qu'il eut fini, il déploya ses ailes et s'envola, et il avait la chaînette d'or dans sa serre droite, et la paire de souliers dans sa serre gauche, et la meule était autour de son cou. Et il vola ainsi loin, très loin, jusqu'à la maison de son père.

Le père, la mère et petite Marlène sont là, assis à table. Et le père dit:

- C'est drôle comme je me sens bien, tout rempli de lumière!

- Oh! pas moi, dit la mère, je me sens accablée comme s'il allait éclater un gros orage.

Petite Marlène est sur sa chaise, qui pleure et qui pleure sans rien dire. L'oiseau donne ses derniers coups d'ailes, et quand il se pose sur le toit de la maison, le père dit:

- Ah! je me sens vraiment tout joyeux et le soleil est si beau: il me semble que je vais revoir une vieille connaissance.

- Oh! pas moi, dit la mère, je me sens oppressée et tout apeurée, j'ai les dents qui claquent, et dans mes veines on dirait qu'il y a du feu!

Elle se sent si mal qu'elle déchire son corsage pour essayer de respirer et se donner de l'air. Et la petite Marlène, dans son coin, est là qui pleure, qui pleure, et qui se tient son tablier devant les yeux; et elle pleure tellement qu'elle a complètement mouillé son assiette. L'oiseau est venu se percher sur le genévrier; il se met à chanter:

« Ma mère m'a tué. »

Alors la mère se bouche les oreilles et ferme les yeux pour ne rien voir ni entendre; mais ses oreilles bourdonnent et elle entend comme un terrible tonnerre dedans, ses yeux la brûlent et elle voit comme des éclairs dedans.

« Mon père m'a mangé. »

- Oh! mère, dit le père, dehors il y a un splendide oiseau qui chante merveilleusement, le soleil brille et chauffe magnifiquement, on respire un parfum qui ressemble à de la cannelle.

« Ma sœurette Marlène
A pris bien de la peine. »

La petite Marlène cache sa tête dans ses genoux et pleure de plus en plus.

- Je sors, dit le père, il faut que je voie cet oiseau de tout près.

- Oh non, n'y va pas! proteste la mère. Il me semble que toute la maison tremble sur sa base et qu'elle s'effondre dans les flammes!

L'homme alla dehors néanmoins et regarda l'oiseau.

« Pour recueillir mes os jetés
Dessous la table, et les nouer
Dans son foulard de soie
Qu'elle a porté sous le genévrier.
Kywitt, kywitt, bel oiseau que je suis! »

Aux dernières notes, l'oiseau laissa tomber adroitement la chaîne d'or qui vint juste se mettre autour du cou de l'homme, exactement comme un collier qui lui allait très bien.

- Regardez! dit l'homme en rentrant, voilà le cadeau que le bel oiseau m'a fait: cette magnifique chaîne d'or. Et voyez comme il est beau!

Mais la femme, dans son angoisse, s'écroula de tout son long dans la pièce et son bonnet lui tomba de la tête. L'oiseau, de nouveau, chantait:

« Ma mère m'a tué. »

- Ah! s'écria la femme, si je pouvais être à mille pieds sous terre pour ne pas entendre cela!

« Mon père m'a mangé. »

La femme retomba sur le dos, blanche comme une morte.

« Ma sœurette Marlène »

chantait l'oiseau, et la petite Marlène s'exclama: « Je vais sortir aussi et voir quel cadeau l'oiseau me fera! » Elle se leva et sortit.

« A pris bien de la peine
Pour recueillir mes os jetés
Dessous la table, et les nouer
Dans son foulard de soie. »

Avec ces mots, l'oiseau lui lança les souliers.

« Qu'elle a porté sous le genévrier.
Kywitt, kywitt, bel oiseau que je suis! »

La petite Marlène sentit que tout devenait lumineux et gai pour elle; elle enfila les souliers rouges et neufs et se mit à danser et à sauter, tellement elle s'y trouvait bien, rentrant toute heureuse dans la maison.

- Oh! dit-elle, moi qui me sentais si triste quand je suis venue dehors, et à présent tout est si clair! C'est vraiment un merveilleux oiseau que celui-là, et il m'a fait cadeau de souliers rouges!

- Que non! que non! dit la femme en revenant à elle et en se relevant, et ses cheveux se dressaient sur sa tête comme des langues de feu. Pour moi, c'est comme si le monde entier s'anéantissait: il faut que je sorte aussi, peut-être que je me sentirai moins mal dehors!

Mais aussitôt qu'elle eut franchi la porte, badaboum! l'oiseau laissa tomber la meule sur sa tête et la lui mit en bouillie. Le père et petite Marlène entendirent le fracas et sortirent pour voir. Mais que virent-ils? De cet endroit s'élevait une vapeur qui s'enflamma et brûla en montant comme un jet de flammes, et quand ce fut parti, le petit frère était là, qui les prit tous les deux par la main. Et tous trois, pleins de joie, rentrèrent dans la maison, se mirent à table et mangèrent.

19. Les créatures de Dieu et les bêtes du Diable

Le bon Dieu créa tous les animaux et choisit ensuite les loups pour chiens , mais il avait oublié la chèvre. Et le diable se mit en tête de créer lui aussi, et il créa des chèvres avec de longues queues soyeuses. Lorsqu'elles allaient paître, elles s'accrochaient avec leurs queues aux buissons épineux; le diable en fut si las de les en délivrer qu'il leur arracha la queue à toutes... À présent, le diable les laissait paître en toute liberté mais le bon Dieu voyait les chèvres ravager les riches vignobles. Il fut obligé de lâcher ses loups sur les pâturages. Ils se jetèrent sur le troupeau et déchiquetèrent toutes les chèvres qui s'y trouvaient.

Lorsque le diable l'apprit, il alla se plaindre à Dieu:

- Tes créatures ont déchiqueté les miennes.

- Pourquoi en as-tu créé qui nuisent? objecta Dieu.

- Je ne pouvais pas faire autrement, se défendit le diable. C'est dans ma nature de faire du mal; donc tout ce que je crée doit être comme moi. Et ces chèvres, tu vas me les payer!

Bien entendu, je te les paierai; reviens quand toutes les feuilles des chênes seront tombées, ton argent est déjà compté.

Dès que les feuilles des chênes furent tombées, le diable réclama sa créance. Mais Dieu dit:

- Le grand chêne à l'église de Constantinople est encore tout feuillu.

Le diable pesta et s'en alla pour chercher le chêne. Il erra six mois et lorsqu'il revint, tous les autres chênes étaient à nouveau recouverts de feuilles vertes. Il comprit qu'il n'aurait jamais son argent. Et, de colère, il creva les yeux de toutes les chèvres qui lui restaient et leur mit ses propres yeux à la place. C'est pourquoi toutes les chèvres ont les yeux du diable et des queues courtes. Et le diable adore prendre leur forme.

20. Dame Hiver (Dame Hollé)

Une veuve avait deux filles, l'une belle et active, l'autre laide et paresseuse. Mais elle aimait bien plus la fillette paresseuse et laide, comme étant sa propre fille, que l'autre qui devait faire tout l'ouvrage et qui était la Cendrillon du logis. La pauvre enfant devait se mettre tous les jours sur la grande route, près d'un puits, et filer sans relâche, au point que le sang lui coulait des doigts.

Il arriva qu'une fois, comme sa quenouille était couverte de sang et qu'elle se penchait pour se laver, celle-ci lui glissa de la main et tomba au fond du puits. La pauvrette fondit en larmes, et courut chez sa belle-mère à qui elle conta son malheur ; mais cette femme la gronda rudement et se montra sans pitié. Enfin, elle lui dit :

« Si tu as laissé tomber ta quenouille, va la chercher. »

La jeune fille s'en retourna donc auprès du puits, mais elle ne savait que faire ; et, dans son angoisse, elle sauta par-dessus le bord, pour chercher la quenouille.

Lorsqu'elle revint à elle après le premier étourdissement, elle se vit sur une belle prairie, où il faisait un beau soleil et où il y avait des milliers de fleurs. Elle traversa la prairie et arriva près d'un four qui était rempli de pains ; et le pain criait :

« Ah ! Retire-moi, retire-moi ! Autrement, je brûlerais, car il y a longtemps que je suis cuit. »

Vite, elle se mit au travail, et retira tout. Puis elle continua son chemin, et trouva un pommier chargé de pommes ; et il criait :

« Ah ! Secoue-moi, secoue-moi ! Mes pommes sont mûres. »

Alors elle secoua l'arbre et les pommes tombèrent comme grêle, jusqu'à ce qu'il n'y en eût plus une ; puis elle s'en alla.

Enfin, elle rencontra une petite maison, d'où semblait la guetter une vieille femme ; mais comme celle-ci avait de longues dents, elle eut peur et voulut se sauver. La vieille femme lui dit alors :

« Ne crains rien, chère enfant, reste chez moi, et si tu veux faire avec soin tout l'ouvrage de la maison, tu auras du bon temps ; mais il faut prendre garde de bien secouer mon édredon, jusqu'à ce que les plumes s'envolent : alors il neige par le monde ; car je suis la dame Hollé[2]. »

La vieille parlait si doucement que la jeune fille accepta d'entrer à son service. Elle faisait tout à souhait et secouait toujours l'édredon de toutes ses forces ; mais aussi avait-elle une vie des plus agréables, point de mauvaises paroles, et chaque jour de la friture et du rôti.

Il y avait déjà quelque temps qu'elle était chez la dame Hollé, lorsqu'elle devint triste jusqu'au fond du cœur ; et quoiqu'elle fût mille fois mieux là que dans la maison de sa belle-mère, elle mourait d'envie de revoir son ancien logis ; enfin elle dit à la vieille :

« J'ai le mal du pays, et si bien que je me trouve ici, je ne puis y rester plus longtemps. »

La dame Hollé lui répondit :

« Il me plait que tu désires retourner chez toi ; et, puisque tu m'as servie fidèlement, je veux t'y ramener moi-même. »

Puis elle la prit par la main pour la conduire sous une grande porte, qui s'ouvrit ; et lorsque la jeune fille fut juste au-dessous, une pluie d'or abondante en tomba, et l'or resta attaché à elle, de sorte qu'elle en était couverte entièrement.

« Tu auras cela, parce que tu as été appliquée, » dit la dame Hollé ; et elle lui donna aussi la quenouille qui était tombée dans le puits. Ensuite la porte se referma et la jeune fille se trouva de nouveau sur la terre, près de la maison maternelle ; et quand elle entra dans la cour, le coq était perché sur la margelle du puits et chantait :

« Cocorico, cocorico !

Notre vierge d'or est ici. »

Alors, elle s'en fut chez sa mère, et comme elle arrivait couverte d'or, elle se trouva la bienvenue.

Quand la mère eut appris comment cette richesse lui était échue, elle voulut procurer le même bonheur à sa laide et paresseuse fille. Il fallut qu'elle se mit aussi à filer auprès du puits ; et pour que la quenouille fût ensanglantée, elle se piqua le doigt et s'égratigna la main aux épines de la

---

[2] On dit en Hesse, quand il neige, que la dame Hollé *fait son lit.*

haie ; puis elle jeta la quenouille dans le puits, et sauta elle-même après elle.

Comme sa sœur, elle arriva à la belle prairie et prit les mêmes chemins. Lorsqu'elle atteignit le four, le pain criait :

« Oh ! Retire-moi, retire-moi ! Autrement je brûlerais, car il y a longtemps que je suis cuit. »

La paresseuse répondit :

« Je n'ai pas envie de me salir ! » Et elle continua sa route.

Bientôt elle trouva le pommier, qui s'écria :

« Oh ! Secoue-moi, secoue-moi ! Mes pommes sont toute mûres. »

Elle dit :

« Oui ! N'est-ce pas ? Pour qu'une pomme me tombe sur la tête ! » Et elle s'en alla plus loin.

En arrivant devant le logis de la dame Hollé, elle n'eut pas peur, car elle avait déjà entendu parler de ses grandes dents, et s'y mit tout de suite en service. Le premier jour, elle se contraignit à être appliquée et fit tout comme le lui disait la dame Hollé, car elle pensait à l'or qui lui en reviendrait. Le second jour, elle commença à faire la paresseuse ; le troisième, ce fut encore pis ; elle ne voulait plus se lever de bon matin, faisait fort mal le lit de la dame Hollé et ne le secouait pas pour en faire voler les plumes. La dame Hollé fut bientôt fatiguée d'elle et lui donna son congé. La paresseuse en fut ravie, pensant que la pluie d'or allait venir à présent. La bonne dame la conduisit comme l'autre sous la grande porte, et quand elle se trouva juste au-dessous, au lieu de l'or qu'elle attendait, un chaudron de poix lui fut versé sur la tête.

Tu as maintenant la récompense de tes services, » dit la dame Hollé en fermant la porte.

C'est ainsi que la paresseuse s'en retourna toute couverte de poix ; et quand le coq, perché sur le puits, l'eut aperçue, il chanta :

« Cocorico, cocorico !

Notre enfant malpropre est ici. »

La poix ne voulut jamais s'en aller, et la paresseuse fut obligée de la garder aussi longtemps qu'elle vécut.

21. Dame Trude (La sorcière)

Il était une fois une petite fille extrêmement têtue et imprudente qui n'écoutait pas ses parents et qui n'obéissait pas quand ils lui avaient dit quelque chose. Pensez-vous que cela pouvait bien tourner?

Un jour, la fillette dit à ses parents: « J'ai tellement entendu parler de Dame Trude que je veux une fois aller chez elle: il paraît que c'est fantastique et qu'il y a tant de choses étranges dans sa maison, alors la curiosité me démange. »

Les parents le lui défendirent rigoureusement et lui dirent: « Écoute: Dame Trude est une mauvaise femme qui pratique toutes sortes de choses méchantes et impies; si tu y vas, tu ne seras plus notre enfant! »

La fillette se moqua de la défense de ses parents et alla quand même là-bas. Quand elle arriva chez Dame Trude, la vieille lui demanda:

- Pourquoi es-tu si pâle?

- Oh! dit-elle en tremblant de tout son corps, c'est que j'ai eu si peur de ce que j'ai vu.

- Et qu'est-ce que tu as vu? demanda la vieille.

- J'ai vu sur votre seuil un homme noir, dit la fillette.

- C'était un charbonnier, dit la vieille.

- Après, j'ai vu un homme vert, dit la fillette.

- Un chasseur dans son uniforme, dit la vieille.

- Après, j'ai vu un homme tout rouge de sang.

- C'était un boucher, dit la vieille.

- Ah! Dame Trude, dans mon épouvante, j'ai regardé par la fenêtre chez vous, mais je ne vous ai pas vue: j'ai vu le Diable en personne avec une tête de feu.

- Oh oh! dit la vieille, ainsi tu as vu la sorcière dans toute sa splendeur! Et cela, je l'attendais et je le désirais de toi depuis longtemps: maintenant tu vas me réjouir.

Elle transforma la fillette en une grosse bûche qu'elle jeta au feu, et quand la bûche fut bien prise et en train de flamber, Dame Trude s'assit devant et s'y chauffa délicieusement en disant: « Oh! le bon feu, comme il flambe bien clair pour une fois! »

22.   La demoiselle de Brakel

Une demoiselle de Brakel alla un jour à la chapelle de Sainte-Anne, au-dessous d'Hunenbourg. Et comme elle désirait beaucoup trouver un mari, se croyant seule dans la chapelle, elle se mit à chanter:

O sainte Anne bénie,
Trouvez-moi un mari!
Vous le connaissez, oui:
Il est blond, il habite
A Suttmer, près d'ici.
Vous le connaissez, oui!

Le sacristain, qui se trouvait derrière l'autel, entendit cette chansonnette et se mit à crier, en se faisant une toute petite voix de tête très pointue: « Tu l'auras pas! Tu l'auras pas! » La demoiselle eut dans l'idée que c'était le petit Enfant Jésus, tout près d'elle dans les bras de la Sainte Vierge, qui lui avait crié cela, et elle lui rétorqua, furieuse: « Taratata, petit benêt, tu ferais mieux de boucler ton museau et de laisser parler la mère! »

23. Les deux compagnons en tournée

Traduit de l'allemand par Frédéric Baudry

Les montagnes ne se rencontrent pas, mais les hommes se rencontrent, et souvent les bons avec les mauvais. Un cordonnier et un tailleur se trouvèrent sur la même route en faisant leur tour de pays. Le tailleur était un joli petit homme toujours gai et de bonne humeur. Il vit venir de son côté le cordonnier, et, reconnaissant son métier au paquet qu'il portait, il se mit à chanter une petite chanson moqueuse :

> Perce un point subtil ;
> Tire fort ton fil,
> Poisse-le bien dans sa longueur,
> Chasse tes clous avec vigueur.

Mais le cordonnier, qui n'entendait pas la plaisanterie, prit un air comme s'il avait bu du vinaigre ; on aurait cru qu'il allait sauter à la gorge du tailleur. Heureusement le petit bonhomme lui dit en riant et en lui présentant sa gourde : « Allons, c'était pour rire ; bois un coup et ravale ta bile. » Le cordonnier but un grand trait, et l'air de son visage parut revenir un peu au beau. Il rendit la gourde au tailleur en lui disant : « J'y ai fait honneur. C'est pour la soif présente et pour la soif à venir. Voulez-vous que nous voyagions ensemble ?

— Volontiers, dit le tailleur, pourvu que nous allions dans quelque grande ville où l'ouvrage ne manque pas.

— C'est aussi mon intention, dit le cordonnier ; dans les petits endroits il n'y a rien à faire ; les gens y vont nu-pieds. »

Et ils firent route ensemble, à pied comme les chiens du roi. Tous deux avaient plus de temps à perdre que d'argent à dépenser. Dans chaque ville où ils entraient, ils visitaient les maîtres de leurs métiers ; et, comme le petit tailleur était joli et de bonne humeur, avec de gentilles joues roses, on lui donnait volontiers de l'ouvrage ; souvent même, sous la porte, la fille du patron lui laissait prendre un baiser par-dessus le marché. Quand il se retrouvait avec son compagnon, sa bourse était toujours la mieux garnie. Alors, le cordonnier, toujours grognon, allongeait encore sa mine en grommelant : « Il n'y a de la chance que pour les coquins. » Mais le tailleur ne faisait qu'en rire, et il partageait tout ce qu'il avait avec son camarade. Dès qu'il sentait sonner deux sous dans sa poche, il faisait servir du meilleur, et les gestes de sa joie faisaient sauter les verres sur la table ; c'était, chez lui, lestement gagné, lestement dépensé.

Après avoir voyagé pendant quelque temps, ils arrivèrent à une grande forêt par laquelle passait le chemin de la capitale du royaume. Il fallait choisir entre deux sentiers, l'un offrant une longueur de sept jours, l'autre de deux jours de marche ; mais ils ne savaient ni l'un ni l'autre quel était le plus court. Ils s'assirent sous un chêne et tinrent conseil sur le parti à prendre et sur la quantité de pain qu'il convenait d'emporter. Le cordonnier dit : « On doit toujours pousser la précaution aussi loin que possible ; je prendrai du pain pour sept jours.

— Quoi ! dit le tailleur, traîner sur son dos du pain pour sept jours comme une bête de somme ! À la grâce de Dieu ; je ne m'en embarrasse pas. L'argent que j'ai dans ma poche vaut autant en été qu'en hiver, mais en temps chaud le pain se dessèche et moisit Mon habit ne va pas plus bas que la cheville, je ne prends pas tant de précautions. Et d'ailleurs, pourquoi ne tomberions-nous pas sur le bon chemin ? Deux jours de pain, c'est bien assez. »

Chacun d'eux fit sa provision, et ils se mirent en route au petit bonheur.

Tout était calme et tranquille dans la forêt comme dans une église. On n'entendait ni le souffle du vent, ni le murmure des ruisseaux, ni le chant des oiseaux, et l'épaisseur du feuillage arrêtait les rayons du soleil. Le cordonnier ne disait mot, courbé sous sa charge de pain, qui faisait couler la sueur sur son noir et sombre visage. Le tailleur, au contraire, était de la plus belle humeur ; il courait de tous côtés, sifflant, chantant quelques petites chansons, et il disait : « Dieu, dans son paradis, doit être heureux de me voir si gai. »

Les deux premiers jours se passèrent ainsi ; mais le troisième, comme ils ne voyaient pas le bout de leur route, le tailleur, qui avait consommé tout son pain, sentit sa gaieté s'évanouir ; cependant, sans perdre courage, il se remit à sa bonne chance et à la grâce de Dieu. Le soir, il se coucha sous un arbre avec la faim, et il se releva le lendemain sans qu'elle fût apaisée. Il en fut de même le quatrième jour, et pendant que le cordonnier dînait, assis sur un tronc d'arbre abattu, le pauvre tailleur n'avait d'autre ressource que de le regarder faire. Il lui demanda une bouchée de pain ; mais l'autre lui répondit en ricanant : « Toi qui étais toujours si gai, il est bon que tu connaisses un peu le malheur. Les oiseaux qui chantent trop matin, le soir l'épervier les croque. » Bref il fut sans pitié.

Le matin du cinquième jour, le pauvre tailleur n'avait plus la force de se lever. À peine si dans son épuisement, il pouvait prononcer une parole : il avait les joues pâles et les yeux rouges. Le cordonnier lui dit : « Tu auras un morceau de pain, mais à condition que je te crèverai l'œil droit. » Le malheureux, obligé d'accepter cet affreux marché pour conserver sa vie, pleura des deux yeux pour la dernière fois, et s'offrit à son bourreau, qui lui perça l'œil droit avec la pointe d'un couteau. Le tailleur se rappela alors ce que sa mère avait coutume de lui dire dans son enfance, quand elle le fouettait pour l'avoir surpris dérobant quelque friandise : « Il faut manger tant qu'on peut, mais aussi souffrir ce qu'on ne saurait empêcher. »

Quand il eut mangé ce pain qui lui coûtait si cher, il se remit sur ses jambes et se consola de son malheur en pensant qu'il y verrait encore assez avec un œil. Mais le sixième jour la faim revint, et le cœur lui défaillit tout à fait. Il tomba le soir au pied d'un arbre, et, le lendemain matin, la faiblesse l'empêcha de se lever. Il sentait la mort venir. Le cordonnier lui dit : « Je veux avoir pitié de toi et te donner encore un morceau de pain ; mais pour cela je te crèverai l'œil qui te reste. »

Le pauvre petit homme songea alors à sa légèreté qui était cause de tout cela ; et il demanda pardon à Dieu et dit : « Fais ce que tu voudras, je souffrirai ce qu'il faudra. Mais songe que si Dieu ne punit pas toujours sur l'heure, il viendra cependant un instant où tu seras payé du mal que tu me fais sans que je l'aie mérité. Dans mes jours heureux, j'ai partagé avec toi ce que j'avais. Pour mon métier les yeux sont nécessaires. Quand je n'en aurai plus et que je ne pourrai plus coudre, il faudra donc que je demande l'aumône. Au moins, lorsque je serai aveugle, ne me laisse pas seul ici, car j'y mourrais de faim. » Le cordonnier, qui avait chassé Dieu de son cœur, prit son couteau et lui creva l'œil gauche. Puis il lui donna un morceau de pain, et lui tendant le bout d'un bâton, il le mena derrière lui.

Au coucher du soleil, ils arrivèrent à la lisière de la forêt, et devant un gibet. Le cordonnier conduisit, son compagnon aveugle jusqu'au pied des potences, et, l'abandonnant là, il continua sa route tout seul. Le malheureux s'endormit accablé de fatigue, de douleur et de faim, et passa toute la nuit dans un profond sommeil. À la pointe du jour, il s'éveilla sans savoir où il était. Il y avait deux pauvres pécheurs pendus au gibet, avec des corbeaux sur leurs têtes. Le premier pendu se mit à dire : « Frère, dors-tu ?

— Je suis éveillé, répondit l'autre.

— Sais-tu, reprit le premier, que la rosée qui est tombée cette nuit du gibet sur nous rendrait la vue aux aveugles qui s'en baigneraient les yeux ? S'ils le savaient, plus d'un recouvrerait la vue, qu'il croit avoir perdue pour jamais. »

Le tailleur, entendant cela, prit son mouchoir, le frotta sur l'herbe jusqu'à ce qu'il fût mouillé par la rosée, et en humecta les cavités vides de ses yeux. Aussitôt ce que le pendu avait prédit se réalisa, et les orbites se remplirent de deux yeux vifs et clairvoyants. Le tailleur ne tarda pas à voir le soleil se lever derrière les montagnes. Dans la plaine devant lui se dressait la grande capitale avec ses portes magnifiques et ses cent clochers surmontés de croix étincelantes. Il pouvait désormais compter les feuilles des arbres, suivre le vol des oiseaux et les danses des mouches. Il tira une aiguille de sa poche et essaya de l'enfiler ; en voyant qu'il y réussissait parfaitement, son cœur sauta de joie. Il se jeta à genoux pour remercier Dieu de sa miséricorde et faire sa prière du matin, sans oublier ces pauvres pécheurs pendus au gibet et ballottés par le vent comme des battants de cloche. Ses chagrins étaient loin de lui. Il reprit son paquet sur son dos et se remit en route en chantant et en sifflant.

Le premier être qu'il rencontra fut un poulain bai brun qui paissait en liberté dans une prairie. Il le saisit aux crins, et il allait monter dessus pour se rendre à la ville ; mais le poulain le pria de le laisser : « Je suis encore trop jeune, ajouta-t-il ; tu as beau n'être qu'un petit tailleur léger comme une plume, tu me romprais les reins ; laisse-moi courir jusqu'à ce que je sois plus fort. Un temps viendra peut-être où je pourrai t'en récompenser.

— Va donc, répondit le tailleur ; aussi bien je vois que tu n'es qu'un petit sauteur. »

Et il lui donna un petit coup de houssine sur le dos ; le poulain se mit à ruer de joie et à se lancer à travers champs en sautant par-dessus les haies et les fossés.

Cependant le tailleur n'avait pas mangé depuis la veille. « Mes yeux, se disait-il, ont bien retrouvé le soleil, mais mon estomac n'a pas retrouvé de pain. La première chose à peu près mangeable que je rencontrerai y passera. »

En même temps il vit une cigogne qui s'avançait gravement dans la prairie. « Arrête, lui cria-t-il en la saisissant par une patte ; j'ignore si tu es bonne à manger, mais la faim ne me laisse pas le choix ; je vais te couper la tête et te faire rôtir.

— Garde-t'en bien, dit la cigogne ; je suis un oiseau sacré utile aux hommes, et personne ne me fait jamais de mal. Laisse-moi la vie, je te revaudrai cela peut-être une autre fois.

— Eh bien donc, dit le tailleur, sauve-toi, commère aux longs pieds. »

La cigogne prit son vol et s'éleva tranquillement dans les airs en laissant pendre ses pattes.

« Qu'est-ce que tout cela va devenir ? se dit-il ; ma faim augmente et mon estomac se creuse cette fois, le premier être qui me tombe sous la main est perdu. » À l'instant même il vit deux petits canards qui nageaient sur un étang. « Ils viennent bien à propos », pensa-t-il ; et en saisissant un, il allait lui tordre le cou.

Mais une vieille cane, qui était cachée dans les roseaux, courut à lui le bec ouvert, et le pria en pleurant d'épargner ses petits. « Pense, lui dit-elle, à la douleur de ta mère, si on te donnait le coup de la mort.

— Sois tranquille, répondit le bon petit homme, je n'y toucherai pas. » Et il remit sur l'eau le canard qu'il avait pris.

En se retournant, il vit un grand arbre à moitié creux, autour duquel volaient des abeilles sauvages. « Me voilà récompensé de ma bonne action, se dit-il, je vais me régaler de miel. » Mais la reine des abeilles, sortant de l'arbre, lui déclara que, s'il touchait à son peuple et à son nid, il se sentirait à l'instant percé de mille piqûres ; que si, au contraire, il les laissait en repos, les abeilles pourraient lui rendre service plus tard.

Le tailleur vit bien qu'il n'y avait encore rien à faire de ce côté-là. « Trois plats vides, et rien dans le quatrième, se disait-il, cela fait un triste dîner. »

Il se traîna, exténué de faim, jusqu'à la ville ; mais, comme il y entra à midi sonnant, la cuisine était toute prête dans les auberges, et il n'eut qu'à se mettre à table. Quand il eut fini, il parcourut la ville pour chercher de l'ouvrage, et il en eut bientôt trouvé à de bonnes conditions. Comme il savait son métier à fond, il ne tarda pas à se faire connaître, et chacun voulait avoir son habit neuf de la façon du petit tailleur. Sa renommée croissait chaque jour. Enfin, le roi le nomma tailleur de la cour.

Mais voyez comme on se retrouve dans le monde. Le même jour, son ancien camarade le cordonnier avait été nommé cordonnier de la cour. Quand il aperçut le tailleur avec deux bons yeux, sa conscience se troubla. « Avant qu'il cherche à se venger de moi, se dit-il, il faut que je lui tende quelque piège. »

Mais souvent on tend des pièges à autrui pour s'y prendre soi-même. Le soir, après son travail, il alla secrètement chez le roi et lui dit : « Sire, le tailleur est un homme orgueilleux, qui s'est vanté de retrouver la couronne d'or que vous avez perdue depuis si longtemps.

— J'en serais fort aise », dit le roi ; et le lendemain il fit comparaître le tailleur devant lui, et lui ordonna de rapporter la couronne, ou de quitter la ville pour toujours.

« Oh ! se dit le tailleur, il n'y a que les fripons qui promettent ce qu'ils ne peuvent tenir. Puisque ce roi a l'entêtement d'exiger de moi plus qu'un homme ne peut faire, je n'attendrai pas jusqu'à demain, et je vais décamper dès aujourd'hui. »

Il fit son paquet ; mais en sortant des portes, il avait du chagrin de tourner le dos à cette ville où tout lui avait réussi. Il passa devant l'étang où il avait fait connaissance avec les canards ; la vieille cane à laquelle il avait laissé ses petits était debout sur le rivage et lissait ses plumes avec son bec. Elle le reconnut tout de suite et lui demanda d'où venait cet air de tristesse. « Tu n'en seras pas étonnée quand tu sauras ce qui m'est arrivé, » répondit le tailleur ; et il lui raconta son affaire.

« N'est-ce que cela ? dit la cane ; nous pouvons te venir en aide. La couronne est tombée justement au fond de cet étang ; en un instant nous l'aurons rapportée sur le bord. Étends ton mouchoir pour la recevoir. »

Elle plongea dans l'eau avec ses douze petits, et, au bout de cinq minutes, elle était de retour et nageait au milieu de la couronne qu'elle soutenait avec ses ailes, tandis que les jeunes, rangés tout autour, aidaient à la porter avec leur bec. Ils arrivèrent au bord et déposèrent la couronne sur le mouchoir. Vous ne sauriez croire combien elle était belle : elle étincelait au soleil comme un million d'escarboucles. Le tailleur l'enveloppa dans son mouchoir et la porta au roi, qui, dans sa joie, lui passa une chaîne d'or autour du cou.

Quand le cordonnier vit que le coup était manqué, il songea à un autre expédient, et alla dire au roi : « Sire, le tailleur est retombé dans son orgueil ; il se vante de pouvoir reproduire en cire tout votre palais avec tout ce qu'il contient, le dedans et le dehors, les meubles et le reste. »

Le roi fit venir le tailleur et lui ordonna de reproduire en cire tout son palais avec tout ce qu'il contenait, le dedans et le dehors, les meubles et le reste, l'avertissant que, s'il n'en venait pas à bout et s'il oubliait seulement un clou à un mur, on l'enverrait finir ses jours dans un cachot souterrain.

Le pauvre tailleur se dit : « Voilà qui va de mal en pis ; on me demande l'impossible. » Il fit son paquet et quitta la ville.

Quand il fut arrivé au pied de l'arbre creux, il s'assit en baissant la tête. Les abeilles volaient autour de lui ; la reine lui demanda, en lui voyant la tête si basse, s'il n'avait pas le torticolis. « Non, dit-il, ce n'est pas là que le mal me tient ; » et il lui raconta ce que le roi avait demandé. Les abeilles se mirent à bourdonner entre elles, et la reine lui dit : « Retourne chez toi, et reviens demain à la même heure avec une grande serviette ; tout ira bien. »

Il rentra chez lui, mais les abeilles volèrent au palais et entrèrent par les fenêtres ouvertes pour fureter partout et examiner toutes choses dans le plus grand détail ; et, se hâtant de regagner leur ruche, elles construisirent un palais en cire avec une telle promptitude qu'on aurait pu le voir s'élever à vue d'œil. Dès le soir tout était prêt, et quand le tailleur arriva le lendemain, il trouva le superbe édifice qui l'attendait, blanc comme la neige et exhalant une douce odeur de miel, sans qu'il manquât un clou aux murs ni une tuile au toit. Le tailleur l'enveloppa avec soin dans la serviette et le porta au roi, qui ne pouvait en revenir d'admiration. Il fit placer le chef-d'œuvre dans la grande salle de son palais, et récompensa le tailleur par le don d'une grande maison en pierres de taille.

Le cordonnier ne se tint pas pour battu. Il alla une troisième fois trouver le roi, et lui dit : « Sire, il est revenu aux oreilles du tailleur qu'on avait toujours tenté vainement de creuser un puits dans la cour de votre palais ; il s'est vanté d'y faire jaillir un jet d'eau haut comme un homme et clair comme le cristal. »

Le roi fit venir le tailleur et lui dit : « Si demain il n'y a pas un jet d'eau dans la cour comme tu t'en es vanté, dans cette même cour mon bourreau te raccourcira la tête. »

L'infortuné tailleur gagna sans plus tarder les portes de la ville, et comme cette fois il s'agissait de sa vie, les larmes lui coulaient le long des joues. Il marchait tristement, quand il fut accosté par le poulain auquel il avait accordé la liberté, et qui était devenu un beau cheval bai brun. « Voici le moment arrivé, lui dit-il, où je peux te montrer ma reconnaissance. Je connais ton embarras, mais je t'en tirerai ; enfourche-moi seulement ; maintenant j'en porterais deux comme toi sans me gêner. »

Le tailleur reprit courage ; il sauta sur le cheval, qui galopa aussitôt vers la ville et entra dans la cour du palais. Il y fit trois tours au galop, rapide comme l'éclair, et au troisième il s'arrêta court. Au même instant on entendit un craquement épouvantable ; une motte de terre se détacha et sauta comme une bombe par dessus le palais, et il jaillit un jet d'eau haut comme un homme à cheval et pur comme le cristal ; les rayons du soleil s'y jouaient en étincelant. Le roi, en voyant cela, fut au comble de l'étonnement ; il prit le tailleur dans ses bras et l'embrassa devant tout le monde.

Mais le repos du bon petit homme ne fut pas de longue durée. Le roi avait plusieurs filles, plus belles les unes que les autres, mais pas de fils. Le méchant cordonnier se rendit une quatrième fois près du roi, et lui dit : « Sire, le tailleur n'a rien rabattu de son orgueil ; à présent, il se vante que, quand il voudra, il vous fera venir un fils du haut des airs. »

Le roi manda le tailleur, et lui dit que s'il lui procurait un fils dans huit jours, il lui donnerait sa fille aînée en mariage. « La récompense est honnête, se disait le petit tailleur, on peut s'en contenter ; mais les cerises sont trop hautes ; si je monte à l'arbre, la branche cassera et je tomberai par terre. » Il alla chez lui et s'assit, les jambes croisées, sur son établi, pour réfléchir à ce qu'il devait faire. « C'est impossible s'écria-t-il enfin, il faut que je m'en aille ; il n'y pas ici de repos pour moi. » Il fit son paquet et se hâta de sortir de la ville.

En passant par la prairie, il aperçut sa vieille amie la cigogne, qui se promenait en long et en large comme un philosophe, et qui de temps en temps s'arrêtait pour considérer de tout près quelque grenouille qu'elle finissait par gober. Elle vint au-devant de lui pour lui souhaiter le bonjour. « Eh bien ! lui dit-elle, te voilà le sac au dos, tu quittes donc la ville ? »

Le tailleur lui raconta l'embarras où le roi l'avait mis, et se plaignit amèrement de son sort. « Ne te fais pas de mal pour si peu de choses, répliqua-t-elle. Je te tirerai d'affaire. J'ai assez apporté de petits enfants ; je peux bien, pour une fois, apporter un petit prince. Retourne à ta boutique et tiens-toi tranquille. D'aujourd'hui en neuf jours, sois au palais du roi ; je m'y trouverai de mon côté. »

Le petit tailleur revint chez lui, et le jour convenu il se rendit au palais. Un instant après, la cigogne arriva à tire d'aile et frappa à la fenêtre. Le tailleur lui ouvrit, et la commère aux longs pieds entra avec précaution et s'avança gravement sur le pavé de marbre. Elle tenait à son bec un enfant beau comme un ange, qui tendait ses petites mains à la reine. Elle le lui posa sur les genoux, et la reine se mit à le baiser et à le presser contre son cœur, tant elle était joyeuse.

La cigogne avant de s'en aller, prit son sac de voyage qui était sur son épaule et le présenta à la reine. Il était garni de cornets pleins de bonbons de toutes les couleurs, qui furent distribués aux petites princesses. L'aînée n'en eut pas parce qu'elle était trop grande, mais on lui donna pour mari le joli petit tailleur. « C'est, disait-il, comme si j'avais gagné le gros lot à la loterie. Ma mère avait bien raison de dire qu'avec de la foi en Dieu et du bonheur on réussit toujours. »

Le cordonnier fut obligé de faire les souliers qui servirent au tailleur pour son bal de noces, puis on le chassa de la ville en lui défendant d'y jamais rentrer. En prenant le chemin de la forêt, il repassa devant le gibet, et, accablé par la chaleur, la colère et la jalousie, il se coucha au pied des potences. Mais, comme il s'endormait, les deux corbeaux qui étaient perchés sur les têtes des pendus se lancèrent sur lui en poussant de grands cris et lui crevèrent les deux yeux. Il courut comme un insensé à travers la forêt, et il doit y être mort de faim, car, depuis ce temps-là, personne ne l'a vu et n'a eu de ses nouvelles.

24.   Les deux frères

Traduction E. du Chatenet.

Il y avait une fois deux frères, dont l'un était riche, et l'autre pauvre. Le riche était orfèvre, et il avait un mauvais cœur ; le pauvre gagnait sa misérable vie à nouer des balais ; il était bon et honnête. Il avait deux enfants ; c'étaient deux jumeaux qui se ressemblaient comme deux gouttes d'eau. Ces deux enfants avaient coutume de parcourir en tous sens la maison du riche, où on les nourrissait quelquefois avec les restes. Il arriva que le frère pauvre, allant un jour dans la forêt pour y chercher du bouleau, aperçut un oiseau dont le plumage était entièrement couleur d'or, et si beau qu'il n'en avait jamais vu de pareil. Il ramassa aussitôt une petite pierre, la lança après l'oiseau, et réussit à l'atteindre ; mais il ne tomba de son corps qu'une plume d'or, et l'oiseau disparut en volant. Le pauvre homme prit la plume et la porta à son frère, qui l'examina et dit :

— C'est de l'or pur.

Il lui donna en échange beaucoup d'argent. Le lendemain, le pauvre homme monta au haut d'un bouleau et il allait en couper quelques rameaux, lorsque le même oiseau sortit des feuilles ; le pauvre homme fouilla dans le feuillage, et trouva un nid où il y avait un œuf d'or. Il emporta cet œuf avec lui au logis, et alla le montrer à son frère, qui dit de nouveau :

— C'est de l'or pur, et lui donna une bonne récompense.

Puis l'orfèvre ajouta :

— Je voudrais bien avoir cet oiseau.

Le pauvre frère alla une troisième fois dans la forêt, et aperçut de nouveau l'oiseau d'or posé sur la cime de l'arbre ; il prit une pierre et visa si juste qu'il l'abattit du coup ; il le porta à son frère qui lui donna en retour un grand tas d'or.

« Maintenant, pensa celui-ci, je pourrai me tirer d'affaire. »

Et il revint tout joyeux à la maison.

L'orfèvre, qui était habile et rusé, savait bien quel oiseau précieux était tombé entre ses mains. Il appela sa femme, et lui dit :

— Fais-moi rôtir cet oiseau d'or, et aie bien soin qu'il n'en sorte pas le plus petit morceau ; je me fais une fête de le manger tout entier.

Cet oiseau était d'une si merveilleuse nature que celui qui en mangerait le cœur et le foie devait trouver tous les matins une pièce d'or sous son oreiller. La femme prépara l'oiseau, le mit à la broche, et le fit rôtir.

Il advint que, tandis qu'il était devant le feu et que la femme s'occupait à d'autres ouvrages dans la cuisine, les deux enfants du pauvre faiseur de balais entrèrent, se placèrent en face de la broche, et la tournèrent deux fois ou trois fois ; et comme deux petits morceaux de l'oiseau venaient de tomber dans la lèchefrite, l'un des enfants dit à l'autre :

— Mangeons ces deux petits morceaux, je meurs de faim ; aussi bien personne ne pourra s'en apercevoir.

Ce qui fut dit, fut fait. La femme arriva sur l'entrefaite, et voyant leurs mâchoires en train de fonctionner, elle leur dit :

— Que mangez-vous donc là ?

— Deux petits morceaux qui sont tombés de l'oiseau, répondirent-ils.

— C'étaient le cœur et le foie, dit la femme saisie d'épouvante.

Et pour que son mari ne s'aperçut de rien, elle tua aussitôt un coq, en prit le cœur et le foie, et les plaça dans l'oiseau d'or. Quand celui-ci fut entièrement rôti, elle l'apporta à l'orfèvre, qui le dévora à lui seul, sans rien laisser. Mais, lorsque le lendemain matin il passa la main sous son oreiller, dans l'espoir d'y prendre un morceau d'or, il fut très étonné de n'y rien trouver. Les deux enfants, au contraire, ne se doutaient pas du bonheur qui leur était arrivé. Le matin suivant, quand ils se levèrent, quelque chose tomba à terre avec un bruit clair, et quand ils le ramassèrent, ils virent que c'étaient deux pièces d'or. Ils les portèrent à leur père, qui fut au comble de la surprise, et leur dit :

— Comment cela a-t-il donc pu arriver ?

Le même prodige s'étant encore renouvelé le matin suivant et les autres jours, le père des jumeaux alla trouver son frère, et lui raconta la singulière histoire. L'orfèvre n'eut pas de peine à comprendre la cause de ce résultat merveilleux, et vit bien que les enfants avaient mangé le cœur et le foie de l'oiseau d'or ; et pour se venger d'eux en homme envieux et méchant qu'il était, il dit au père :

— Tes enfants sont en relation avec le malin esprit ; garde-toi bien de prendre cet or, et chasse ces enfants loin de ta maison, car désormais le diable a du pouvoir sur eux, et il pourrait te perdre toi-même.

Ces paroles consternèrent le pauvre père, et quoique ce fût pour lui une bien douloureuse nécessité, il emmena les deux jumeaux au milieu de la forêt, où il les abandonna, hélas, avec un profond désespoir. Les deux malheureux enfants se mirent à parcourir en tous sens la forêt ; cherchant à retrouver le chemin de la maison paternelle, mais au lieu de le trouver, ils s'égarèrent de plus en plus. Ils rencontrèrent enfin un chasseur qui leur demanda :

— A qui appartenez-vous, mes enfants ?

— Nous sommes les fils du pauvre faiseur de balais.

Et ils lui racontèrent que leur père les avait abandonnés parce que, tous les matins, une pièce d'or se trouvait sous leur oreiller. Le chasseur était un brave homme, et comme ces enfants lui plurent, et qu'il n'en avait pas lui-même, il les emmena chez lui, et leur dit :

— Je veux vous servir de père et avoir soin de vous jusqu'à ce que vous soyez devenus grands.

Ils apprirent auprès de lui l'art de la chasse, et le brave homme mit en réserve les pièces d'or qui se trouvaient chaque matin sous la tête des jumeaux, pour les leur rendre plus tard lorsqu'ils en auraient besoin.

Quand ils furent devenus grands, leur père nourricier les emmena un jour avec lui dans la forêt, en leur disant :

— Vous devez montrer aujourd'hui ce que vous savez faire ; je veux voir si vous êtes en état de vous passer de moi, et de devenir des chasseurs.

Ils allèrent donc avec lui se poster à l'affût ; là, ils attendirent longtemps, et le gibier ne se montra pas. A la fin pourtant, le chasseur, levant les yeux, aperçut une troupe d'oies sauvages qui, dans leur vol, décrivaient un triangle, et il dit à l'un des jeunes gens :

— Dirige ton coup sur une des oies de ce côté-ci.

Le jeune homme obéit et tira juste. Bientôt après, apparut une seconde troupe d'oies, qui avaient dans leur vol la forme du chiffre 3 ; le chasseur dit encore à son second élève de viser une des oies de tel côté, ce que fit ce dernier avec autant de succès que son frère ; sur quoi, le père nourricier leur dit :

— Vous pouvez maintenant vous passer de moi, vous êtes des chasseurs consommés.

Là-dessus, les deux frères s'enfoncèrent ensemble dans la forêt, se concertèrent et formèrent un projet. Et le soir, lorsqu'ils prirent place au souper, ils dirent à leur père nourricier :

— Nous ne mangeons pas une miette que vous ne nous ayez accordé une grâce.

— Parlez, quelle est cette grâce ? leur dit-il.

Ils répondirent :

— Maintenant que nous connaissons à fond notre métier, il serait bon que nous parcourussions un peu le monde ; trouvez donc bien que nous prenions congé de vous pour voyager.

Le chasseur reprit avec joie :

— Vous parlez comme de braves chasseurs ; ce que vous me demandez, je le désirais déjà ; partez, il vous arrivera bonheur.

Cela dit, ils soupèrent joyeusement. Quand le jour fixé pour le départ fut arrivé, le père nourricier leur donna à chacun un fusil et un chien, en leur permettant de prendre sur leurs épargnes autant de pièces d'or qu'ils voulurent. Puis il les accompagna un bout de chemin, et lorsqu'ils furent sur le point de se quitter, il leur fit encore cadeau d'un couteau poli, en leur disant :

— Si vous vous séparez un jour, enfoncez ce couteau dans l'arbre le plus proche de l'endroit où vous vous quitterez ; par ce moyen, celui de vous deux qui viendra le premier pourra savoir ce qui est arrivé à son frère absent ; car, s'il meurt, la pointe sera rouillée ; tant qu'il vivra, au contraire, elle demeurera polie.

Les deux frères partirent, et arrivèrent bientôt dans une forêt, dans une forêt si profonde qu'il était impossible de la traverser en un jour. Ils y passèrent donc la nuit, et se nourrirent des provisions qui se trouvaient dans leur carnassière ; le jour suivant, ils eurent beau marcher sans relâche, ils ne purent pas encore atteindre l'extrémité de la forêt, et ils n'avaient plus rien à manger. L'un d'eux dit :

— Nous ferions bien de tirer quelque chose, sans quoi nous endurerons la faim.

En conséquence, il arma son fusil et se mit à regarder autour de lui. Un vieux lièvre ne tarda pas à paraître ; il le mit en joue, mais le lièvre lui cria :

Bon chasseur, bon chasseur, laisse-moi la vie,

En récompense, je te donnerai deux petits

Cela dit, il sauta dans les broussailles, et apporta deux petits lièvres ; mais ces petits animaux jouaient avec tant de gentillesse, ils avaient tant de grâce, que les chasseurs n'eurent pas le courage de les tuer ; ils les gardèrent donc, et les petits lièvres marchaient derrière eux. Bientôt après, survint un renard ; ils se préparaient à le tirer, mais le renard leur cria :

Bon chasseur, bon chasseur, laisse-moi la vie,

En récompense, je te donnerai deux petits

En effet, il ne tarda pas à leur apporter deux petits renards, que cette fois encore les chasseurs n'eurent pas le courage de tuer ; ils les donnèrent pour compagnons aux petits lièvres qui se mirent à suivre ces derniers. Peu de temps après, se présenta un loup qui, lui aussi, allait recevoir une balle, lorsqu'il se délivra, en criant :

Bon chasseur, bon chasseur, laisse-moi la vie,

En récompense, je te donnerai deux petits

Les chasseurs réunirent les deux loups aux autres animaux, et augmentèrent ainsi leur escorte. Un ours arriva à son tour, et comme il n'était pas encore las de gambader, il cria :

Bon chasseur, bon chasseur, laisse-moi la vie,

En récompense, je te donnerai deux petits

Et les chasseurs firent pour les deux petits ours ce qu'ils avaient déjà fait pour les autres animaux. Enfin, devinez qui vint encore ? Un lion. L'un des chasseurs le mit en joue, mais le lion cria aussitôt :

Bon chasseur, bon chasseur, laisse-moi la vie,

En récompense, je te donnerai deux petits

Nos chasseurs avaient donc maintenant deux lions, deux ours, deux loups, deux renards et deux lièvres qui les suivaient et qui étaient prêts à les servir. Ils ne continuaient pas moins pour cela à avoir faim ; aussi dirent-ils aux renards :

— Çà, messieurs les sournois, procurez-nous quelque chose à manger, car vous êtes rusés et adroits.

Ils répondirent :

— Non loin d'ici se trouve un village où nous avons déjà dérobé plus d'une poule ; nous voulons vous enseigner le chemin qui y conduit.

Ils allèrent de la sorte dans le village, achetèrent quelque nourriture, n'oublièrent pas de faire aussi rafraîchir leurs bêtes, et continuèrent leur route. Les renards étaient en outre parfaitement renseignés sur les endroits où se trouvaient les basses-cours, et ne manquaient pas de donner aux chasseurs les meilleures indications. Ils circulèrent ainsi quelque temps, mais sans trouver un service où ils pussent entrer ensemble.

En conséquence, ils se dirent :

— La nécessité l'exige, il faut nous séparer.

Après s'être partagé les animaux, de manière à avoir chacun un lion, un ours, un loup, un renard, et un lièvre, ils se quittèrent, en se promettant une amitié fraternelle jusqu'à leur mort ; mais ils ne se dirent point adieu sans avoir d'abord enfoncé dans un arbre le couteau que leur père nourricier leur avait donné. Cela fait, ils se dirigèrent l'un vers l'orient, l'autre vers le couchant.

Or, l'aîné des deux frères arriva bientôt dans une ville qui était toute couverte de crêpe noir. Il entra dans une auberge, et demanda à l'hôte de rafraîchir ses bêtes. L'aubergiste mit à sa disposition une écurie où on apercevait un trou dans le mur. Grâce à ce trou, le lièvre put aller chercher un chou, et le renard une poule, qu'ils mangèrent de bon appétit ; mais quant au loup, à l'ours et au lion, leur taille les empêcha de passer. Heureusement pour eux, que l'aubergiste les fit conduire dans une prairie où une génisse était étendue sur l'herbe : ce fut pour eux un bon régal. Après avoir ainsi pris soin de ses bêtes, le chasseur demanda à l'hôte pourquoi la ville était ainsi couverte d'un crêpe noir.

— Parce que, répondit celui-ci, la fille du roi doit mourir demain.

— Elle est donc bien gravement malade, reprit le chasseur.

— Non, répondit l'aubergiste, sa santé est excellente, mais elle n'en doit pas moins mourir.

— Expliquez-moi donc comment cela est possible, demanda le chasseur.

— A peu de distance de la ville, dit l'aubergiste, se dresse une montagne habitée par un dragon ; il faut tous les ans à ce dragon le tribut d'une vierge innocente, sinon il ravage, dans sa colère, tout le pays. Toutes les jeunes filles de la ville ont déjà eu leur tout, et il ne reste plus que la fille du roi ; il n'y a point de rémission : elle doit lui être livrée.

— Et c'est demain que ce sacrifice doit être consommé ? demanda le chasseur ; pourquoi donc ne tue-t-on pas ce dragon ?

— Hélas ! répondit l'aubergiste, bien des cavaliers l'ont tenté, mais tous y ont perdu la vie ; le roi a donné sa parole que celui qui dompterait le dragon obtiendrait la main de sa fille, et hériterait son royaume après sa mort.

Le chasseur n'ajouta pas un mot, mais le lendemain matin, accompagné de ses animaux, il gravit la montagne du dragon. Il y avait au sommet une petite église, et sur l'autel se trouvaient trois gobelets remplis, et au-dessous d'eux cette inscription :

« Celui qui videra ces gobelets deviendra l'homme le plus fort de la terre, et pourra porter l'épée qui est enterrée devant le seuil de la porte. »

Le chasseur ne voulut point boire, il sortit de l'église et chercha l'épée dans la terre, mais il n'eut point la force de la soulever. Il revint sur ses pas, vida les gobelets, et se sentit aussitôt assez fort pour saisir l'épée qui se porta dès lors très facilement.

Quand vint l'heure où la jeune fille devait être livrée au dragon, le roi, le maréchal et les courtisans l'accompagnèrent jusqu'à la sortie de la ville. Elle aperçut de loin le chasseur sur le sommet de la montagne, elle crut que c'était le dragon, et elle suspendit sa marche tant son épouvante était grande ; mais à la fin, la pensée qu'il y allait du salut de toute la ville lui donna le courage de poursuivre cet affreux voyage. Le roi et les courtisans retournèrent au palais, en proie à une grande douleur, mais le maréchal dut rester là pour assister de loin à cet horrible spectacle.

Cependant, lorsque la princesse fut arrivée au haut de la montagne, elle trouva non pas le dragon, mais le jeune chasseur qui lui adressa des paroles de consolation, lui promit de la sauver, et la conduisit dans l'église où il l'enferma. A peine cela était-il fait que le dragon aux sept têtes arriva en poussant d'affreux hurlements. Lorsqu'il aperçut le chasseur, il parut étonné et dit :

— Que viens-tu faire sur cette montagne ?

Le chasseur répondit :

— Je viens combattre contre toi.

Le dragon répondit :

— De même que maint chevalier a déjà perdu la vie en ces lieux, ainsi serai-je bientôt débarrassé de toi.

Et en disant ces mots, ses sept gueules lancèrent des flammes. Ces flammes devaient allumer l'herbe sèche et le chasseur aurait été suffoqué par le feu et la fumée, mais ses animaux accoururent et éteignirent le feu sous leurs pattes. Alors le dragon s'élança contre le chasseur, qui brandissant son épée, fit siffler l'air et abattit trois têtes du monstre. Cette blessure rendit le dragon furieux ; il se dressa de toute sa hauteur, vomit des flots de flammes contre le chasseur et voulut se précipiter sur lui ; mais celui-ci fit de nouveau jouer son épée et lui coupa encore trois têtes. Le monstre était à bout de ses forces ; il tomba en faisant mine encore de vouloir s'élancer sur le chasseur ; mais le jeune homme, concentrant tout ce qui lui restait de force dans un dernier coup, lui coupa la queue, et comme il était désormais trop fatigué pour continuer le combat, il appela à lui ses bêtes, qui achevèrent de mettre le dragon en pièces.

La lutte terminée, le chasseur ouvrit la porte de l'église, et il trouva la princesse étendue par terre, car elle s'était évanouie d'inquiétude et d'effroi pendant le combat. Le jeune homme la porta au grand air, et quand elle eut repris ses esprits et rouvert les yeux, il lui montra le dragon en lambeaux, il lui annonça que désormais elle était libre ; elle s'abandonna à sa joie et lui dit :

— Maintenant, tu vas devenir mon époux, car mon père m'a promise à celui qui tuerait le dragon.

Cela dit, elle détacha de son cou son collier de corail et le partagea entre les animaux, et le lion reçut pour sa part le fermoir d'or. Quant à son mouchoir, où son nom était brodé, elle en fit cadeau au chasseur, qui s'éloigna un moment, coupa les langues des sept têtes du dragon, les roula dans le mouchoir et les mit soigneusement dans sa poche.

Cela fait, comme les flammes et le combat l'avaient excessivement fatigué, il dit à la jeune fille :

— Nous sommes tous deux si las que nous ferons bien de prendre un peu de repos.

La princesse y consentit ; ils s'étendirent sur l'herbe, et le chasseur dit au lion :

— Tu vas veiller à ce que personne ne nous surprenne pendant notre sommeil.

Et ils s'endormirent. Le lion se plaça près d'eux pour faire sentinelle, mais lui aussi était fatigué du combat, de sorte qu'il appela l'ours et lui dit :

— Place-toi près de moi, j'ai besoin de faire un petit somme, et si quelque chose arrive, aie soin de m'éveiller.

L'ours se plaça donc près de lui, mais lui aussi était fatigué ; il appela le loup et lui dit :

— Place-toi près de moi, j'ai besoin de faire un petit somme, et si quelque chose arrive, aie soin de m'éveiller.

Le loup se plaça donc près de lui, mais lui aussi était fatigué ; il appela le renard et lui dit :

— Place-toi près de moi, j'ai besoin de faire un petit somme, et si quelque chose arrive, aie soin de m'éveiller.

Le renard se plaça donc près de lui, mais lui aussi était fatigué ; il appela le lièvre et lui dit :

— Place-toi près de moi, j'ai besoin de faire un petit somme, et si quelque chose arrive, aie soin de m'éveiller.

Le lièvre se plaça donc près de lui, mais le pauvre lièvre aussi était fatigué ; il n'avait personne qu'il pût charger de faire sentinelle, et il s'endormit.

Ainsi dormaient donc la princesse, le chasseur, le lion, l'ours, le loup, le renard et le lièvre ; et tous dormaient d'un profond sommeil. Cependant le maréchal qui avait été chargé de regarder tout de loin, n'ayant point vu le dragon s'enfuir avec la jeune fille, et remarquant que tout était tranquille sur la montagne, s'enhardit et se mit à la gravir. Quand il fut arrivé au sommet, il aperçut le monstre dont les membres épars gisaient à terre, et non loin de là, la princesse et le chasseur avec ses bêtes, tous plongés dans un sommeil profond. Et comme il était méchant et cruel, il prit son épée, coupa la tête du chasseur, saisit la jeune fille dans ses bras et la porta au bas de la montagne. Arrivés au pied, celle-ci s'éveilla et fut saisie d'effroi ; mais le maréchal lui dit :

— Tu es en mon pouvoir, il faut que tu dises que c'est moi qui ai tué le dragon.

— Je ne le puis, répondit-elle, car c'est un chasseur qui l'a fait avec le secours de ses bêtes.

— Alors le maréchal tira son épée et la menaça de l'en frapper si elle ne consentait pas à lui obéir. La jeune fille céda à cette violence ; il la conduisit en présence du roi qui fut au comble de la joie, de revoir en vie sa chère enfant qu'il croyait devenue la proie du dragon.

Le maréchal lui dit :

— J'ai tué le monstre et délivré ainsi la princesse et le pays tout entier ; en conséquence, je la réclame pour mon épouse, suivant votre parole royale.

Le roi dit à la jeune fille :

— Est-ce la vérité que je viens d'entendre ?

— Hélas ! oui, répondit-elle, mais je mets pour condition que le mariage ne se célébrera qu'après un an et un jour.

Elle espérait que ce temps ne s'écoulerait pas sans lui apporter des nouvelles de son cher libérateur.

Cependant, sur la montagne, les animaux continuaient de dormir auprès de leur maître mort. Un gros bourdon dirigea son vol de ce côté, et s'abattit sur le nez du lièvre, mais le lièvre le chassa avec sa patte et continua de dormir. Le bourdon vint une seconde fois, mais le lièvre le chassa de nouveau et continua de dormir. Le bourdon vint une troisième fois, lui enfonçant son dard dans le nez et le lièvre se réveilla. Aussitôt il réveilla le renard, qui s'empressa de réveiller le loup, qui réveilla l'ours, qui réveilla le lion. Lorsque le lion eut ouvert les yeux, et qu'il vit que la jeune fille avait disparu et que son maître était mort, il se mit à pousser des rugissements terribles et s'écria :

— Quel est l'auteur de ce meurtre ? Ours, pourquoi ne m'as-tu pas réveillé ?

Et l'ours dit au loup :

— Pourquoi ne m'as-tu pas réveillé ?

Et le loup au renard :

— Pourquoi ne m'as-tu pas réveillé ?

Et le renard au lièvre :

— Pourquoi ne m'as-tu pas réveillé ?

Le pauvre lièvre ne savait seul que répondre, et toute la faute pesa sur lui. En conséquence, tous les animaux voulurent tomber sur lui, mais il demanda à être entendu et dit :

— Ne me tuez pas, je promets de rendre la vie à notre maître. Je connais une montagne sur laquelle croit une racine ; quiconque a cette racine dans la bouche est guéri aussitôt de toute maladie et de toute blessure. Mais la montagne dont je vous parle se trouve à deux cents lieues d'ici.

Le lion répondit :

— Il faut qu'en vingt-quatre heures tu sois de retour avec cette racine.

Le lièvre ne fit qu'un bond, et vingt-quatre heures après il était de retour avec la racine. Le lion replaça la tête sur les épaules du chasseur, et le lièvre lui mit la racine dans la bouche ; aussitôt tout reprit son cours naturel ; le cœur palpita de nouveau et la vie revint.

En ce moment le chasseur se réveilla ; il fut saisi d'épouvante en n'apercevant plus la jeune fille, et il se dit :

« Elle s'est enfuie sans doute pendant mon sommeil, afin de se débarrasser de moi. »

Dans l'excès de son empressement, le lion avait remis de travers la tête de son maître ; celui-ci n'y prit point garde, absorbé qu'il était dans ses tristes pensées. Ce ne fut qu'à midi, lorsqu'il voulut manger, qu'il remarqua qu'il avait le visage tourné du côté du dos ; ne pouvant s'expliquer ce prodige, il demanda aux animaux ce qu'il lui était arrivé pendant son sommeil.

Le lion lui raconta alors qu'au lieu de faire la sentinelle, ils s'étaient tous endormis de fatigue ; qu'à leur réveil, ils l'avaient trouvé mort, la tête séparée du tronc ; que le lièvre était allé chercher la racine de vie, mais que lui, dans son empressement, il lui avait remis la tête de travers ; il ajouta qu'il voulait réparer sa faute. Cela dit, il arracha de nouveau la tête du chasseur, la lui replaça dans l'autre sens, et la racine du lièvre aidant, tout fut réparé.

Cependant le chasseur était triste ; il se mit à parcourir le monde et il gagnait sa vie en faisant danser ses bêtes devant les gens. Il arriva que juste un an après ce jour, il revint dans la même ville où il avait délivré la fille du roi, et cette fois la ville était entièrement décorée de tenture écarlate. Il dit à l'aubergiste :

— Que signifie cela ? Il y a un an à pareil jour, la ville était toute couverte de crêpe noir ; que veut dire aujourd'hui cette décoration écarlate ?

L'aubergiste répondit :

— Il y a un an, la fille de notre roi devait être livrée au dragon, mais le maréchal a combattu contre le monstre et il l'a tué ; aussi ses noces se célèbrent-elles demain ; c'est pourquoi la ville qui était naguère tendue de crêpe noir en signe de deuil, l'est aujourd'hui de rouge ardent en signe de joie.

Le lendemain, le chasseur dit à son hôte vers l'heure du dîner :

— Croiriez-vous, monsieur l'aubergiste, que je veux aujourd'hui en votre compagnie manger du pain de la table du roi ?

— Oui, répondit l'hôte, et moi, je parierais volontiers cent pièces d'or que ce ne sera pas.

Le chasseur accepta le pari et plaça sur la table une bourse avec le nombre de pièces d'or engagée par l'aubergiste. Cela fait, il appela le lièvre et lui dit :

— En route, mon cher sauteur, va me chercher du pain dont mange le roi.

« Eh ! pensa le lièvre, si je vais ainsi seul en sautant dans les rues, les chiens se mettront à mes trousses. »

Il avait pensé juste ; les chiens lui firent la chasse et voulurent goûter de sa chair succulente. Aussi fallait-il voir les bonds qu'il faisait. Il se glissa dans une guérite sans être aperçu par le factionnaire ; les chiens arrivèrent pour le saisir, mais le soldat n'entendit pas la plaisanterie, et il les reçut avec des coups de crosse qui les firent fuir en poussant des cris. Lorsque le lièvre aperçut le champ libre, il s'élança dans le palais, entra dans la chambre de la princesse, se plaça sous son siège et lui gratta légèrement le pied. La princesse cria :

— Veux-tu bien partir !

Car elle pensait que c'était son chien. Le lièvre gratta une seconde fois, et la princesse répéta les mêmes paroles, toujours dans la pensée que c'était son chien ; mais le lièvre ne la laissa pas dans cette erreur ; il gratta une troisième fois ; la princesse baissa les yeux et reconnut le lièvre à son collier ; aussitôt elle le prit dans ses bras, le porta dans son cabinet et lui dit :

— Lièvre, mon ami, que veux-tu ?

Il répondit :

— Mon maître, qui a tué le dragon, est ici, et il m'envoie pour que je demande un pain pareil à celui dont mange le roi.

A ces mots, la princesse ne se sentit pas de joie ; elle fit venir le boulanger, et lui ordonna d'apporter un pain pareil à ceux dont mangeait le roi. Le lièvre prenant la parole :

— Mais il faut, dit-il, que le boulanger me porte moi-même avec le pain, pour que les chiens ne me fassent pas de mal.

Le boulanger le prit donc dans ses bras et alla ainsi jusqu'à la porte de l'aubergiste ; là, le lièvre se posa sur ses pattes de devant et le porta à son maître. Le chasseur dit alors :

— Vous le voyez, monsieur l'hôte, les cent pièces d'or sont à moi.

L'aubergiste était au comble de l'étonnement. Cependant le chasseur ajouta :

— J'ai bien le pain, monsieur l'hôte, mais je veux encore de plus, maintenant, manger du rôti du roi.

Le chasseur appela le renard et lui dit :

— Renard, mon ami ; mets-toi en route et va me chercher du rôti pareil à celui que mange le roi.

Le renard connaissait mieux les détours que le lièvre ; il se glissa le long des coins e des angles obscurs des rues sans qu'un seul chien l'aperçût, alla se placer sous le siège de la princesse et lui gratta le pied. La princesse baissa les yeux, reconnut le renard à son collier, le prit dans ses bras, le porta dans son cabinet et lui dit :

— Renard, mon ami, que veux-tu ?

Il répondit :

— Mon maître, qui a tué le dragon, est ici, et il m'envoie pour que je demande un rôti pareil à celui dont mange le roi.

La princesse fit venir le cuisinier. Celui-ci reçut l'ordre de préparer un rôti pareil à celui que mangeait le roi, de le porter pour le renard jusqu'à la porte de l'aubergiste. Quand ils y furent arrivés, le renard prit le plat et le porta à son maître.

— Vous voyez, monsieur l'hôte, dit le chasseur, nous avons déjà le pain et le rôti ; mais je veux encore avoir un plat de légumes comme ceux que mange le roi.

Cela dit, il appela le loup :

— Loup, mon ami, lui dit-il, mets-toi en route et apporte-moi des légumes pareils à ceux que mange le roi.

Le loup, qui n'avait peur de personne, se dirigea tout droit vers le palais, et quand il fut entré dans la chambre de la princesse, il tira cette dernière par le pan de sa robe ; ce qui la fit se retourner. Elle reconnut le loup à son collier, et le conduisant dans son cabinet :

— Loup, mon ami, lui dit-elle, que veux-tu ?

Il répondit :

— Mon maître, qui a tué le dragon, est ici, et il m' envoyé demander un plat de légumes pareils à ceux que mange le roi.

La princesse fit venir le cuisinier, qui reçut l'ordre de préparer un plat de légumes pareils à ceux que mangeait le roi, et de le porter lui-même pour le loup jusqu'à la porte de l'aubergiste. Le loup prit le plat et le porta à son maître.

— Vous le voyez, dit le chasseur, voilà que j'ai maintenant du pain, du rôti et des légumes ; mais il me faut des sucreries semblables à celles que mange le roi.

Il appela l'ours et lui dit :

— Ours, mon ami ; tu ne dédaignes pas de lécher quelque chose de doux ; va donc et rapporte-moi des sucreries semblables à celles que mange le roi.

L'ours se mit en route vers le palais, et chacun s'enfuit à son approche, et quand il arriva près du fonctionnaire, celui-ci lui présenta le bout de son fusil et ne voulut point le laisser pénétrer dans le palais du roi. Mais l'ours se dressa sur ses pattes de derrière et distribua à droite et à gauche quelques bons soufflets qui firent trébucher tout le poste ; après cet exploit, il continua son chemin, entra dans la chambre de la princesse, se plaça derrière elle et grogna légèrement. La princesse se retourna, et reconnut l'ours, l'emmena dans son cabinet et lui dit :

— Ours, mon ami, que veux-tu ?

Il répondit :

— Mon maître, qui a tué le dragon, est ici ; je suis chargé de demander des sucreries semblables à celles que mange le roi.

La princesse fit venir le confiseur, qui reçut l'ordre de préparer des sucreries pareilles à celles que mangeait le roi, et de les porter lui-même pour l'ours jusqu'à la porte de l'aubergiste.

— Vous le voyez, monsieur l'hôte, dit le chasseur, voilà que j'ai maintenant du pain, du rôti, des légumes et des sucreries ; mais je veux aussi boire du vin pareil à celui que boit le roi.

Il appela son lion et lui dit :

— Lion, mon ami, je sais que tu te grises volontiers, va donc et rapporte-moi du vin semblable à celui que boit le roi.

Le lion traversa les rues, et les gens fuyaient à son approche, et quand il arriva près du poste, le factionnaire voulut lui barrer le passage ; mais il poussa un rugissement qui mit tous les soldats en fuite. Le lion pénétra jusqu'à la chambre de la princesse, et gratta légèrement avec sa queue à la porte. La princesse vint lui ouvrir, et peu s'en fallut que l'effroi ne s'empara d'elle à la vue du lion ; mais elle le reconnut au fermoir d'or de son collier, et le fit entrer avec elle dans son cabinet :

— Lion, mon ami, lui dit-elle, que veux-tu ?

Il répondit :

— Mon maître, qui a tué le dragon, est ici ; je viens demander du vin pareil à celui que boit le roi.

La princesse fit venir le sommelier, et lui ordonna de donner au lion du vin semblable à celui que buvait le roi. Le lion prit le panier et le porta à son maître.

— Vous le voyez, monsieur l'hôte, dit le chasseur, j'ai maintenant du pain, du rôti, des légumes, des sucreries et du vin pareils à ceux qu'on sert au roi ; maintenant, je veux donner un banquet à mes animaux.

Et il se mit à table, but et mangea, et donna aussi une bonne part de tout cela au lièvre, au renard, au loup, à l'ours et au lion ; car la certitude qu'il venait d'acquérir que la princesse l'aimait toujours lui donnait une humeur charmante. Quand le repas fut terminé, il dit à l'hôte :

— Maintenant que j'ai mangé et bu comme boit et mange le roi, je veux aller à la cour du roi, et épouser la fille du roi.

L'aubergiste répondit :

— Comment cela pourra-t-il se faire, puisque la princesse a déjà un fiancé, et que ses noces doivent se célébrer aujourd'hui même ?

Le chasseur tira de sa poche le mouchoir que la princesse lui avait donné sur la montagne du dragon, et où il avait roulé les sept langues du monstre.

— Ce que j'ai là dans la main m'y aidera, dit-il.

L'aubergiste examina le mouchoir et répartit :

— Si j'ai cru tout le reste, je ne puis pourtant pas croire cela, et je parie volontiers ma maison et ma cour.

Le chasseur tira de sa poche une bourse où se trouvaient mille pièces d'or ; il la plaça sur la table et dit :

— Voici mon enjeu.

Lorsque le roi revit sa fille au dîner, il lui dit :

— Que te voulaient toutes ces bêtes qui sont venues te trouver et qui ont parcouru en tous sens mon palais ?

Elle répondit :

— Je ne puis point le dire, mais dépêchez quelqu'un et faites chercher le maître de ces animaux ; si vous faites cela, vous ferez bien.

Le roi envoya un de ses gens à l'auberge avec mission d'inviter l'étranger ; le serviteur du roi arriva juste au moment où le chasseur venait de parier avec l'aubergiste.

— Vous le voyez, monsieur l'hôte, s'écria le chasseur, voilà que le roi m'envoie un ambassadeur afin de m'inviter.

Le chasseur se rendit auprès du roi.

Celui-ci, le voyant venir, dit à sa fille :

— Comment dois-je le recevoir ?

Elle répondit :

— Allez à sa rencontre ; si vous faites cela, vous ferez bien.

Le roi alla donc à sa rencontre, le fit monter avec lui dans les appartements où les bêtes du chasseur le suivirent. Le roi lui indiqua une place entre lui et sa fille ; le maréchal en sa qualité de fiancé prit place de l'autre côté.

En ce moment, on apporta en face d'eux les sept têtes du dragon, et le roi dit :

— Ces sept têtes, c'est le maréchal qui les a coupées au monstre ; voilà pourquoi je lui donne aujourd'hui ma fille.

Alors le chasseur se leva, ouvrit les sept gueules et dit :

— Où sont les sept langues du dragon ?

A ces mots, le maréchal devint pâle ; il dit dans son trouble :

— Les dragons n'ont point de langue.

Le chasseur reprit :

— Les menteurs devraient n'en point avoir, mais les langues de dragon sont les vrais signes du vainqueur.

Et il ouvrit le mouchoir où se trouvaient les sept langues et il en mit une dans chacune des sept gueules. Cela fait, il prit le mouchoir sur lequel était brodé le nom de la princesse, et le montrant à la jeune fille, il lui demanda à qui elle l'avait donné. Elle répondit :

— Je l'ai donné à celui qui a tué le dragon.

Puis il appela ses animaux, leur enleva à chacun leur collier ainsi qu'au lion son fermoir d'or, et les montrant à la jeune fille, il lui demanda à qui cela appartenait. Elle répondit :

— Le collier et le fermoir d'or étaient à moi, je les ai partagés entre les animaux qui ont contribué à dompter le dragon.

Le chasseur dit alors :

— M'étant endormi de fatigue après le combat, le maréchal est arrivé, m'a coupé la tête, a enlevé la princesse et déclaré que c'était lui qui avait tué le dragon ; en quoi il a menti, comme je le prouve par ces langues, par ce mouchoir et par ce collier.

Le roi s'adressant alors à sa fille :

— Est-il vrai, lui dit-il, que c'est lui qui a tué le dragon ?

Elle répondit :

— Oui, c'est vrai ; et maintenant il m'est permis de dévoiler toute l'infamie du maréchal qui m'avait fait donner ma parole que je garderais le silence. C'était aussi pour cela que j'avais exigé que les noces n'eussent lieu qu'après un an et un jour.

Après avoir entendu cette déposition, le roi fit appeler douze conseillers qu'il chargea de juger le maréchal. Ceux-ci le condamnèrent à avoir les membres déchirés par quatre bœufs. Ainsi fut puni le maréchal. Ensuite, le roi donna sa fille au chasseur qui fut de plus reconnu dans tout le pays pour son héritier.

Le jeune roi et la jeune reine vécurent désormais heureux et contents. Le jeune roi allait souvent à la chasse qu'il aimait, et ses animaux devaient l'accompagner. Or il y avait à peu de distance de là une forêt qui, d'après le bruit général, n'était pas sûre. Celui, disait-on, qui s'y risquait une fois, n'en revenait pas facilement. Depuis longtemps le jeune prince nourrissait un grand désir d'aller y chasser, et il ne laissa pas de repos au vieux roi qu'il lui en donna la permission. Il sortit donc un jour avec une nombreuse escorte, et quand il fut arrivé près de la forêt, il aperçut à travers les arbres une biche blanche comme de la neige, et il dit à ses gens :

— Attendez ici mon retour ; je veux poursuivre cette bête.

Et il s'enfonça sur sa trace dans la forêt, où ses animaux seuls l'escortèrent. Ses gens l'attendirent jusqu'au soir ; mais comme il ne revenait pas, ils retournèrent au palais et dirent à la jeune princesse :

— Le jeune prince s'est aventuré dans la forêt enchantée à la poursuite d'une blanche biche, et il n'est point revenu.

A ces mots, la princesse fut saisie d'une grande inquiétude ; quant au prince, il n'avait pas cessé de poursuivre la belle bête sans jamais pouvoir l'atteindre. A la fin, il s'aperçut qu'il s'était égaré bien avant dans la forêt ; il sonna du cor, mais il ne reçut aucune réponse, car ses gens ne pouvaient l'entendre. Et comme la nuit tombait, il vit bien qu'il ne pourrait revenir ce jour-là au palais ; il descendit de cheval, alluma du feu au pied d'un arbre, et résolut d'y passer la nuit. Comme il était assis à côté du feu, et que ses animaux s'étaient étendus autour de lui, il crut entendre les sons d'une voix humaine et regarda autour de lui, mais il ne put rien apercevoir. Bientôt après, il lui sembla entendre comme une toux qui venait d'en haut ; il leva la tête et aperçut une vieille femme assise sur l'arbre, et qui se plaignait en criant :

— Hu ! hu ! hu ! que j'ai froid !

Le jeune prince lui dit :

— Descends et viens te chauffer, puisque tu as froid.

Mais elle répondit :

— Non, car tes animaux me mordraient.

Il reprit :

— Ils ne te feront rien, vieille mère, descends seulement.

Or cette vieille était une sorcière. Elle répondit :

— Je vais te jeter une verge du haut de cet arbre ; si tu leur en donnes un coup sur le dos, ils ne me feront pas de mal.

Elle lui jeta donc une verge, et il en frappa ses animaux. A peine l'eut-il fait qu'ils furent métamorphosés en pierres. Et quand la sorcière vit qu'elle n'avait plus rien à craindre des animaux, elle se laissa couler en bas de l'arbre, et le toucha, lui aussi, avec une verge ; et lui aussi fut métamorphosé en pierre. Cela fait, la vieille se mit à rire et elle le cacha ainsi que les animaux dans une caverne où se trouvaient déjà beaucoup de pierres pareilles.

Cependant, comme le jeune prince ne revenait pas, l'inquiétude de la princesse augmentait. Il se trouva qu'en ce même temps l'autre frère qui, lors de la séparation, s'était dirigé vers l'orient, arriva dans le royaume. Il avait cherché, mais en vain, un service ; ne sachant que faire, il s'était mis à courir le monde avec ses animaux qui dansaient devant les gens. L'idée lui vint d'aller consulter le couteau que son frère et lui avaient enfoncés dans l'arbre au moment de se quitter, afin de connaître le sort de l'autre. Quand il arriva au pied de l'arbre, le côté du couteau qui concernait son frère avait une moitié déjà couverte de rouille ; mais l'autre était encore blanche. L'inquiétude s'empara de lui, et il se prit à penser :

« Il faut qu'un grand malheur menace la vie de mon frère ; mais peut-être que je puis le sauver, car la moitié du couteau est encore blanche. »

Cela dit, il se dirigea avec ses animaux vers le couchant. Quand il arriva à la porte de la ville, le factionnaire vint à sa rencontre et lui demanda s'il devait aller l'annoncer à son épouse ; il ajouta que son absence plongeait depuis quelques jours la jeune princesse dans une profonde inquiétude, qu'elle craignait qu'il ne lui fût arrivé malheur dans la forêt enchantée. Le factionnaire lui parlait ainsi, parce qu'il le prenait pour le jeune prince, tant son frère lui ressemblait, et à cause des animaux qui le suivaient. Celui-ci, entendant parler de son frère, se dit en lui-même :

« Il vaut mieux que je me laisse prendre pour lui ; il me sera plus facile ainsi de le sauver. »

Il se laissa donc accompagner par le factionnaire jusque dans le palais, où il fut reçu avec de grandes démonstrations de joie. La jeune princesse ne douta pas un moment que ce fût son époux ; il lui raconta qu'il s'était égaré dans la forêt, et qu'il lui avait été impossible de retrouver plus tôt son chemin. Il demeura quelques jours au château, s'informant de tout ce qui se trouvait dans la forêt enchantée. A la fin, il dit :

— Il faut que j'aille y chasser encore une fois.

Le roi et la princesse voulurent l'en détourner, mais il tint ferme et sortit avec une nombreuse escorte. Lorsqu'il arriva devant la forêt, il aperçut, comme avait fait son frère, une blanche biche, et il dit à ses gens :

— Attendez-moi jusqu'à ce que je revienne ; je veux courir cette belle bête.

Il entra donc dans la forêt, accompagné de ses fidèles animaux. Il lui arriva les mêmes aventures qu'à son frère ; il ne put atteindre la biche, et s'enfonça si avant dans la forêt, qu'il dut se résoudre à y passer la nuit. Et lorsqu'il eut allumé du feu, il entendit ces plaintes au-dessus de sa tête :

— Hu ! hu ! hu ! comme je gèle !

Il leva la tête, et il aperçut la même sorcière assise dans l'arbre. Il lui cria :

— Si tu gèles, descends, vieille mère, et viens te chauffer.

Elle répondit :

— Non, car tes animaux me mordraient.

Il repartit :

— Ils ne te feront rien.

Elle lui cria :

— Je veux te jeter du haut de cet arbre une verge, et si tu les en frappes, ils ne me feront aucun mal.

Le chasseur ne se fia pas à ces paroles de la vieille ; il répondit :

— Je ne frapperai pas mes bêtes, mais descends, ou j'irai te chercher.

Elle lui cria :

— Que veux-tu me faire ? Tu ne pourras rien contre moi.

— Si tu ne descends pas, reprit-il, je t'envoie une balle.

Elle lui cria :

— Tu peux tirer, je n'ai pas peur de tes balles.

Le chasseur la mit en joue, mais la sorcière était invulnérable à toutes les balles de plomb ; elle se mettait à rire toutes les fois qu'il la touchait, et criait :

— Tu ne pourras pourtant pas me blesser.

Le chasseur était rusé, il arracha de sa veste trois boutons d'argent et les coula dans son fusil, car l'art de la sorcière ne pouvait rien contre ce métal ; et dès qu'il eut lâché la détente, elle tomba de l'arbre en poussant de grands cris. Il lui mit le pied sur la poitrine, et lui dit :

— Vieille sorcière, si tu ne m'avoues pas sur-le-champ où est mon frère, je te prends et je te jette dans le feu.

L'anxiété de la vieille était profonde, elle implora merci en disant :

— Transformé en pierre ainsi que ses animaux, il est avec eux dans une caverne.

Alors il la força de l'y conduire et lui dit :

— Vieille fée, tu vas sur-le-champ rendre la vie à mon frère et à toutes les autres créatures qui se trouvent ici, sinon je te jette dans le feu.

Elle prit une verge et frappa les pierres ; aussitôt revinrent à la vie non seulement le frère et ses animaux, mais une foule d'autres personnes encore, tels que marchands, ouvriers, pâtres, qui lui rendirent grâce de leur délivrance et retournèrent chez eux.

Quant aux frères jumeaux, dès qu'ils se revirent, ils se précipitèrent dans les bras l'un de l'autre. Puis ils saisirent la sorcière, lui lièrent les membres et la jetèrent dans le feu : dès qu'elle fut consumée, la forêt sembla s'ouvrir d'elle-même ; elle devint claire et brillante, et on pouvait apercevoir le palais du roi à trois lieues de distance. Les deux frères reprirent ensemble la route du château, et tout en allant, ils se racontèrent chacun leur histoire. Et lorsque le plus jeune eut dit qu'il devait un jour remplacer le toi sur le trône, l'autre reprit :

— Je m'en suis bien aperçu, car lorsque j'arrivai dans la ville et qu'on m'eut prit pour toi, on me rendit tous les honneurs royaux, la jeune princesse me reçut comme son époux, et je dus m'asseoir à son côté à table et dormir dans ton lit.

Là-dessus, ils continuèrent leur route, et le jeune prince dit à son frère :

— Tu me ressembles de tout point, tu portes comme moi des vêtements royaux et tes bêtes te suivent ainsi que font les miennes. Entrons dans la ville par les deux portes opposées et arrivons de deux côtés différentes et en même temps en présence du roi.

Ils se séparèrent donc et les factionnaires de l'une et de l'autre porte se présentèrent au même instant devant le vieux roi pour lui annoncer que le jeune prince arrivait de la chasse avec ses animaux.

Le roi répondit :

— Cela n'est pas possible ; les deux portes sont à une lieue de distance.

En ce moment les deux frères entraient de deux côtés différents dans la cour du palais. Ils en montèrent les degrés ensemble.

Le roi dit à sa fille :

— Indique-moi quel est ton époux ; ces deux princes se ressemblent tellement que je ne puis les reconnaître.

L'anxiété de la princesse était grande, et elle ne savait que répondre, lorsqu'elle aperçut le collier qu'elle avait donné aux animaux ainsi que le fermoir d'or que portait le lion de son époux. Alors elle s'écria avec joie :

— Celui-ci est mon véritable époux.

Le jeune prince se mit à rire et dit :

— Oui, c'est le véritable.

Et ils prirent tous place à table, et s'abandonnèrent à leur joie.

25. Le diable et sa grand-mère

Il y avait une fois une grande guerre, un roi qui avait beaucoup de soldats et des soldats qui recevaient des soldes dérisoires, dont ils ne pouvaient pas vivre. Trois d'entre eux se mirent d'accord et décidèrent de déserter.

- Si on nous attrape, on nous pendra. Qu'allons-nous faire? dit le premier.

Et le deuxième:

- Vous voyez ce grand champ de blé. Si nous nous y cachons, personne ne nous y trouvera. L'armée n'a pas le droit d'y pénétrer et, demain, elle change de quartier.

Ils se faufilèrent dans le champ, mais l'armée ne partit pas et garda ses positions tout autour. Ils restèrent deux jours et deux nuits dans le blé. Leur faim devint telle qu'ils n'étaient pas loin de mourir. Alors ils dirent:

- À quoi nous a-t-il servi d'avoir déserté? Nous allons périr tristement.

À ce moment-là, un dragon de feu passa dans le ciel. Il descendit vers eux et leur demanda pourquoi ils se cachaient là. Ils répondirent:

- Nous sommes trois soldats; nous avons déserté parce que notre solde était trop basse. Mais nous allons mourir de faim si nous restons ici, ou nous pendouillerons au gibet si nous en sortons.

- Si vous acceptez de me servir pendant sept ans, dit le dragon, je vous conduirai par-dessus le gros de l'armée sans que personne ne puisse mettre la main sur vous.

- Nous n'avons pas le choix et il nous faut bien accepter, répondirent-ils.

Le dragon les saisit entre ses griffes, les conduisit par-delà l'armée et, loin d'elle, les posa de nouveau sur le sol. Or, le dragon n'était autre que le Diable. Il leur donna une petite cravache et dit:

- Frappez-vous avec elle; il sortira de votre corps autant d'argent que vous en voudrez. Vous pourrez vivre en grands seigneurs, monter chevaux et rouler carrosse. Mais au bout de sept années, vous serez à moi.

Il leur présenta un livre sur lequel ils durent inscrire leurs noms.

- Avant de vous emporter, ajouta-t-il, je vous proposerai une énigme. Si vous la résolvez, vous serez libres et je ne vous tiendrai plus en ma puissance.

Le dragon s'envola. Les trois soldats se mirent à jouer de la cravache. Ils eurent de l'argent en abondance, se firent confectionner des habits de seigneurs, et voyagèrent de par le monde. Où qu'ils fussent, ils vivaient dans la joie et la félicité, roulaient carrosse et montaient chevaux, mangeaient, buvaient, mais ne commettaient pas de mauvaises actions. Le temps passa vite et quand les sept années touchèrent à leur fin, deux d'entre eux sentirent leur cœur se serrer et une grande peur les saisir. Le troisième, cependant, prenait la chose du bon côté. Il dit:

- Frères, ne craignez point! je ne suis pas tombé de la dernière pluie; je résoudrai l'énigme.

Ils s'en allèrent dans les champs, s'y assirent sur leur séant et les deux premiers faisaient triste figure.

Arriva une vieille femme. Elle leur demanda pourquoi ils étaient si tristes.

- Eh! qu'est-ce que cela peut bien vous faire? De toute façon, vous ne pouvez rien pour nous!

- Qui sait! répondit-elle, confiez-vous à moi; dites-moi vos tourments!

Ils lui racontèrent qu'ils avaient été les serviteurs du Diable pendant sept ans. Il leur avait procuré de l'argent à foison; mais Ils lui avaient donné leurs signatures et ils seraient à lui si, le temps écoulé, ils ne parvenaient pas à résoudre une énigme.

La vieille dit:

- Si vous voulez vous en tirer, il faut que l'un de vous aille dans la forêt. Il arrivera à une falaise éboulée qui ressemble à une maison. Il faudra qu'il y pénètre et il y trouvera de l'aide.

Les deux soldats tristes se dirent: " Cela ne servira à rien. " Et ils restèrent là. Le troisième, en revanche, celui qui était tout joyeux, se leva et s'avança dans la forêt jusqu'à ce qu'il trouvât la falaise. Dans la fausse maison, se tenait une femme vieille comme les pierres. C'était la grand-mère du Diable. Elle lui demanda d'où il venait et ce qu'il voulait. Il lui raconta tout ce qui s'était passé et, comme il lui plaisait, elle le prit en pitié et lui promit de l'aider. Elle souleva une pierre qui cachait l'entrée d'une cave et dit:

- Cache-toi ici. Tu entendras tout ce qui se dira. Reste bien tranquille et ne t'énerve pas. Quand le dragon viendra, je lui demanderai de quelle énigme il s'agit. Il me dit tout. Toi, fais attention à ce qu'il me répondra.

À minuit, le dragon arriva et réclama son repas. La grand-mère mit la table et y apporta mets et boissons pour qu'il soit content. Et ils mangèrent et burent de concert.

Tout en conversant, elle lui demanda comment s'était passée la journée et de combien d'âmes il s'était emparé.

- Je n'ai pas eu de chance aujourd'hui, répondit-il. Mais j'ai attrapé trois soldats; ceux-là, je les aurai sûrement.

- Eh! trois soldats, rétorqua la vieille, ce sont des gaillards! ils peuvent encore t'échapper.

Le Diable dit d'un ton mielleux:

- Ils sont à moi! je vais leur soumettre une énigme qu'ils seront incapables de résoudre.

- Quel genre d'énigme? demanda la grand-mère.

- Je vais te la dire: dans la grande mer du Nord, il y a un chat marin, mort; ce sera le rôti que je leur offrirai. Une côte de baleine leur servira de cuillère et un vieux sabot de cheval creusé leur tiendra lieu de verre à vin. Quand le Diable s'en fut allé au lit, la grand-mère souleva la pierre et fit sortir le soldat.

- As-tu bien fait attention à tout?

- Oui, dit-il; j'en sais assez et je me tirerai d'affaire.

Sans bruit, il se glissa par la fenêtre et en toute hâte il rejoignit ses compagnons. Il leur conta comment la grand-mère avait éventé le piège du Diable et comment il avait appris la solution de l'énigme. Ils se sentirent tout joyeux et de bonne humeur, prirent la cravache et fabriquèrent tant d'argent qu'il en roulait de tous les côtés.

Quand les sept années furent complètement écoulées, le Diable arriva avec le livre, leur montra les signatures et dit:

- Je vais vous emmener en enfer; on vous y servira un repas. Si vous devinez la nature du rôti qui vous sera offert, vous serez libres, et vous pourrez garder la cravache.

Alors le premier soldat commença:

- Dans la grande mer du Nord, il y a un chat marin, mort. Ce sera certainement notre rôti.

Le Diable se mit en colère, dit " hum! hum! hum! " et demanda au deuxième:

- Mais qu'est-ce qui vous servira de cuillère?

- Une côte de baleine sera notre cuillère.

Le Diable fit grise mine, grogna de nouveau par trois fois - " hum! hum! hum! " et dit au troisième:

- Savez-vous aussi ce qui vous servira de verre à vin?

- Un vieux sabot de cheval sera notre verre à vin.

Alors le Diable s'envola en poussant un grand cri. Il n'avait plus aucun pouvoir sur eux. Quant aux trois soldats, ils conservèrent la cravache, battirent monnaie autant qu'il leur plaisait et vécurent heureux jusqu'à leur mort.

26. Le Docteur universel

Il y avait une fois un paysan nommé Écrevisse. Ayant porté une charge de bois chez un docteur, il remarqua les mets choisis et les vins fins dont se régalait celui-ci, et demanda, en ouvrant de grands yeux, s'il ne pourrait pas aussi devenir docteur ?

— Oui certes, répondit le savant ; il suffit pour cela de trois choses : 1° procure-toi un abécédaire, c'est le principal ; 2° vends ta voiture et tes bœufs pour acheter une robe et tout ce qui concerne le costume d'un docteur ; 3° mets à ta porte une enseigne avec ces mots : Je suis le docteur universel.

Le paysan exécuta ces instructions à la lettre. A peine exerçait-il son nouvel état, qu'une somme d'argent fut volée à un riche seigneur du pays. Ce seigneur fait mettre les chevaux à sa voiture et vient demander à notre homme s'il est bien le docteur universel.

— C'est moi-même, monseigneur.

— En ce cas, venez avec moi pour m'aider à retrouver mon argent.

— Volontiers, dit le docteur ; mais Marguerite, ma femme, m'accompagnera.

Le seigneur y consentit, et les emmena tous deux dans sa voiture. Lorsqu'on arriva au château, la table était servie, le docteur fut invité à y prendre place.

— Volontiers, répondit-il encore ; mais Marguerite, ma femme, y prendra place avec moi.

Et les voilà tous deux attablés.

Au moment où le premier domestique entrait, portant un plat de viande, le paysan poussa sa femme du coude, et lui dit :

— Marguerite, celui-ci est le premier.

Il voulait dire le premier plat ; mais le domestique comprit : le premier voleur ; et comme il l'était en effet, il prévint en tremblant ses camarades.

— Le docteur sait tout ! notre affaire n'est pas bonne ; il a dit que j'étais le premier !

Le second domestique ne se décida pas sans peine à entrer à son tour ; à peine eut-il franchi la porte avec son plat, que le paysan, poussant de nouveau sa femme :

— Marguerite, voici le second.

Le troisième eut la même alerte, et nos coquins ne savaient plus que devenir. Le quatrième s'avance néanmoins, portant un plat couvert (c'étaient des écrevisses). Le maître de la maison dit au docteur :

— Voilà une occasion de montrer votre science. Devinez ce qu'il y a là-dedans.

Le paysan examine le plat, et, désespérant de se tirer d'affaire :

— Hélas ! soupire-t-il, pauvre Écrevisse ! (On se rappelle que c'était son premier nom.)

A ces mots, le seigneur s'écrie :

— Voyez-vous, il a deviné ! Alors il devinera qui a mon argent !

Aussitôt le domestique, éperdu, fait signe au docteur de sortir avec lui. Les quatre fripons lui avouent qu'ils ont dérobé l'argent, mais qu'ils sont prêts à le rendre et à lui donner une forte somme s'il jure de ne les point trahir ; puis ils le conduisent à l'endroit où est caché le trésor. Le docteur, satisfait, rentre, et dit :

— Seigneur, je vais maintenant consulter mon livre, afin d'apprendre où est votre argent.

Cependant un cinquième domestique s'était glissé dans la cheminée pour voir jusqu'où irait la science du devin. Celui-ci feuillette en tous sens son abécédaire, et ne pouvant y trouver un certain signe :

— Tu es pourtant là dedans, s'écrie-t-il avec impatience, et, il faudra bien que tu en sortes.

Le valet s'échappe de la cheminée, se croyant découvert, et crie avec épouvante :

— Cet homme sait tout !

Bientôt le docteur montra au seigneur son argent, sans lui dire qui l'avait soustrait ; il reçut de part et d'autre une forte récompense, et fut désormais un homme célèbre.

27. Les douze frères

Il y avait une fois un roi et une reine qui vivaient ensemble en bonne intelligence. Ils avaient douze enfants, mais c'étaient douze garçons. Un jour le roi dit à la reine:

- Si le treizième enfant que tu me promets est une fille, les douze garçons devront mourir, afin que l'héritage de leur sœur soit considérable, et que le royaume tout entier lui appartienne.

Il fit donc construire douze cercueils qu'on remplit de copeaux; puis le roi les fit transporter dans un cabinet bien fermé, dont il donna la clef à la reine, en lui recommandant de n'en rien dire à personne.

Cependant, la mère était en proie à un violent chagrin. Le plus jeune de ses fils, à qui elle avait donné le nom de Benjamin, s'aperçut de sa peine et lui dit:

- Ma bonne mère, pourquoi es-tu si triste?

- Cher enfant, lui répondit-elle, je ne dois pas te le dire.

Mais l'enfant ne lui laissa point de repos, qu'elle ne l'eût conduit au cabinet mystérieux, et qu'elle ne lui eût montré les douze cercueils remplis de copeaux:

- Mon bien-aimé Benjamin, lui dit-elle, ton père a fait construire ces cercueil pour tes onze frères et pour toi, car si je mets au monde une petite fille, vous devez tous mourir et être ensevelis là.

Et comme elle pleurait, l'enfant chercha à la consoler en lui disant:

- Ne pleure pas, nous saurons bien éviter la mort. La reine reprit:

- Va dans la forêt avec tes onze frères, et que l'un de vous se tienne sans cesse en sentinelle sur la cime de l'arbre le plus élevé, les yeux tournés vers la tour du château. J'aurai soin d'y arborer un drapeau blanc si je mets au monde un garçon, et alors vous pourrez revenir sans danger; si au contraire je deviens mère d'une fille, j'y planterai un drapeau rouge comme du sang; alors hâtez-vous de fuir bien loin, et que le bon Dieu vous protège.

Lorsque la reine eut donné sa bénédiction à ses fils, ceux-ci se rendirent dans la forêt. Chacun d'eux eut son tour de faire sentinelle pour la sûreté des autres, en grimpant au haut du chêne le plus élevé, et en tenant, de là, ses yeux fixés vers la tour. Quand onze jours furent passés, et que ce fut à Benjamin de veiller, il vit qu'un drapeau avait été arboré, mais c'était un drapeau rouge comme du sang, ce qui prouvait trop qu'ils devaient tous mourir. Lorsqu'il eut annoncé la nouvelle à ses frères, ceux-ci s'indignèrent et dirent:

- Sera-t-il dit que nous aurons dû subir la mort pour une fille? Faisons serment de nous venger! Partout où nous trouverons une jeune fille, son sang devra couler. Cela dit, ils allèrent tous ensemble au fond de la forêt, et à l'endroit le plus épais, ils trouvèrent une petite cabane misérable et déserte. Alors ils dirent:

- C'est ici que nous voulons fixer notre demeure et toi, Benjamin, comme tu es le plus jeune et le plus faible, tu resteras au logis et te chargeras du ménage nous autres, nous irons à la chasse afin de nous procurer de la nourriture.

Ils allèrent donc dans la forêt, et tuèrent des lièvres, des chevreuils sauvages, des oiseaux et des pigeons; puis ils les rapportèrent à Benjamin qui dut les préparer et les faire cuire pour apaiser la faim commune. C'est ainsi qu'ils vécurent pendant dix années dans la forêt; et ce temps leur parut court. Cependant la jeune fille que la mère avait mise au monde était devenue grande sa beauté était remarquable, et elle avait sur le front une étoile d'or. Un jour que se faisait la grande lessive, elle remarqua parmi le linge douze chemises d'homme, et demanda à sa mère:

- À qui appartiennent ces douze chemises, car elles sont beaucoup trop petites pour mon père?

La reine lui répondit avec un soupir:

- Chère enfant, elles appartiennent à tes douze frères.

La jeune fille reprit:

- Où sont donc mes douze frères? je n'en ai jamais entendu parler.

La reine répondit:

- Où ils sont! Dieu le sait: ils sont errants par le monde.

Alors, entraînant avec elle la jeune fille, elle ouvrit la chambre mystérieuse, et lui montra les douze cercueils, avec leurs copeaux et leurs coussins funèbres.

- Ces cercueils, lui dit-elle, étaient destinés à tes frères; mais ils se sont échappés de la maison avant ta naissance.

Et elle lui raconta tout ce qui s'était passé. Alors la jeune fille lui dit:

- Ne pleure pas, chère mère, je veux aller à la recherche de mes frères.

Elle prit donc les douze chemises, et se dirigea juste au milieu de la forêt. Elle marcha tout le jour, et arriva vers le soir à la pauvre cabane. Elle y entra et trouva un jeune garçon, qui lui dit:

- D'où venez-vous, et où allez-vous?

À quoi elle répondit:

- Je suis la fille d'un roi, je cherche mes douze frères et je veux aller jusqu'à ce que je les trouve.

Et elle lui montra les douze chemises qui leur appartenaient. Benjamin vit bien alors que la jeune fille était sa sœur; il lui dit:

- je suis Benjamin, le plus jeune de tes frères.

Et elle se mit à pleurer de joie, et Benjamin aussi; et ils s'embrassèrent avec une grande tendresse. Benjamin se prit à dire tout à coup:

- Chère sœur, je dois te prévenir que nous avons fait le serment de tuer toutes les jeunes filles que nous rencontrerions.

Elle répondit:

- Je mourrai volontiers, si ma mort peut rendre à mes frères ce qu'ils ont perdu.

- Non, reprit Benjamin, tu ne dois pas mourir; place-toi derrière cette cuve jusqu'à l'arrivée de mes onze frères, et je les aurai bientôt mis d'accord avec moi.

Elle se plaça derrière la cuve; et quand il fut nuit, les frères revinrent de la chasse, et le repas se trouva prêt... Et comme ils étaient en train de manger, ils demandèrent:

- Qu'y a-t-il de nouveau?

Benjamin répondit:

- Ne savez-vous rien?

- Non, reprirent-ils.

Benjamin ajouta:

- Vous êtes allés dans la forêt, moi je suis resté à la maison, et pourtant j'en sais plus long que vous.

- Raconte donc, s'écrièrent-ils.

Il répondit:

- Promettez-moi d'abord que la première jeune fille qui se présentera à nous ne devra pas mourir.

- Nous le promettons, s'écrièrent-ils tous, raconte-nous donc.

Alors Benjamin leur dit:

- Notre sœur est là. Et il poussa la cuve, et la fille du roi s'avança dans ses vêtements royaux, et l'étoile d'or sur le front, et elle brillait à la fois de beauté, de finesse et de grâce. Alors ils se réjouirent tous, et l'embrassèrent.

À partir de ce moment, la jeune fille garda la maison avec Benjamin, et l'aida dans son travail. Les onze frères allaient dans la forêt, poursuivaient les lièvres et les chevreuils, les oiseaux et les pigeons, et rapportaient au logis le produit de leur chasse, que Benjamin et sa sœur apprêtaient pour le repas. Elle ramassait le bois qui servait à faire cuire les provisions, cherchait les plantes qui devaient leur tenir lieu de légumes, et les plaçait sur le feu, si bien que le dîner était toujours prêt lorsque les onze frères revenaient à la maison. Elle entretenait aussi un ordre admirable dans la petite cabane, couvrait coquettement le lit avec des draps blancs, de sorte que les frères vivaient avec elle une union parfaite.

Un jour, Benjamin et sa sœur préparèrent un très joli dîner, et quand ils furent tous réunis, ils se mirent à table, mangèrent et burent, et furent tous très joyeux. Il y avait autour de la cabane un petit jardin où se trouvaient douze lis. La jeune fille, voulant faire une surprise agréable à ses frères, alla cueillir ces douze fleurs afin de les leur offrir. Mais à peine avait-elle cueilli les douze lis que ses douze frères furent changés en douze corbeaux qui s'envolèrent au-dessus de la forêt; et la maison et le jardin s'évanouirent au même instant. La pauvre jeune fille se trouvait donc maintenant toute seule dans la forêt sauvage, et comme elle regardait autour d'elle avec effroi, elle aperçut à quelques pas une vieille femme qui lui dit:

- Qu'as-tu fait là, mon enfant? Pourquoi n'avoir point laissé en paix ces douze blanches fleurs? Ces fleurs étaient tes frères, qui se trouvent désormais transformés en corbeaux pour toujours.

La jeune fille dit en pleurant:

- N'existe-t-il donc pas un moyen de les délivrer?

- Oui, répondit la vieille, mais il n'y en a dans le monde entier qu'un seul, et il est si difficile qu'il ne pourra te servir; car tu devrais ne pas dire un seul mot, ni sourire une seule fois pendant sept années; et si tu prononces une seule parole, s'il manque une seule heure à l'accomplissement des sept années, et la parole que tu auras prononcée causera la mort de tes frères. Alors la jeune fille pensa dans son cœur:

« je veux à toute force délivrer mes frères. » Puis elle se mit en route cherchant un rocher élevé, et quand elle l'eut trouvé, elle y monta, et se mit à filer, ayant bien soin de ne point parler et de ne point rire. Il arriva qu'un roi chassait dans la forêt; ce roi avait un grand lévrier qui, parvenu en courant jusqu'au pied du rocher au haut duquel la jeune fille était assise, se mit à bondir à l'entour et à aboyer fortement en dressant la tête vers elle. Le roi s'approcha, aperçut la belle princesse avec l'étoile d'or sur le front, et fut si ravi de sa beauté qu'il lui demanda si elle ne voulait point devenir son épouse. Elle ne répondit point, mais fit un petit signe avec la tête. Alors le roi monta lui-même sur le rocher, en redescendit avec elle, la plaça sur son cheval, et retourna ainsi dans son palais. Là furent célébrées les noces avec autant de pompe que de joie, quoique la jeune fiancée demeurât muette et sans sourire. Lorsqu'ils eurent vécu heureusement ensemble pendant un couple d'années, la mère du roi, qui était une méchante femme, se mit à calomnier la jeune reine, et à dire au roi:

- C'est une misérable mendiante que tu as amenée au palais; qui sait quels desseins impies elle trame contre toi! Si elle est vraiment muette elle pourrait du moins rire une fois; celui qui ne rit jamais a une mauvaise conscience.

Le roi ne voulut point d'abord ajouter foi à ces insinuations perfides, mais sa mère les renouvela si souvent, en y ajoutant des inventions méchantes qu'il finit par se laisser persuader, et qu'il condamna sa femme à la peine de mort.

On alluma donc dans la cour un immense bûcher, où la malheureuse devait être brûlée vive; le roi se tenait à sa fenêtre, les yeux tout en larmes, car il n'avait pas cessé de l'aimer. Et comme elle était déjà liée fortement contre un pilier, et que les rouges langues du feu dardaient vers ses vêtements, il se trouva qu'en ce moment même s'accomplissaient les sept années d'épreuve; soudain on entendit dans l'air un battement d'ailes, et douze corbeaux, qui dirigeaient leur vol rapide de ce côté, s'abattirent autour de la jeune femme. À peine eurent-ils touché le bûcher qu'ils se changèrent en ses douze frères, qui lui devaient ainsi leur délivrance. Ils dissipèrent les brandons fumants, éteignirent les flammes, dénouèrent les liens qui garrottaient leur sœur, et la couvrirent de baisers. Maintenant qu'elle ne craignait plus de parler, elle raconta au roi pourquoi elle avait été si longtemps muette, et pourquoi il ne l'avait jamais vue sourire.

Le roi se réjouit de la trouver innocente, et ils vécurent désormais tous ensemble heureux et unis jusqu'à la mort.

28.   L'eau de la vie

Traduit par Félix Frank et E. Alsleben

Il était une fois un roi qui tomba malade, et personne ne croyait qu'il pût conserver la vie. Ce roi avait trois fils qui en ressentirent un vif chagrin ; et, comme ils allaient dans le parc du château pour pleurer, ils y rencontrèrent un vieillard qui leur demanda la cause d'une pareille tristesse. Ils lui racontèrent que leur père était fort malade et qu'il allait à coup sur mourir, car il n'y avait plus de remède. Mais le vieillard dit :

« J'en connais encore un, c'est l'Eau de la vie ; celui qui en boit recouvre tout de suite la santé ; mais elle est difficile à trouver.

– Je la trouverai bien répondit l'aîné, et il courut prier le roi de lui permettre de partir à la recherche de l'Eau de la vie, qui seule pouvait le sauver.

– Non ! dit le roi, le danger est trop grand, je préfère mourir. »

Mais le prince le pria si longtemps que le roi consentit au voyage. Et le prince se disait en lui-même : « Si je vais chercher l'Eau de la vie, c'est moi qui serai le plus cher à mon père, et qui deviendrai l'unique héritier du trône. »

Il se mit donc en route, et lorsque son cheval eut marché quelque temps, il vit un nain au bord du chemin, qui lui cria :

« Où allez-vous si vite ?

– Petit nabot ! repartit fièrement le prince, tu n'as pas besoin de le savoir ? » Et il continua sa route.

Mais le petit homme s'était fâché et avait prononcé un vœu malveillant. Le prince arriva dans un ravin ; et, plus il allait, plus les montagnes se resserraient. Enfin, la route devint tellement étroite qu'il ne put avancer davantage avec son cheval, et qu'il ne put en descendre non plus ; si bien qu'il demeura ainsi emprisonné. Le roi malade l'attendait toujours, mais il ne reparaissait pas.

Alors le second fils dit :

« Je m'en vais aller à la recherche de cette eau. »

Et il pensait : « Cela m'irait fort que mon frère fût mort, car j'hériterais du royaume. »

D'abord le roi ne voulut point le laisser partir ; puis il céda de nouveau.

Le prince prit le même chemin que son frère et rencontra aussi le nain, qui l'arrêta, en lui disant :

« Où allez-vous si vite ?

– Petit bonhomme, répondit le prince, tu n'as nul besoin de le savoir. »

Mais le nain lui jeta un charme ; et, lui aussi, il entra dans une ravine où il ne pouvait ni avancer, ni reculer. Tel est le sort des arrogants.

Comme le second fils ne revenait pas non plus, le plus jeune des trois frères se décida à s'en aller chercher l'eau merveilleuse ; et le roi fut forcé de le laisser partir.

Lorsque le jeune prince rencontra le nain sur son chemin et que celui-ci lui fit sa question accoutumée :

« Où allez-vous si vite ?

– Je vais chercher l'Eau de la vie, répliqua le voyageur, car mon père est mortellement malade.

– Savez-vous donc où la trouver ?

– Non, dit le prince.

– Eh bien, puisque vous avez répondu convenablement, je veux vous le dire. L'eau sort d'un puits, dans la cour d'un palais enchanté ; et, pour que vous puissiez y entrer, je vous donne une verge de fer et deux morceaux de pain. Avec la verge, vous frapperez trois fois à la porte d'airain du château, et elle s'ouvrira : en dedans, il y aura deux lions qui accourront, la gueule béante ; jetez-leur le pain, et ils s'apaiseront. Puis, hâtez-vous de chercher l'Eau de la vie avant que midi sonne ; car alors, la porte se refermera et vous resterez emprisonné. »

Le prince remercia poliment le petit homme, prit la verge et le pain, et s'en alla ; et tout se trouva tel que le nain le lui avait annoncé. Au troisième coup de verge, la porte s'ouvrit ; et lorsque le prince eut apaisé les lions, il entra dans le château et pénétra dans une grande et superbe salle pleine de princes enchantés, à qui il enleva leurs bagues ; il s'empara également d'une épée et d'un pain qu'il y rencontra. Puis il passa dans une autre chambre, où il aperçut une jeune fille, belle à ravir, qui se montra toute joyeuse à sa vue, et l'embrassa. Elle lui dit qu'il l'avait délivrée, qu'il aurait l'entière possession de son royaume, et qu'il devait revenir dans un an pour célébrer leur mariage. Elle lui indiqua aussi où était le puits, en lui recommandant de se hâter, pour prendre l'eau avant midi. Il allait toujours, et arriva enfin dans une chambre où il y avait un beau lit fraîchement arrangé ; et, comme il était fatigué, il voulut s'y reposer un peu. Il s'étendit et s'endormit ; lorsqu'il se réveilla, il entendit sonner onze heures trois quarts. Saisi d'angoisse, il sauta à bas du lit, courut au puits, y puisa de l'eau avec le gobelet qui se trouvait à côté, et s'éloigna à toutes jambes. Comme il sortait par la porte d'airain, midi sonna, et la porte se referma avec une telle violence qu'elle lui enleva un morceau du talon.

Il se réjouissait d'avoir en sa possession l'Eau de la vie ; il s'en retourna donc chez lui, et, en route, il rencontra de nouveau le nain. Dès que celui-ci vit l'épée et le pain, il dit :

« Tu as gagné là un grand trésor : avec cette épée, tu peux combattre toute une armée ; quant à ce pain, il ne finit jamais. »

Le prince se dit :

« Je ne veux pas retourner au logis sans mes frères. »

Et il dit au nain :

« Cher petit ami, ne pourriez-vous pas m'apprendre où sont mes deux frères ? Ils sont partis avant moi pour chercher l'Eau de la vie, et ils ne sont pas revenus.

– Ils sont emprisonnés entre deux montagnes, répondit le nain, et je les ai retenus là pour leur arrogance. »

Mais le prince le supplia si longtemps, que le nain lui accorda leur liberté ; toutefois il le prévint et dit :

« Prends garde à tes frères ! ils ont un méchant cœur. »

Lorsqu'ils arrivèrent, ils étaient ravis de se voir libres ; et le jeune prince leur raconta ce qui s'était passé : comment il avait trouvé l'Eau de la vie, et en avait pris un plein gobelet ; comment il avait délivré une belle princesse qui allait l'attendre un an, après quoi il l'épouserait, et serait mis en possession du royaume.

Puis, ils s'en furent tous trois ensemble, et parvinrent dans un pays en proie à la famine et à la guerre, et dont le roi se croyait déjà près de succomber dans ce péril. Le prince alla chez lui aussitôt et lui donna le pain avec lequel fut apaisée la faim de tout le royaume ; ensuite, il lui donna son épée, et le roi ayant battu l'armée de ses ennemis, put vivre désormais en liberté et en paix. Alors le prince reprit son épée et son pain, et les trois frères continuèrent leur route. Ils passèrent encore par deux pays où régnaient la disette et la guerre, et le prince prêta à chaque roi son pain et son épée ; et de la sorte il sauva trois pays. Après ces aventures, les voyageurs se mirent dans un vaisseau pour traverser la mer. Pendant le trajet, les deux aînés se dirent entre eux :

« C'est notre jeune frère qui a trouvé l'Eau de la vie, et non pas nous ; et pour cela, notre père va lui donner le royaume qui nous appartient, et il nous prendra notre bonheur. »

Ils l'enviaient et songeaient aux moyens de le perdre. Ils attendirent qu'il fût bien endormi, ôtèrent l'Eau de la vie du gobelet pour se l'approprier, et y remirent de l'eau de mer salée et âcre.

Lorsqu'ils furent de retour chez eux, le jeune fils du roi apporta son gobelet au prince malade, pour qu'il y bût et recouvrât la santé. Mais à peine le roi eût-il pris une gorgée de cette eau de mer, qu'il devint encore plus malade qu'auparavant. Et, comme il s'en désespérait, les fils aînés allèrent le trouver, et accusèrent leur frère d'avoir voulu l'empoisonner ; ils ajoutèrent qu'ils avaient rapporté la véritable Eau de la vie, et ils la donnèrent au roi. À peine celui-ci en eut-il bu, qu'il sentit se dissiper, son mal, et redevint sain et fort comme dans sa jeunesse. Alors les deux fils aînés se rendirent près de leur frère, et lui dirent, en se moquant de lui :

« Tu as découvert l'Eau de la vie, mais tu n'as eu pour toi que la peine, et nous aurons la récompense ; tu aurais dû être plus sage et ne pas fermer l'œil ; nous t'avons pris l'eau de ton gobelet pendant le trajet sur mer que nous avons fait et où tu t'es endormi. Dans un an, l'un de nous deux ira chercher la belle princesse ; mais garde-toi bien de nous trahir, le roi ne croirait pas un mot de tes discours ; et si tu ouvres seulement la bouche, tu perdras la vie mais si tu te tais, nous t'en ferons cadeau. »

Le vieux roi était, en effet, très-irrité contre son jeune fils, à qui il attribuait la pensée d'avoir voulu le tuer. Il fit assembler toute la cour, et rendre un jugement, par lequel le pauvre prince était condamné à subir la mort secrètement.

Un jour que le prince était à la chasse, sans crainte ni souci d'aucune sorte, en compagnie du chasseur du roi, comme ils se trouvaient seuls dans la forêt et que le chasseur avait l'air triste, le prince lui dit tout surpris :

« Mon ami, qu'as-tu donc ?

– Je ne puis le dire, répliqua le chasseur, et pourtant je le dois !

– Parle toujours, reprit le jeune prince, je te pardonnerai.

– Hélas ! repartit le chasseur, il faut que je vous tue : c'est l'ordre exprès du roi. »

Le jeune homme, saisi d'effroi, s'écria :

« Mon bon chasseur, laisse-moi la vie ! Prends, je t'en prie, mon habit royal, et donne-moi le tien.

– Je le veux bien, mon prince, répondit le chasseur ; car jamais je n'aurais pu tirer sur vous. »

Il prit donc l'habit du prince, et le prince endossa le vêtement du chasseur ; puis ce dernier rentra au logis, et le fils du roi s'en alla par la forêt.

Quelque temps après, on envoya au vieux roi trois voitures chargées de cadeaux en or et en pierreries destinés au plus jeune prince par les trois rois qui avaient battu leurs ennemis avec son épée et nourri leurs peuples avec son pain, et qui voulaient se montrer reconnaissants. Ceci alla au cœur du roi, et il pensa qu'il serait possible que son fils cadet fût innocent.

« Ah ! dit-il, en présence de sa cour, s'il vivait encore ? Que j'ai de remords de l'avoir fait tuer !

– Alors, répondit le chasseur, j'ai bien fait de ne l'avoir pas tué ; je n'ai pu me résoudre à exécuter vos ordres. »

Et il conta comment tout s'était passé. Le roi, à cette nouvelle, fut ravi, et fit annoncer par tout le royaume que son fils pouvait revenir, afin de rentrer dans ses bonnes grâces.

Cependant la belle princesse ordonna qu'un chemin splendide et tout en or fût disposé devant son palais, et que le visiteur qui viendrait à cheval au milieu de la route fût aussitôt introduit ; car celui-là serait le vrai chevalier qu'elle attendait. Mais ses gens devaient refuser l'entrée à quiconque s'avancerait sur un des côtés, car ce ne serait point le vrai prétendant.

Quand le temps fixé fut presque entièrement écoulé, l'aîné des trois frères pensa qu'il lui fallait se hâter d'aller trouver la princesse, et de se déclarer son sauveur, pour obtenir sa main et son royaume avec elle.

Le voilà donc parti sur son cheval quand il arriva devant le palais et qu'il vit la splendide route d'or, il se dit :

« Ce serait dommage de marcher dessus. »

Et il détourna son cheval à droite. Mais lorsqu'il fut devant la porte, les gens de la princesse lui dirent qu'il n'était pas le vrai prétendant et qu'il pouvait s'en aller.

Bientôt le second prince se mit en route, et lorsqu'il arriva en face du chemin d'or, où son cheval avait déjà posé le pied, il se dit aussi :

« Ce serait péché ! Le cheval pourrait l'endommager. »

Et il tourna à gauche. Mais une fois près de la porte, il fut de même arrêté par les gens du palais, qui lui dirent qu'il n'était pas le vrai prétendant et pouvait s'en retourner chez lui.

Enfin, l'année étant complètement écoulée, le jeune prince voulut sortir de la forêt pour aller chercher sa fiancée et oublier ses chagrins avec elle. Il se dirigea donc vers le palais où il l'avait rencontrée ; et, tout rempli de sa pensée, il aurait déjà voulu être chez elle, et ne regardait pas la route d'or : son cheval avait pris juste le milieu, et quand il fut devant la porte, on la lui ouvrit toute grande, et la princesse le reçut avec mille démonstrations de joie, déclarant qu'il était son sauveur et le légitime seigneur du royaume.

Leur mariage fut célébré au milieu de l'allégresse générale ; après quoi la princesse raconta au prince que son père l'avait mandé auprès de lui et lui avait pardonné. Il se rendit alors à la cour du vieux roi, et lui apprit tout ce qui s'était passé : comment ses frères l'avaient trompé, et comment, néanmoins, il avait gardé le silence.

Le roi voulait punir les coupables ; mais ils s'étaient embarqués sur mer et avaient pris la fuite pour ne plus revenir de leur vie.

29.   Les enfants couleur d'or

Il y avait une fois un pauvre homme et une pauvre femme qui ne possédaient rien au monde qu'une petite cabane. Ils ne vivaient que du produit de leur pêche. Un jour que le pauvre homme assis au bord de l'eau tirait ses filets, il prit un poisson entièrement d'or. Tandis qu'il contemplait ce poisson avec des yeux étonnés, celui-ci prit la parole:

- Bon pêcheur, écoute-moi, lui dit-il, si tu consens à me rejeter dans l'eau, je changerai ta misérable cabane en un château magnifique.

- À quoi me servira un château, si je n'ai pas de quoi manger?

- J'y aviserai aussi: il se trouvera dans le château une armoire, tu n'auras qu'à l'ouvrir pour y trouver à souhait des plats de toutes sortes.

- S'il en est ainsi, dit notre homme, je ne demande pas mieux que de faire ce que tu désires.

- Oui, reprit le poisson, mais j'y mets pour condition que tu ne diras à personne l'origine de ta fortune; si tu souffles là-dessus le plus petit mot, tout s'écroulera.

Le pêcheur rejeta dans l'eau le poisson merveilleux, et prit le chemin de sa demeure; mais à la place où se trouvait sa chétive cabane, s'élevait maintenant un château magnifique. Il ouvrit de grands yeux, franchit la porte et aperçut sa femme assise dans une chambre richement ornée, et vêtue d'habits précieux. Cette dernière était au comble de la joie. Elle s'écria:

- Cher homme, comment cela est-il arrivé tout d'un coup? je m'en trouve fort bien.

- Et moi aussi, répondit l'homme, mais je meurs de faim; commence par me donner quelque chose à manger.

- Je ne possède rien, et je ne sais où chercher dans ce château.

- Oh! dit le pêcheur, je vois là une grande armoire; si tu l'ouvrais?

La femme tourna la clef aussitôt et aperçut, rangés avec ordre, des gâteaux, des viandes, des sucreries et des vins. Elle poussa un cri de joie, et tous deux se mirent à faire honneur au repas préparé. Quand ils eurent fini, la femme élevant la voix:

- Dis-moi donc un peu, cher homme, quelle est l'origine de toute cette richesse?

- Ne m'interroge pas, répondit le pêcheur, je dois garder le silence sur ce point, la moindre indiscrétion nous ferait retomber dans notre premier état.

- Il suffit; puisque je ne dois pas le savoir, je ne te prierai plus de me le dire.

Cependant elle le tourmenta et le persécuta si bien, qu'il finit par lui avouer que toute leur fortune leur venait d'un poisson d'or qu'il avait capturé.

Il avait à peine fini ce récit, que le château disparut ainsi que l'armoire merveilleuse, et qu'ils se trouvèrent de nouveau assis dans leur ancienne cabane de pêcheur.

Notre homme fut donc forcé de reprendre son ancien métier.

Cependant le bonheur voulut qu'il attrapât une seconde fois le poisson d'or.

- Si tu me rends encore la liberté, dit le poisson, je te donnerai de nouveau le château et l'armoire; mais pour le coup tiens-toi ferme et garde-toi bien de dire à qui que ce soit de qui tu tiens ces richesses sinon, tu les perdras de nouveau.

- J'y prendrai garde, répondit le pêcheur.

Et il rejeta le poisson dans l'eau.

Quand il revint chez lui, tout avait repris son éclat et sa femme était radieuse mais la curiosité ne la laissa pas longtemps en repos, et deux jours s'étaient à peine écoulés qu'elle recommença à questionner son mari. Celui-ci finit par céder.

Le château s'évanouit, et ils se trouvèrent dans leur ancienne cabane.

- Tu l'as voulu, dit le pêcheur: grâce à toi, nous allons recommencer notre vie misérable.

- Hélas! répondit la femme, je préfère encore me passer de la richesse que de ne pas savoir d'où elle me vient.

Le pêcheur retourna à ses filets, et quelque temps après il attrapa pour la troisième fois le poisson d'or.

- Écoute, dit ce dernier; je vois bien que je suis destiné à tomber entre tes mains; emporte-moi avec toi au logis, et coupe-moi en six morceaux; de ces morceaux, fais-en manger deux à ta femme, deux à ton cheval, et mets en terre les deux restants; tu n'auras pas lieu de t'en repentir.

Le pêcheur revint chez lui avec le poisson, et fit tout ce que celui-ci avait recommandé.

Il arriva que deux lis d'or poussèrent à l'endroit où les deux morceaux avaient été enterrés, la jument eut deux poulains de couleur d'or, et la femme du pêcheur deux garçons également d'une couleur d'or.

Les enfants grandirent, ainsi que les lits et les jeunes poulains.

Il arriva qu'un jour les deux frères dirent au pêcheur:

- Cher père, permettez-nous de monter nos coursiers d'or et de nous mettre à courir le monde.

Le pêcheur répondit avec tristesse:

- Comment pourrai-je supporter votre absence? Songez à l'incertitude cruelle dans laquelle je serai sur votre compte; qui me dira ce qui vous arrive?

Les frères répondirent:

- Les deux lis d'or vous donneront de nos nouvelles. Tant qu'ils brilleront d'un frais éclat, nous serons en bonne santé , si au contraire ils pâlissent, ce sera signe que nous sommes malades et leur mort annoncerait la nôtre.

Ils partirent donc, et arrivèrent bientôt dans une auberge pleine de monde. À la vue des deux frères couleur d'or, on se mit à rire et à se moquer. L'un d'eux ayant compris qu'il était l'objet de ces plaisanteries, regagna la maison paternelle.

Quant à l'autre, il poursuivit son voyage, et parvint au bord d'une grande forêt. Comme il se disposait à y pousser son cheval, des paysans lui dirent:

- Il ne sera pas prudent à vous de pénétrer dans cette forêt; elle est pleine de voleurs; et s'ils aperçoivent votre couleur d'or et celle de votre cheval, ils ne manqueront pas de vous donner la mort.

Mais le jeune homme ne se laissa pas effrayer; il reprit:

- Il faut absolument que je traverse cette forêt.

Cela dit, il prit des peaux d'ours, s'en couvrit entièrement, ainsi que son cheval, si bien qu'on ne voyait plus luire la moindre petite place d'or, et il pénétra hardiment dans la forêt. Soudain, il entendit les broussailles s'agiter et des voix en sortirent et s'entretinrent tout bas. D'un côté on disait:

- En voici un!

Mais du côté opposé on répondait aussitôt:

- Qu'on le laisse courir, c'est un pauvre diable, gueux comme un rat d'église!

C'est ainsi que le jeune homme couleur d'or arriva heureusement à l'autre extrémité de la forêt. Il traversa bientôt un village où il remarqua une jeune fille si belle qu'il crut qu'aucune autre au monde ne pouvait la surpasser en beauté. Il se sentit si épris, qu'il s'approcha d'elle et lui dit:

- Je vous aime de tout mon cœur, consentez-vous à devenir ma femme?

De son côté, la jeune fille le trouva si fort de son goût qu'elle répondit:

- Oui, je veux bien devenir votre femme et vous rester fidèle toute ma vie.

Ils célébrèrent donc le mariage, et ils étaient au moment le plus joyeux de la fête, lorsque arriva le père de la fiancée. Celui-ci se fit présenter le marié. On lui montra le jeune homme couleur d'or, lequel ne s'était pas encore débarrassé de sa peau d'ours. À cette vue, le père entra dans une grande colère et s'écria:

- Jamais ma fille ne sera la femme d'un tel homme.

Et il voulut le tuer. Cependant la fiancée se jeta aux genoux de son père qu'elle baigna de ses larmes en disant:

- Il est mon mari et je l'aime!

Le père se laissa fléchir; toutefois l'idée ne lui sortit pas de la tête, que sa fille avait épousé un misérable gueux; aussi dès le lendemain matin, s'empressa-t-il de se lever pour s'en convaincre de ses propres yeux. Quand il entra dans la chambre des époux, il vit dans le lit un bel homme de couleur d'or, et par terre étaient étendues les peaux d'ours qu'il avait dépouillées.

Aussitôt il revint sur ses pas en disant:

- Quel bonheur que j'aie pu contenir ma colère! j'aurais commis une action bien déplorable.

Cependant le jeune homme couleur d'or avait rêvé qu'il était sorti pour chasser un cerf magnifique; à son réveil, il dit à la jeune femme:

- Il faut que je sorte pour aller à la chasse.

Ces paroles inquiétèrent la jeune femme, et elle le supplia de rester, en disant:

- Il pourrait facilement t'arriver un grand malheur.

Il répondit:

- Il faut absolument que je sorte.

Il se rendit dans la forêt. Il ne tarda pas à voir paraître un beau cerf au port majestueux. Il le coucha en joue, mais le cerf disparut d'un seul bond. Il se mit à sa poursuite, à travers les ravins et les broussailles. Quand vint le soir, le cerf disparut complètement. Lorsque notre chasseur porta ses regards autour de lui, il vit qu'il était en face d'une petite maison dans laquelle était assise une sorcière, et il frappa à la porte; une vieille femme vint lui ouvrir et lui dit:

- Qu'est-ce qui vous amène si tard dans cette immense forêt?

- N'avez-vous pas vu un cerf?

- Oui, reprit-elle, je connais ce cerf.

Et un petit chien qui était sorti avec elle de la maison se mit à aboyer fortement.

- Veux-tu bien te taire, maudit roquet, s'écria ce dernier, sinon je t'imposerai silence d'un coup de fusil.

La sorcière repartit d'un ton irrité:

- Comment! tu parles de tuer mon chien?

Et soudain elle le métamorphosa en pierre si bien que sa jeune épouse, ne le voyant point revenir, se prit à penser:

" Sans doute que ce qui me donnait tant d'inquiétude et qui me pesait comme un fardeau sur le cœur, lui sera arrivé. "

Cependant le second frère qui était retourné dans la maison paternelle, et qui se tenait en ce moment auprès des lis d'or, en vit un s'incliner tout à coup.

" Mon Dieu! se dit-il, un grand malheur menace mon frère; il faut que je parte sans retard, si je veux pouvoir lui porter secours. "

Son père lui dit alors:

- Ne t'en va pas, si je te perds aussi, que deviendrai-je?

Mais le jeune homme répondit:

- Il faut à toute force que je parte.

Cela dit, il monta son cheval d'or, se mit en route et arriva dans la grande forêt.

La vieille sorcière sortit encore une fois de sa maisonnette, l'appela, et voulut l'attirer dans son piège; mais il évita de s'approcher, et lui cria aussi:

- Si tu ne rends pas la vie à mon frère, je t'envoie une balle dans la tête.

La vieille fée fut donc forcée, bien à contrecœur, d'animer de nouveau la pierre et de lui rendre son état naturel.

Lorsque les deux frères couleur d'or se revirent, ils éprouvèrent une grande joie, s'embrassèrent tendrement et sortirent ensemble de la forêt; l'un alla retrouver sa jeune épouse, et l'autre son père.

Dès que ce dernier aperçut son fils, il lui cria:

- Je savais bien que tu avais délivré ton frère car le lis d'or, qui s'était incliné, s'est relevé tout à coup et a refleuri de plus belle...

À partir de ce moment, rien ne manqua plus à leur bonheur.

30.   L'envie de voyager

Il était une fois une pauvre femme dont le fils n'avait qu'une idée en tête: voyager. « Mais comment le pourrais-tu? » disait sa mère. « Il te faudrait avoir de l'argent et tu sais bien que nous n'en avons pas! » - « Je vais me débrouiller, » pensa le fils, « je serai honnête et partout je dirai: pas beaucoup, pas beaucoup, pas beaucoup. »

Et pendant un certain temps, il se promenait en répétant sans arrêt: « Pas beaucoup, pas beaucoup, pas beaucoup. » Il arriva ainsi vers un groupe de pêcheurs et les salua: « Que Dieu vous garde! Pas beaucoup, pas beaucoup, pas beaucoup. » - « Qu'est-ce que tu racontes, chenapan, pourquoi 'pas beaucoup'? » se fâchèrent les pêcheurs. Et quand ils sortirent les filets, quelques poissons seulement y frétillaient, vraiment pas beaucoup. Ils chassèrent le jeune homme avec leurs bâtons. « Tiens! Et tiens! Tu l'as bien mérité! » crièrent-ils. « Que dois-je dire alors? » demanda le jeune homme. « Bonne pêche, tu devais dire, attrapez-en le plus possible! »

Et le jeune homme continua son voyage en répétant sans arrêt: « Bonne pêche, attrapez-en le plus possible, » jusqu'à ce qu'il arrive à une potence. On était juste en train de pendre un malheureux pêcheur. « Bonjour, » commença le jeune homme, « bonne pêche, attrapez-en le plus possible. » - « Comment? Quel goujat! Que veux-tu dire par ton: 'attrapez-en le plus possible'? Tu ne crois pas qu'il y en a assez comme ça? Selon toi il devrait y en avoir encore plus peut-être? » Et il se fit rosser à nouveau. "Comment devrais-je dire alors?" demanda le jeune homme. « Tu dois dire: 'Que Dieu soit miséricordieux avec cette pauvre âme.' »

Le jeune homme se remit à marcher et répéta partout où il allait: « Que Dieu soit miséricordieux avec cette pauvre âme. » Il arriva au bord d'un fossé où il vit un équarrisseur qui s'apprêtait à supprimer un cheval. « Bonne journée, » dit le garçon en se précipitant vers lui, « que Dieu soit miséricordieux avec cette pauvre âme! » - « Qu'est-ce qui te prend, chenapan! » s'écria l'homme. Et il frappa le garçon sur la tête avec ses outils si fort que ce dernier n'entendait plus et ne voyait plus. « Qu'aurais-je dû vous dire alors? » - « Dans le fossé, charogne; dans le fossé, charogne! »

Juste à cet instant un coche plein de monde arrivait par la route et le jeune homme cria: « À la vôtre! Dans le fossé, charogne! » Et le coche quitta la route et se renversa dans le fossé. Le cocher leva son fouet et frappa le jeune homme si fort que ce dernier put à peine marcher. C'est de bon gré qu'il rentra à la maison, auprès de sa mère, et ne mit plus jamais les pieds hors de chez lui. Il avait abandonné pour toujours l'idée de voyager.

31.   L'épi de blé

I y a bien longtemps alors que Dieu déambulait encore sur cette Terre, la fécondité du sol était alors bien plus forte qu'aujourd'hui : les épis à l'époque ne portaient pas cinquante ou soixante graines, mais quatre à cinq cents. Ainsi poussait le blé d'en bas jusqu'en haut ; aussi longue était la tige aussi long était l'épi. Mais hélas les Hommes, même face cette prodigalité, ne prêtaient plus attention à ce bienfait que le Seigneur leur offrait, ils devenaient indifférents et frivoles.

Un jour même, une femme vint à passer devant un champ de blé, et son petit enfant, qui gambadait près d'elle, tomba dans une flaque et salit son habit. La mère saisissant une pleine poignée de beaux épis lui nettoya avec son vêtement. Le Seigneur vint à passer par là, la vit, s'emporta et lui déclara : -"dorénavant, le blé ne portera plus d'épis : Les Hommes ne sont plus dignes de ce Don du Ciel. Ceux qui se tenaient tout près, l'entendirent et en furent effrayés. Ils tombèrent à genoux et l'implorèrent afin qu'il restât encore quelques grains sur la tige : bien qu'eux-mêmes ne le méritassent point, qu'au moins les innocentes poules ne périssent pas de faim. Le Seigneur voyant leur détresse, prît pitié et accéda à leur requête.

C'est la raison pour laquelle, il pousse aujourd'hui encore un épi au sommet de la tige.

32.   L'esprit dans la bouteille

Il était une fois un pauvre bûcheron qui travaillait du matin au soir. S'étant finalement mis quelque argent de côté, il dit à son fils: « Tu es mon unique enfant. Je veux consacrer à ton instruction ce que j'ai durement gagné à la sueur de mon front. Apprends un métier honnête et tu pourras subvenir à mes besoins quand je serai vieux, que mes membres seront devenus raides et qu'il me faudra rester à la maison. » Le jeune homme fréquenta une haute école et apprit avec zèle. Ses maîtres le louaient fort et il y resta tout un temps. Après qu'il fut passé par plusieurs classes - mais il ne savait pas encore tout - le peu d'argent que son père avait économisé avait fondu et il lui fallut retourner chez lui. « Ah! » dit le père, « je ne puis plus rien te donner et, par ce temps de vie chère, je n'arrive pas à gagner un denier de plus qu'il n'en faut pour le pain quotidien. » - « Cher père, » répondit le fils, « ne vous en faites pas! Si telle est la volonté de Dieu, ce sera pour mon bien. Je m'en tirerai. » Quand le père partit pour la forêt avec l'intention d'y abattre du bois, pour en tirer un peu d'argent, le jeune homme lui dit: « J'y vais avec vous. Je vous aiderai. » - « Ce sera bien trop dur pour toi, » répondit le père. « Tu n'es pas habitué à ce genre de travail. Tu ne le supporterais pas. D'ailleurs, je n'ai qu'une seule hache et pas d'argent pour en acheter une seconde. » - « Vous n'avez qu'à aller chez le voisin, » rétorqua le garçon. « Il vous en prêtera une jusqu'à ce que j'ai gagné assez d'argent moi-même pour en acheter une neuve. »

Le père emprunta une hache au voisin et, le lendemain matin, au lever du jour, ils s'en furent ensemble dans la forêt. Le jeune homme aida son père. Il se sentait frais et dispos. Quand le soleil fut au zénith, le vieux dit: « Nous allons nous reposer et manger un morceau. Ça ira encore mieux après. » Le fils prit son pain et répondit: « Reposez-vous, père. Moi, je ne suis pas fatigué; je vais aller me promener dans la forêt pour y chercher des nids. » - « Petit vaniteux! » rétorqua le père, « pourquoi veux-tu te promener? Tu vas te fatiguer et, après, tu ne pourras plus remuer les bras. Reste ici et assieds-toi près de moi. »

Le fils, cependant, partit par la forêt, mangea son pain et, tout joyeux, il regardait à travers les branches pour voir s'il ne découvrirait pas un nid. Il alla ainsi, de-ci, de-là, jusqu'à ce qu'il arrivât à un grand chêne, vieux de plusieurs centaines d'années, et que cinq hommes se tenant par les bras n'auraient certainement pas pu enlacer. Il s'arrêta, regarda le géant et songea: « Il y a certainement plus d'un oiseau qui y a fait son nid. » Tout à coup, il lui sembla entendre une voix. Il écouta et comprit: « Fais-moi sortir de là! Fais-moi sortir de là! » Il regarda autour de lui, mais ne vit rien. Il lui parut que la voix sortait de terre. Il s'écria: « Où es-tu? » La voix répondit: « Je suis là, en bas, près des racines du chêne. Fais-moi sortir! Fais-moi sortir! » L'écolier commença par nettoyer le sol, au pied du chêne, et à chercher du côté des racines. Brusquement, il aperçut une bouteille de verre enfoncée dans une petite excavation. Il la saisit et la tint à la lumière. Il y vit alors une chose qui ressemblait à une grenouille; elle sautait dans la bouteille. « Fais-moi sortir! Fais-moi sortir! » ne cessait-elle de crier. Sans songer à mal, l'écolier enleva le bouchon. Aussitôt, un esprit sortit de la bouteille, et commença à grandir, à grandir tant et si vite qu'en un instant un personnage horrible, grand comme la moitié de l'arbre se dressa devant le garçon. « Sais-tu quel sera ton salaire pour m'avoir libéré? » lui demanda-t-il d'une épouvantable voix. « Non, » répondit l'écolier qui ne ressentait aucune crainte. « Comment le saurais-je? » - « Je vais te tuer! » hurla l'esprit. « Je vais te casser la tête! » - « Tu aurais dû me le dire plus tôt, » dit le garçon. « Je t'aurais laissé où tu étais. Mais tu ne me casseras pas la tête. Tu n'es pas seul à décider! » - « Pas seul à décider! Pas seul à décider! » cria l'esprit. « Tu crois ça! T'imaginerais-tu que c'est pour ma bonté qu'on m'a tenu enfermé si longtemps? Non! c'est pour me punir! je suis le puissant Mercure. Je dois rompre le col à qui me laisse échapper. » - « Parbleu! » répondit l'écolier. « Pas si vite! Il faudrait d'abord que je sache si c'était bien toi qui étais dans la petite bouteille et si tu es le véritable esprit. Si tu peux y entrer à nouveau, je te croirai. Après, tu feras ce que tu veux. » Plein de vanité, l'esprit déclara: « C'est la moindre des choses. » Il se retira en lui-même et se fit aussi mince et petit qu'il l'était au début. De sorte qu'il put passer par l'étroit orifice de la bouteille et s'y faufiler à nouveau. À peine y fut-il entré que l'écolier remettait le bouchon et lançait la bouteille sous les racines du chêne, là où il l'avait trouvée. L'esprit avait été pris.

Le garçon s'apprêta à rejoindre son père. Mais l'esprit lui cria d'une voix plaintive: « Fais-moi sortir! Fais-moi sortir! » - « Non! » répondit l'écolier. « Pas une deuxième fois! Quand on a menacé ma vie une fois, je ne libère pas mon ennemi après avoir réussi à le mettre hors d'état de nuire. » - « Si tu me rends la liberté, » dit l'esprit, « je te donnerai tant de richesses que tu en auras assez pour toute ta vie. » - « Non! » reprit le garçon. « Tu me tromperais comme la première fois. » - « Par légèreté, tu vas manquer ta chance, » dit l'esprit. « Je ne te ferai aucun mal et je te récompenserai richement. » L'écolier pensa: « Je vais essayer. Peut-être tiendra-t-il parole. » Il enleva le bouchon et, comme la fois précédente, l'esprit sortit de la bouteille, grandit et devint gigantesque. « Je vais te donner ton salaire, » dit-il. Il tendit au jeune homme un petit chiffon qui ressemblait à un pansement et dit: « Si tu en frottes une blessure par un bout, elle guérira. Si, par l'autre bout, tu en frottes de l'acier ou du fer, ils se transformeront en argent. » - « Il faut d'abord que j'essaie, » dit l'écolier. Il s'approcha d'un arbre, en fendit l'écorce avec sa hache et toucha la blessure avec un bout du chiffon. Elle se referma aussitôt. « C'était donc bien vrai, » dit-il à l'esprit. « Nous pouvons nous séparer. » L'esprit le remercia de l'avoir libéré; l'écolier le remercia pour son cadeau et partit rejoindre son père.

« Où étais-tu donc? » lui demanda celui-ci. « Pourquoi as-tu oublié ton travail? Je te l'avais bien dit que tu ne t'y ferais pas! » - « Soyez tranquille, père, je vais me rattraper. » – « Oui, te rattraper! » dit le père avec colère. « Ce n'est pas une méthode! » - « Regardez, père, je vais frapper cet arbre si fort qu'il en tombera. » Il prit son chiffon, en frotta sa hache et assena un coup formidable. Mais, comme le fer était devenu de l'argent, le fil de la hache s'écrasa. « Eh! père, regardez la mauvaise hache que vous m'avez donnée! La voilà toute tordue. » Le père en fut bouleversé et dit: « Qu'as-tu fait! Il va me falloir payer cette hache. Et avec quoi? Voilà ce que me rapporte ton travail! » – « Ne vous fâchez pas, » dit le fils, « je paierai la hache moi-même. » – « Imbécile, » cria le vieux, « avec quoi la paieras-tu? Tu ne possèdes rien d'autre que ce que je t'ai donné. Tu n'as en tête que des bêtises d'étudiant et tu ne comprends rien au travail du bois. »

Un moment après, l'écolier dit: « Père, puisque je ne puis plus travailler, arrêtons-nous. » - « Quoi! » dit le vieux. « T'imagines-tu que je vais me croiser les bras comme toi? Il faut que je travaille. Toi, tu peux rentrer. » - « Père, je suis ici pour la première fois. Je ne retrouverai jamais le chemin tout seul. Venez avec moi. » Le père, dont la colère s'était calmée, se laissa convaincre et partit avec son fils. il lui dit: « Va et vends la hache endommagée. On verra bien ce que tu en tireras. Il faudra que je gagne la différence pour payer le voisin. Le fils prit la hache et la porta à un bijoutier de la ville. Celui-ci la mit sur la balance et dit: « Elle vaut quatre cents deniers. Mais je n'ai pas autant d'argent liquide ici. » - « Donnez- moi ce que vous avez; vous me devrez le reste, » répondit le garçon. Le bijoutier lui donna trois cents deniers et reconnut lui en devoir encore cent autres. L'écolier rentra à la maison et dit: « Père, j'ai l'argent. Allez demander au voisin ce qu'il veut pour sa hache. » - « Je le sais déjà, » répondit le vieux: « un denier et six sols. » - « Eh bien! donnez lui deux deniers et douze sols. Ça fait le double et c'est bien suffisant. Regardez, j'ai de l'argent de reste. »

Il donna cent deniers à son père et reprit: « Il ne vous en manquera jamais. Vivez à votre guise. » - « Seigneur Dieu! » s'écria le vieux , « comment as-tu acquis une telle richesse? » L'écolier lui raconta ce qui s'était passé et comment, en comptant sur sa chance, il avait fait si bonne fortune. Avec l'argent qu'il avait en surplus, il repartit vers les hautes écoles et reprit ses études. Et comme, avec son chiffon, il pouvait guérir toutes les blessures, il devint le médecin le plus célèbre du monde entier.

33.   La fiancée du petit lapin

Il était une fois une femme avec sa fille qui avaient un beau jardin de choux. Un lapin y vint, à la saison d'hiver, et voilà qu'il leur mangeait tous les choux. Alors la femme dit à sa fille:

- Va au jardin et chasse-moi le lapin!

- Ouste! ouste! dit la fille. Petit lapin, tu nous boulottes tous les choux!

- Viens, fillette, dit le lapin, mets-toi sur ma queue de petit lapin et suis-moi dans ma chaumière de petit lapin.

La fille ne veut pas.

Le lendemain, revient le petit lapin qui mange encore les choux, et la femme dit à sa fille:

- Va au jardin et chasse-moi le lapin!

- Ouste! ouste! dit la fille. Petit lapin, encore tu nous boulottes nos choux!

- Viens, fillette, dit le lapin, mets-toi sur ma queue de petit lapin et suis-moi dans ma chaumière de petit lapin.

La fille ne veut pas.

Le surlendemain, voilà le petit lapin revenu, en train de boulotter les choux. Alors, la mère dit à sa fille:

- Va au jardin et chasse-moi le lapin!

- Viens, fillette, dit le lapin, mets-toi sur ma queue de petit lapin et suis-moi dans ma chaumière de petit lapin.

La fille s'assied sur le petit bout de queue du lapin, qui file au loin et la mène dans sa chaumière.

- Maintenant, fillette, fais bouillir le chou vert et le millet, je vais inviter les gens de la noce.

Et les invités de la noce arrivèrent tous ensemble. Mais qui étaient les gens de la noce? Je peux te le dire parce que c'est ce qu'on m'a raconté: les invités, c'étaient tous les lapins, et le corbeau y était venu aussi comme curé pour unir les époux, et le renard était le sacristain, et l'autel sous l'arc-en-ciel.

Mais la fillette se sentait triste: elle était toute seule.

Arrive le petit lapin, qui lui dit:

- Viens servir! Viens servir! Les invités sont gais!

La fiancée ne dit rien. Elle pleure. Petit lapin s'en va. Petit lapin revient.

- Sers-les donc! lui dit-il. Sers-les donc! Les invités sont affamés!

La fiancée ne dit rien. Elle pleure. Petit lapin s'en va. Petit lapin revient.

- Sers enfin! lui dit-il. Sers enfin! Les invités vont s'impatienter!

La fiancée ne dit toujours rien; alors petit lapin s'en va. Elle fait une poupée de paille, qu'elle habille de ses vêtements, lui met une cuillère de bois dans la main, la pose devant la marmite au millet, puis s'en retourne chez sa mère.

Petit lapin revient encore une fois en criant:

« Vas-tu servir? Vas-tu servir? » Il se précipite sur la poupée de paille et lui frappe un coup sur la tête, qui lui fait tomber son bonnet.

Il s'aperçoit alors que ce n'est pas sa fiancée et s'éloigne; et il est tout triste.

34. Le fidèle Jean

Il était une fois un vieux roi qui tomba malade. Sentant qu'il allait mourir, il fit appeler le fidèle Jean : c'était son plus cher serviteur, et on le nommait ainsi parce que toute sa vie il avait été fidèle à son maître. Quand il fut venu, le roi lui dit :

— Mon fidèle Jean, je sens que ma fin s'approche. Je n'ai de souci qu'en songeant à mon fils ; il est encore bien jeune ; il ne saura pas toujours se diriger ; je ne mourrai tranquille que si tu me promets de veiller sur lui, de l'instruire de tout ce qu'il doit savoir, et d'être pour lui un second père.

— Je vous promets, répondit Jean, de ne pas l'abandonner ; je le servirai fidèlement, dût-il m'en coûter la vie.

— Je peux donc mourir en paix, dit le vieux roi. Après ma mort, tu lui feras voir tout le palais, toutes les chambres, les salles, les souterrains avec les richesses qui y sont renfermées : seulement tu ne le laisseras pas entrer dans la dernière chambre de la grande galerie, où se trouve le portrait de la princesse du Dôme d'or. Car, s'il voit ce tableau, il ressentira pour elle un amour irrésistible qui lui fera courir les plus grands dangers. Tâche de l'en préserver.

Le fidèle Jean réitéra ses promesses, et le vieux roi, tranquillisé, posa sa tête sur l'oreiller et expira.

Quand on eut mis le vieux roi au tombeau, Jean raconta au jeune successeur ce qu'il avait promis à son père, au lit de mort.

— Je le tiendrai, ajouta-t-il, et je vous serai fidèle comme je l'ai été à votre père, dût-il m'en coûter la vie.

Après que le grand deuil fut passé, Jean dit au roi :

— Il est temps que vous connaissiez votre héritage. je vais vous faire voir le palais de votre père.

Il le conduisit partout, de haut en bas, et lui fit voir toutes les richesses qui remplissaient les splendides appartements, en omettant seulement la chambre où était le dangereux portrait. Il avait été placé de telle sorte que, lorsqu'on ouvrait la porte, on l'apercevait aussitôt, et il était si bien fait qu'il semblait vivre et respirer et que rien au monde n'était si beau ni si aimable. Le jeune roi vit bien que le fidèle Jean passait toujours devant cette porte sans l'ouvrir, et il lui demanda pourquoi.

— C'est, répondit l'autre, parce qu'il y a dans la chambre quelque chose qui vous ferait peur.

— J'ai vu tout le château, dit le roi, je veux savoir ce qu'il y a ici.

Et il voulait l'ouvrir de force.

Le fidèle Jean le retint encore et lui dit :

— J'ai promis à votre père, à son lit de mort, de ne pas vous laisser entrer dans cette chambre : il en pourrait résulter les plus grands malheurs pour vous et pour moi.

— Le malheur le plus grand, répliqua le roi, c'est que ma curiosité ne soit pas satisfaite. je n'aurai de repos que lorsque mes yeux auront vu. je ne sors pas d'ici que tu ne m'aies ouvert.

Le fidèle Jean, voyant qu'il n'y avait plus moyen de s'y refuser, alla, le cœur bien gros et en soupirant beaucoup, chercher la clef au grand trousseau. Quand la porte fut ouverte, il entra le premier, tâchant de cacher le portrait avec son corps ; tout fut inutile : le roi, en se dressant sur la pointe des pieds, l'aperçut par-dessus son épaule. Mais en voyant cette image de jeune fille si belle et si brillante d'or et de pierreries, il tomba sans connaissance sur le parquet. Le fidèle Jean le releva et le porta sur son lit, tout en murmurant :

— Le malheur est fait ; grand Dieu ! qu'allons-nous devenir ?

Et il lui fit prendre un peu de vin pour le réconforter.

Le premier mot du roi, quand il revint à lui, fut pour demander quel était ce beau portrait.

— C'est celui de la princesse du Dôme d'or, répondit le fidèle Jean.

— Mon amour pour elle est si grand, continua le roi, que, si toutes les feuilles des arbres étaient des langues, elles ne suffiraient pas à l'exprimer. Ma vie tient désormais à sa possession. Tu m'aideras, toi qui es mon fidèle serviteur.

Le fidèle Jean réfléchit longtemps à la manière dont il convenait de s'y prendre, car il était difficile même de se présenter devant les yeux de la princesse. Enfin, il imagina un moyen, et dit au roi :

— Tout ce qui entoure la princesse est d'or, chaises, plats, tables, gobelets, meubles de toute espèce. Vous avez cinq tonnes d'or dans votre trésor ; il faut en confier une aux orfèvres pour qu'ils vous en fassent des vases et des bijoux d'or de toutes les façons, des oiseaux, des bêtes sauvages, des monstres de mille formes ; tout cela doit plaire à la princesse. Nous nous mettrons en route avec ce bagage, et nous tâcherons de réussir.

Le roi fit venir tous les orfèvres du pays, et ils travaillèrent nuit et jour jusqu'à ce que tout fût prêt. Quand on en eut chargé un navire, le fidèle Jean prit des habits de marchand, et le roi en fit autant, pour que personne ne pût le reconnaître. Puis ils mirent à la voile et naviguèrent jusqu'à la ville où demeurait la princesse du Dôme d'or.

Le fidèle Jean débarqua seul et laissa le roi dans le navire.

— Peut-être, lui dit-il, ramènerai-je la princesse ; ayez soin que tout soit en ordre, que les vases d'or soient exposés et que le navire soit paré et en fête.

Là-dessus il remplit sa ceinture de plusieurs bijoux d'or, et se rendit directement au palais du roi. Il vit en entrant dans la cour une jeune fille qui puisait de l'eau à une fontaine avec deux seaux d'or. Comme elle se retournait pour s'en aller, elle aperçut l'étranger et lui demanda qui il était.

— Je suis marchand, répondit-il.

Et ouvrant sa ceinture, il lui fit voir ses marchandises.

— Que de belles choses ! s'écria-t-elle.

Et, posant ses seaux à terre, elle se mit à considérer tous les bijoux les uns après les autres.

— Il faut, dit-elle, que la princesse voie tout cela ; elle vous l'achètera, elle qui aime tant les objets d'or.

— Et, le prenant par la main, elle le fit monter dans le palais, car c'était une femme de chambre.

La princesse fut ravie de voir les bijoux, et elle dit :

— Tout cela est si bien travaillé que je l'achète.

Mais le fidèle Jean répondit :

— Je ne suis que le serviteur d'un riche marchand ; tout ce que vous voyez ici n'est rien auprès de ce que mon maître a dans son navire ; vous y verrez les ouvrages les plus beaux et les plus précieux.

Elle voulait se les faire apporter, mais il dit :

— Il y en a trop, il faudrait trop de temps et trop de place ; votre palais n'y suffirait pas.

Sa curiosité n'en était que plus excitée, et enfin elle s'écria :

— Eh bien ! conduis-moi à ce navire, je veux aller moi-même voir les trésors de ton maître.

Le fidèle Jean la mena tout joyeux au navire, et le roi, en la voyant, la trouva encore plus belle que son portrait ; le cœur lui en bondissait de joie. Quand elle fut montée à bord, le roi lui offrit la main ; pendant ce temps-là, le fidèle Jean, qui était resté derrière, ordonna au capitaine de lever l'ancre à l'instant et de fuir à toutes voiles. Le roi était descendu avec elle dans la chambre et lui montrait une à une toutes les pièces de la vaisselle d'or, les plats, les coupes, les oiseaux, les bêtes sauvages et les monstres. Plusieurs heures se passèrent ainsi et, pendant qu'elle était occupée à tout examiner, elle ne s'apercevait pas que le navire marchait. Quand elle eut fini, elle remercia le prétendu marchand et se disposa à retourner dans son palais ; mais, arrivée sur le pont, elle s'aperçut qu'elle était en pleine mer, bien loin de la terre, et que le navire cinglait à pleines voiles.

— Je suis trahie ! s'écria-t-elle dans son effroi ; on m'emmène ! Être tombée au pouvoir d'un marchand ? j'aimerais mieux mourir.

Mais le roi lui dit en lui prenant la main :

— Je ne suis pas marchand ; je suis roi, et d'une aussi bonne famille que la vôtre. Si je vous ai enlevée par ruse, ne l'attribuez qu'à la violence de mon amour. Il est si fort que, quand j'ai vu votre portrait pour la première fois, j'en suis tombé sans connaissance à la renverse.

Ces paroles consolèrent la princesse ; son cœur en fut touché, et elle consentit à épouser le roi.

Pendant qu'ils naviguaient en pleine mer, le fidèle Jean, étant assis un jour à l'avant du navire, aperçut dans l'air trois corneilles qui vinrent se poser devant lui. Il prêta l'oreille à ce qu'elles se disaient entre elles, car il comprenait leur langage.

— Eh bien ! disait la première, il emmène la princesse du Dôme d'or !

— Oui, répondit la seconde, mais il ne la tient pas encore.

— Comment ? dit la troisième ; elle est assise près de lui.

— Qu'importe ? reprit la première ; quand ils débarqueront, on présentera au roi un cheval roux ; il voudra le monter ; mais, s'il le fait, le cheval s'élancera dans les airs avec lui, et on n'aura plus jamais de leurs nouvelles.

— Mais, dit la seconde, n'y a-t-il donc aucune ressource ?

— Il y en a une, dit la première : il faut qu'une autre personne s'élance sur le cheval et que, saisissant dans les fontes un pistolet, elle le tue roide. On préserverait ainsi le roi. Mais qui peut savoir cela ? Et encore celui qui le saurait et le dirait serait changé en pierre depuis les pieds jusqu'aux genoux.

La seconde corneille dit à son tour :

— Je sais quelque chose de plus encore. En supposant que le cheval soit tué, le jeune roi ne possédera pas encore sa fiancée. Quand ils entreront ensemble dans le palais, on lui présentera sur un plat une magnifique chemise de noces qui semblera tissée d'or et d'argent ; mais elle n'est réellement que poix et soufre ; si le roi la met, elle le brûlera jusqu'à la moelle des os.

— N'y a-t-il donc aucune ressource ? dit la troisième.

— Il y en a une, répondit la seconde : il faut qu'une personne munie de gants saisisse la chemise et la jette au feu. La chemise brûlée, le roi sera sauvé. Mais à quoi sert cela ? Celui qui le saurait et le dirait se verrait changé en pierre depuis les genoux jusqu'au cœur.

La troisième corneille ajouta :

— Je sais quelque chose de plus encore. En supposant la chemise brûlée, le jeune roi ne possédera pas encore sa femme. S'il y a un bal de noces et que la jeune reine y danse, elle s'évanouira tout d'un coup et tombera comme morte ; et elle le sera réellement si quelqu'un ne la relève pas aussitôt et ne lui suce pas sur l'épaule droite trois gouttes de sang qu'il crachera immédiatement. Mais celui qui saurait cela et qui le dirait serait changé en pierre de la tête aux pieds.

Après cette conversation, les corneilles reprirent leur vol. Le fidèle Jean, qui avait tout entendu, resta depuis ce temps triste et silencieux. Se taire, c'était le malheur du roi ; mais parler, c'était sa propre perte. Enfin il se dit à lui-même :

— Je sauverai mon maître, dût-il m'en coûter la vie.

Au débarquement, tout se passa comme la corneille l'avait prédit. Un magnifique cheval roux fut présenté au roi.

— Bien, dit-il, je vais le monter jusqu'au palais.

Et il allait l'enfourcher, quand le fidèle Jean, passant devant lui, s'élança dessus, tira le pistolet des fontes et étendit le cheval roide mort.

Les autres serviteurs du roi, qui n'aimaient guère le fidèle Jean, s'écrièrent qu'il fallait être fou pour tuer un si bel animal que le roi allait monter. Mais leur roi leur dit :

— Taisez-vous, laissez-le faire ; c'est mon fidèle, il a sans doute ses raisons pour agir ainsi.

Ils arrivèrent au palais et, dans la première salle, la chemise de noces était posée sur un plat ; il semblait qu'elle fût d'or et d'argent. Le prince allait y toucher, mais le fidèle Jean le repoussa et, la saisissant avec des gants, il la jeta au feu qui la consuma à l'instant même. Les autres serviteurs se mirent à murmurer :

— Voyez, disaient-ils, le voilà qui brûle la chemise de noces du roi.

Mais le jeune roi répéta encore :

— Il a sans doute ses raisons. Laissez-le faire ; c'est mon fidèle.

On célébra les noces. Il y eut un grand bal et la mariée commença à danser. Dans ce moment le fidèle Jean ne la perdit pas des yeux. Tout à coup il lui prit une faiblesse et elle tomba comme une morte à la renverse. Se jetant sur elle aussitôt, il la releva et la porta dans sa chambre, et là, l'ayant couchée sur son lit, il se pencha sur elle et lui suça à l'épaule droite trois gouttes de sang qu'il cracha. À l'instant même elle respira et reprit connaissance ; mais le jeune roi, qui avait tout vu et qui ne comprenait rien à la conduite de Jean, finit par s'en courroucer et le fit jeter en prison.

Le lendemain, le fidèle Jean fut condamné à mort et conduit à la potence. Étant déjà monté à l'échelle, il dit :

— Tout homme qui va mourir peut parler avant sa fin ; en aurai-je le droit ?

— Je te l'accorde, dit le roi.

— Eh bien ! on m'a condamné injustement, et je n'ai pas cessé de t'être fidèle.

Alors il raconta comment il avait entendu sur mer la conversation des corneilles, et comment tout ce qu'il avait fait était nécessaire pour sauver son maître.

— Ô mon fidèle Jean, s'écria le roi, je te fais grâce. Faites-le descendre.

— Mais, au dernier mot qu'il avait prononcé, le fidèle Jean était tombé sans vie : il était changé en pierre.

Le roi et la reine en eurent un grand chagrin :

— Hélas ! disait le roi, tant de dévouement a été bien mal récompensé.

— Il fit porter la statue de pierre dans sa chambre à coucher, près de son lit. Chaque fois qu'il la voyait, il répétait en pleurant :

— Hélas ! mon fidèle Jean, que ne puis-je te rendre la vie !

Au bout de quelque temps, la reine mit au monde deux fils jumeaux qu'elle éleva heureusement et qui furent la joie de leurs parents. Un jour que la reine était à l'église, et que les deux enfants jouaient dans la chambre avec leur père, les yeux du roi tombèrent sur la statue, et il ne put s'empêcher de répéter encore en soupirant :

— Hélas ! mon fidèle Jean, que ne puis-je te rendre la vie !

Mais la statue, prenant la parole, lui dit :

— Tu le peux, si tu veux y consacrer ce que tu as de plus cher.

— Tout ce que je possède au monde, s'écria le roi, je le sacrifierais pour toi.

— Eh bien ! dit la statue, pour que je recouvre l'existence, il faut que tu coupes la tête à tes deux fils, et que tu me frottes tout entier avec leur sang.

Le roi pâlit en entendant cette horrible condition mais songeant au dévouement de ce fidèle serviteur qui avait donné sa vie pour lui, il tira son épée et, de sa propre main, il abattit la tête de ses enfants et frotta la pierre avec leur sang. À l'instant même la statue se ranima, et le fidèle Jean apparut frais et dispos devant lui. Mais il dit au roi.

— Ton dévouement pour moi aura sa récompense.

Et, prenant les têtes des enfants, il les replaça sur leurs épaules et frotta les blessures avec leur sang : au même moment ils revinrent à la vie, et se remirent à sauter et à jouer, comme si rien n'était arrivé.

Le roi était plein de joie. Quand il entendit revenir la reine, il fit cacher Jean et les enfants dans une grande armoire. Lorsqu'elle entra, il lui demanda :

— As-tu prié à l'église ?

— Oui, répondit-elle, et j'ai constamment pensé au fidèle Jean, si malheureux à cause de nous.

— Chère femme, dit-il nous pouvons lui rendre la vie, mais il nous en coûtera celle de nos deux fils.

La reine pâlit et son cœur se serra ; cependant elle répondit :

— Nous lui devons ce sacrifice à cause de son dévouement.

Le roi, charmé de voir qu'elle avait pensé comme lui, alla ouvrir l'armoire et fit sortir le fidèle Jean et les deux enfants :

— Dieu soit loué ! ajouta-t-il, il est délivré, et nous avons nos fils.

Et il raconta à la reine tout ce qui s'était passé. Et ils vécurent tous heureux ensemble jusqu'à la fin.

35.   La fille du Roi et la grenouille

Il était une fois une fille de roi partie se promener dans la forêt. Elle s'assit au bord d'un puits dont elle appréciait la fraîcheur. Elle tenait dans ses mains un ballon d'or. C'était son objet préféré, elle le lançait en l'air et le rattrapait et ce jeu l'amusait. Un jour elle jeta le ballon très haut et elle avait déjà tendu la main et replié ses doigts pour le rattraper mais elle le manqua et le ballon tomba à terre, roula, roula, et à la fin plongea dans l'eau.

La fille du roi, effrayée, le chercha du regard mais le puits était si profond qu'on n'en voyait pas le fond. Alors elle se mit à pleurer et se lamenta ainsi : « Ah, si seulement je pouvais retrouver mon ballon, je donnerais tout, mes vêtements, mes pierres précieuses, mes perles et tout ce qu'il y a au monde ». Comme elle se lamentait ainsi, un crapaud mit la tête hors de l'eau et dit : « Fille du roi, pourquoi verses-tu des larmes aussi désespérées ? « Ah, vilain crapaud, dit-elle, comment pourrais-tu m'aider ? Mon ballon d'or est tombé dans le puits ». Le crapaud dit : « Tes perles, tes pierres précieuses et tes vêtements, je n'en veux pas, mais si tu voulais me prendre pour compagnon, que je sois assis à ton côté, que je mange dans ta petite assiette en or et que je dorme dans ton petit lit douillet, que tu m'apprécies et que tu m'aimes, alors je te rendrai ton ballon ». La fille du roi se dit : que raconte ce vilain crapaud ? Il faut bien qu'il demeure dans son eau, mais peut-être pourrait-il m'attraper mon ballon, dans ce cas je veux bien tout accepter, et elle dit : « Oui, si tu y tiens, rapporte-moi d'abord le ballon d'or et je te ferai toutes les promesses que tu veux ». Le crapaud mit sa tête dans l'eau et plongea. Ça ne dura pas longtemps, il remonta le ballon dans sa gueule et il le lança à terre. Lorsque la fille du roi revit son ballon, elle s'élança, l'attrapa et fut si heureuse de le tenir à nouveau dans ses mains qu'elle oublia tout le reste et se dépêcha de rentrer au château. Le crapaud lui cria : « Attends, fille du roi, emmène-moi comme tu me l'as promis », mais elle ne l'écouta pas.

Le lendemain la fille du roi était assise à table, lorsqu'elle entendit quelque chose monter l'escalier de marbre, plitsch, platsch, plitsch, platsch. Peu après on frappa à la porte et on cria : « Fille cadette du roi ouvre-moi ». Elle courut vers la porte et l'ouvrit. C'était le crapaud, qu'elle avait complètement oublié. Très effrayée elle claqua rapidement la porte et se rassit à table. Mais le roi vit qu'elle avait le cœur battant et lui dit : « De quoi as-tu peur ? » « Il y a là dehors un vilain crapaud, dit-elle, il m'a sorti de l'eau mon ballon d'or et je lui ai promis en échange qu'il deviendrait mon compagnon, mais je ne pensais pas au grand jamais qu'il pourrait quitter son eau. Voilà qu'il est devant la porte et qu'il veut entrer ». A ce moment on frappa une deuxième fois et on cria :

« Fille cadette du roi,
Ouvre-moi
Ne sais-tu pas
Ce qu'hier tu m'as dit
Près de l'eau fraîche du puits.
Fille cadette du roi
Ouvre-moi ».

Le roi dit : « Ce que tu as promis, tu dois le tenir, vas ouvrir la porte à ce crapaud ». Elle obéit et le crapaud entra d'un bond, marcha sur ses traces jusqu'à la chaise et lorsqu'elle se fut assise, il cria : « Soulève-moi et installe-moi sur une chaise à côté de toi ». La fille du roi refusa mais le roi lui ordonna de le faire. Lorsque le crapaud fut là-haut, il parla : « Maintenant rapproche ta petite assiette en or, je veux manger avec toi ». Encore une fois elle dut obéir. Lorsqu'il eut mangé à sa faim, il dit : « Maintenant je suis fatigué et je veux aller dormir, porte-moi dans ta chambrette, prépare ton petit lit douillet et nous nous y étendrons ensemble ».

La fille du roi fut effrayée quand elle entendit cela, elle avait peur du crapaud et de son corps froid, elle n'osait pas le toucher et voilà qu'elle devrait partager son lit avec lui. Elle se mit à pleurer et refusa. Alors le roi se fâcha et lui ordonna, puisqu'elle s'y était engagée, de faire ce qu'elle avait promis. Rien n'y fit, elle dut faire ce que son père voulait, mais son cœur était rempli de colère. Elle prit le crapaud du bout des doigts et le monta dans sa chambre, elle se coucha sur son lit mais au lieu de le coucher à côté d'elle, elle le lança violemment contre le mur : « Et maintenant, laisse-moi tranquille, vilain crapaud ».

Le crapaud ne retomba pas mort sur le lit, mais c'est un joli prince qu'elle vit alors à son côté. Il devint son cher compagnon, elle l'aima et l'estima comme elle l'avait promis. Heureux d'être ensemble ils s'endormirent. Au matin arriva un magnifique carrosse tiré par huit chevaux, décoré de plumes et scintillant d'or ; cet attelage était conduit par le fidèle Heinrich qui avait été si affligé par la transformation de son prince en crapaud qu'il avait dû barder son cœur de trois solides plaques d'airain afin que celui-ci ne se brise pas de chagrin. Le prince s'assit dans le carrosse avec la fille du roi ; le fidèle valet, lui, se tenait à l'arrière et ils partirent vers son royaume. Mais lorsqu'ils eurent fait une partie du chemin, le prince entendit derrière lui un grand bruit, alors il se retourna et s'écria : « Heinrich, j'entends se briser le carrosse !

- Non, Maître, ce n'est pas le carrosse,
Ce sont les plaques d'airain qui bardent mon cœur
Depuis qu'il se trouvait en si grande douleur
Lorsqu'au fond du puits vous résidiez,
Lorsqu'un vilain crapaud vous étiez ».

Une deuxième et une troisième fois le prince entendit un craquement et il répéta chaque fois que le carrosse se brisait, mais ce n'était rien d'autre que les plaques d'airain qui se détachaient l'une après l'autre du cœur du fidèle Heinrich, puisqu'enfin son Maître était délivré et heureux.

36.   Frérot et sœurette

Traduction de René Bories

Frérot prit sa sœurette par la main et lui déclara : « Depuis que notre mère est morte nous n'avons plus de bon temps ; notre marâtre nous frappe chaque jour, et lorsque nous nous approchons d'elle, elle nous chasse d'un coup de pied. Les dures miettes de pain qui nous sont laissées sont notre pitance, même le chien sous la table se porte mieux que nous : elle lui lance parfois quelques bons morceaux. Que Dieu nous prenne en pitié, si notre mère l'eût su ! Viens, partons à la découverte du vaste monde. »

Quand vint le jour, ils allèrent par champs, prairies, carrières et lorsqu'il plut, sœurette déclara : « Dieu et nos cœurs pleurent ensemble ! » Le soir, ils arrivèrent dans une grande forêt et étaient si fatigués de gémissements de faim et du long chemin, qu'ils s'assirent et s'endormirent dans le creux d'un arbre. Le lendemain, lorsqu'ils s'éveillèrent, le soleil était déjà haut dans le ciel. Frérot dit : « Sœurette, j'ai soif, si je connaissais une source, j'irais m'y désaltérer ; je veux dire, je pense que j'en entends une gargouiller. » Frérot se leva, prit la main de sa sœur et ils partirent à la recherche de la source. Mais la cruelle marâtre était une sorcière et avait bien vu que les deux enfants étaient partis et elle s'était faufilée à leurs trousses ainsi que les sorcières se faufilent et avait ensorcelé toutes les sources de la forêt.

Lorsqu'ils eurent trouvé la petite source, qui scintillait en frappant la roche, Frérot voulut s'y désaltérer : mais sœurette perçut un murmure qui lui disait ; « Qui boit de mon eau, sera transformé en tigre, qui boit de mon eau sera transformé en tigre ! » Sœurette cria alors ; « Je t'en prie Frérot, ne boit pas sinon tu seras transformé en animal féroce et tu me pourrais me déchiqueter ! » Frérot ne se désaltéra point, bien qu'il eut une grande soif et déclara : « J'attendrai jusqu'à la prochaine source ! » En arrivant à la seconde source, sœurette entendit aussi comment celle-ci parlait ; « Qui boit de mon eau, sera transformé en loup, qui boit de mon eau sera transformé en loup ! » Alors Sœurette supplia ; « Frérot, je t'en prie, ne bois pas, sinon tu seras transformé en loup et tu me mangerais ! » Frérot ne se désaltéra point, et déclara : « 'attendrai jusqu'à la prochaine source mais là je devrai boire, tu pourras dire ce que tu voudras, ma soif est trop grande

! » Et lorsqu'ils arrivèrent à la troisième source, Sœurette entendit murmurer : « Qui boit de mon eau deviendra un chevreuil, qui boit de mon eau deviendra un chevreuil. » Sœurette implora ; « Ah, Frérot, je t'en prie, ne bois pas, sinon tu seras transformé en chevreuil et tu t'enfuiras ! » Mais, Frérot n'eut pas tôt fait de s'agenouiller, de se pencher et de boire à la source qu'il fut à la première goutte, transformé en chevreuil.

Sœurette fondit en larmes après la transformation de Frérot tandis qu'en pleurant le chevreuil vint s'assoir tristement près d'elle. La fillette confia enfin ; « Calme, cher Chevreuil, jamais je ne te quitterai. » Puis elle dénoua le ruban doré de ses socquettes et le lui mit autour de l'encolure, arracha quelques joncs les tressa pour en faire une cordelette qu'elle attacha à l'animal puis le guida plus profondément dans la forêt. Lorsqu'ils eurent marché longuement, très longuement, ils parvinrent à une maisonnette, la fillette regarda à l'intérieur, et comme elle était vide, elle pensa : -« Ici, nous pourrons nous installer et habiter ! » Puis elle alla ramasser de la mousse des feuilles pour lui préparer une litière.

Chaque matin elle sortait et rapportait des racines des baies et des noisettes et pour le chevreuil, elle ramenait de l'herbe fraîche et grasse qu'il lui mangeait dans la main, c'était un plaisir et il jouait autour d'elle. Le soir, lorsque sœurette était fatiguée et après avoir dit ses prières, elle posait sa tête sur le dos du chevreuil, cela faisait comme un coussin sur lequel elle pouvait paisiblement s'endormir. Si seulement Frérot avait eu une apparence humaine, cela aurait été une vie magnifique.

Ils restèrent isolés très longtemps. Lorsqu'il advint que le roi de ce pays entreprit une grande chasse dans la forêt. Les cors se mirent à retentir, les chiens à aboyer et les cris joyeux des chasseurs à se répandre. Le chevreuil les entendant ressentit l'envie d'en être aussi. « Hélas ! » dit-il à sœurette, « laisse moi y aller aussi, je n'en puis point tenir » et la pria jusqu'à ce qu'elle s'y résolût. « Mais », lui dit-elle, « revient à moi ce soir, car avec ces chasseurs sauvages, je m'enfermerai ; et pour que je puisse te reconnaître, frappe et dit : -« Chère sœurette, laisse-moi entrer » ; et si tu ne me répète pas cela ainsi, je n'ouvrirai pas la porte. »

Alors le chevreuil bondit et s'égaya joyeusement dans la nature. Le roi et ses chasseurs voyant le bel animal se mirent à sa poursuite, mais ne purent l'encercler, et lorsqu'ils pensèrent y être parvenus, il bondit et disparut dans les taillis et disparut. Lorsque la nuit fut venue, il s'en retourna à la maisonnette, et frappa à la porte en déclarant : « Chère Sœurette, laisse moi entrer ! » Alors la porte s'ouvrit, et il s'engouffra à l'intérieur et se reposa toute la nuit sur une couche douillette. Au petit matin la chasse reprit et lorsque le chevreuil entendit le son du cor et les ho ho ! des chasseurs il ne tint plus en place et demanda : -« Chère Sœurette, ouvre moi, je dois sortir. » La sœur ouvrit la porte et lui redit : -« Mais ce soir, tu devras de nouveau être là et prononcer la phrase convenue. »

Quand le roi et ses chasseurs virent le chevreuil et sa chaîne en or, ils se mirent à sa poursuite, mais il était trop preste et agile. Cela dura tout le jour, enfin le soir, les chasseurs le cernèrent et l'un d'eux le blessa légèrement à la patte. Il s'échappa en boitant. Un des chasseurs réussit à le suivre jusqu'à la maisonnette et entendit comment il s'annonçait : -« Chère Sœurette, laisse-moi entrer ! » et vit comment la porte s'ouvrait pour se refermer brusquement sur lui. Le chasseur ayant bien tout compris se rendit chez le roi et lui raconta ce qu'il avait vu et entendu. Le roi dit alors : -« Demain nous chasserons à nouveau ! »

Mais Sœurette s'effraya lorsqu'elle vit que son frère était blessé. Elle essuya le sang et le pansa avec des herbes et lui dit : -« Vas sur ta couche, cher chevreuil, afin que tu guérisses vite. » La blessure était si légère qu'au lendemain, le chevreuil ne ressentait plus rien. Et quand il entendit dehors la chasse reprendre, il déclara : -« Je ne peux plus tenir, il faut que j'y sois, et personne ne pourra m'avoir. » Sœurette fondit en larmes et dit : -« Ils vont te tuer et je resterai, ici, seule dans la forêt, abandonnée du monde, je ne te laisserai pas sortir. » -« Et je mourrai d'ennui » répondit le chevreuil, « quand j'entends le son du cor, je dois sauter dans mes bottes ! » Alors Sœurette ne put rien n'y faire et referma la porte sur lui avec le cœur gros. Le chevreuil en pleine forme, bondit joyeusement vers la forêt.

Lorsque le roi l'aperçut, il ordonna à ses chasseurs : -« Poursuivez le tout le jour, jusqu'à la nuit, mais sans le blesser. » Quand le soleil eut disparu sous l'horizon, le roi demanda à son chasseur, -« Maintenant, montre moi la maisonnette dans le bois. » Quand il fut devant la petite porte, il frappa et annonça : « Chère Sœurette, laisse-moi entrer. » La porte s'ouvrit alors et le roi entra, devant lui se tenait debout une jeune fille d'une beauté telle qu'il n'en avait jamais auparavant.

La jeune fille était effrayée lorsqu'elle vit que ce n'était pas le chevreuil mais un homme qui était entré, et qui portait une couronne d'or sur la tête. Mais le roi était amical, elle lui tendit la main et proposa : -« Veux tu venir avec moi au château et devenir mon épouse ? » -« Oui, répondit la jeune fille, mais le chevreuil devra venir aussi, je ne veux pas le laisser. » -« Il pourra rester près de toi, aussi longtemps que tu vivras et rien ne lui manquera. » Là dessus, le chevreuil bondit dans la maison, Sœurette lui passa la laisse, et ensemble ils quittèrent la maisonnette...

Le roi prit la belle jeune fille sur son destrier et la mena en son château, où les noces furent fêtée en grandes pompes, elle était maintenant la Reine, et ils vécurent de longues années de plaisir ensemble ; le chevreuil était entretenu et soigné, il bondissait ici et là dans le parc du château...

37. La gardeuse d'oies près de la fontaine

Il y avait une fois une vieille bonne femme, qui vivait avec son troupeau d'oies dans une solitude entre des montagnes, et avait là une petite maison. Cette solitude était entourée d'une grande forêt, et chaque matin la vieille prenait sa béquille et s'en allait au bois d'un pas branlant. Une fois là, la bonne vieille s'occupait très activement, bien plus qu'on ne l'aurait cru à voir son grand âge; elle ramassait de l'herbe pour ses oies, cueillait des fruits sauvages aussi haut qu'elle pouvait atteindre, et rapportait tout cela sur son dos. On aurait pensé qu'elle devait succomber sous un pareil fardeau, mais elle le rapportait toujours heureusement au logis.

Quand elle rencontrait quelqu'un, elle le saluait très amicalement: « Bonjour cher voisin, il fait beau aujourd'hui. Cela vous étonne sans doute que je traîne cette herbe, mais chacun doit porter sa charge sur son dos. » Pourtant les gens n'aimaient pas à la rencontrer; ils préféraient faire un détour, et si un père passait près d'elle avec son petit garçon, il lui disait tout bas: « Prends garde à cette vieille, elle est rusée comme un démon, c'est une sorcière. »

Un matin, un beau jeune homme traversait la forêt. Le soleil brillait, les oiseaux chantaient, un vent frais soufflait dans le feuillage, et le jeune homme était joyeux et en belle humeur. Il n'avait encore rencontré âme qui vive, quand tout à coup il aperçut la vieille sorcière accroupie sur ses genoux et coupant de l'herbe avec sa faucille. Elle en avait déjà amassé toute une charge dans son sac, et à côté d'elle étaient deux grands paniers tout remplis de poires et de pommes sauvages. « La mère, » lui dit-il, « comment pensez-vous emporter tout cela? » - « Il faut que je le porte, mon cher monsieur, » répondit-elle, « les enfants des riches ne connaissent pas ces fatigues-là. Mais au paysan on lui dit:

Il ne faut voir que devant soi
Quand on est bossu comme toi. »

« Voulez-vous m'aider? » ajouta la vieille, « voyant qu'il s'arrêtait; vous avez encore les épaules droites et les jambes solides; ce sera peu de chose pour vous. D'ailleurs ma maison n'est pas loin d'ici: elle est dans une bruyère, là derrière la colline. Vous aurez grimpé là-haut en un instant. » Le jeune homme se sentit touché de compassion pour la vieille et lui dit: « Il est vrai que mon père n'est point un paysan, mais un riche comte; pourtant, afin que vous voyiez que les paysans ne sont pas les seuls qui sachent porter un fardeau, je me chargerai du vôtre. » « Si vous voulez bien, » reprit la vieille, « cela me fera plaisir. Il y aura pour vous une heure à marcher; mais que vous importe? Vous porterez aussi les poires et les pommes. » Le jeune comte commença un peu à réfléchir quand on lui parla d'une heure de marche; mais la vieille ne lâcha pas prise: elle attacha le sac à son dos et pendit à ses mains les deux corbeilles « Vous voyez, » dit-elle, « cela ne pèse pas. » - « Point, cela pèse beaucoup, » reprit le comte en faisant une triste grimace, « votre sac est si lourd qu'on dirait qu'il est rempli de pierres de taille; et les pommes et les poires sont pesantes comme du plomb; c'est à peine si je me sens la force de respirer. »

Il avait grande envie de déposer sa charge, mais la vieille ne le permit pas. « Voyez, je vous prie, » dit-elle d'un ton moqueur, « ce jeune homme ne peut pas porter ce que j'ai traîné souvent, vieille comme je suis. Ils sont tous prêts à vous assister en paroles; mais, si on vient au fait, ils ne demandent qu'à s'esquiver. Pourquoi, ajouta-t-elle restez-vous ainsi à barguigner? En marche; personne maintenant ne vous délivrera de ce fardeau. » Tant que l'on fut en plaine, le jeune homme pouvait y tenir; mais quand ils eurent atteint la montagne et qu'il fallut gravir, quand les pierres roulèrent derrière lui comme si elles eussent été vivantes, la fatigue se trouva au-dessus de ses forces. Les gouttes de sueur baignaient son front et coulaient tantôt froides et tantôt brûlantes sur son corps. «

La mère, » dit-il, « je n'en peux plus; je vais me reposer un peu. » – « Non, » dit la vieille, « quand nous serons arrivés vous pourrez vous reposer; maintenant il faut marcher. Qui sait si cela ne vous sera pas bon à quelque chose? » – « Vieille, tu es une effrontée, » dit le comte. Et il voulut se défaire du sac, mais il perdit sa peine; le sac était aussi bien attaché que s'il n'eût fait qu'un avec son dos. Il se tournait et se retournait, mais sans réussir à se dégager. La vieille se mit à rire et à sauter toute joyeuse sur sa béquille. « Ne vous fâchez pas, mon cher monsieur, » dit-elle, « vous voilà en vérité rouge comme un coq; portez votre fardeau patiemment; quand nous serons arrivés à la maison, je vous donnerai un bon pourboire. » Qu'eût-il pu faire? Il fallait se soumettre et se traîner patiemment derrière la vieille. Elle semblait devenir plus leste de moment en moment, et son fardeau à lui devenait plus lourd.

Tout d'un coup elle prit son élan, sauta sur le sac et s'assit dessus: tout étique qu'elle était, elle pesait pourtant plus que la plus grosse villageoise. Les genoux du jeune homme tremblaient; mais, quand il s'arrêtait, la vieille lui frappait les jambes avec une baguette et des chardons. Il gravit tout haletant la montagne et arriva enfin à la maison de la vieille, au moment même où il allait succomber à l'effort. Quand les oies aperçurent la vieille, elles étendirent leurs ailes en haut, le cou en avant, et coururent au-devant d'elle en poussant leur cri: « Houle, houle! »

Derrière le troupeau marchait avec une baguette à la main une vieille créature, grande et forte, mais laide comme la nuit. « Mère, » dit-elle à la vieille, « vous est-il arrivé quelque chose? Vous êtes restée absente bien longtemps. » - « Point du tout, mon enfant, » répondit-elle, « il ne m'est rien arrivé de fâcheux; au contraire, ce bon monsieur que tu vois m'a porté mon fardeau; et encore, comme j'étais fatiguée, il m'a prise moi-même sur son dos. Le chemin ne nous a point du tout paru long, nous étions en bonne humeur, et n'avons cessé d'échanger de bons mots. »

Enfin la vieille se laissa glisser à terre; elle enleva la charge du dos du jeune homme, les corbeilles de ses mains, le regarda gracieusement et lui dit: « Maintenant, asseyez-vous sur le banc devant la porte, et reposez-vous. Vous avez loyalement gagné votre salaire: aussi ne le perdrez-vous pas. » Puis elle dit à la gardeuse d'oies: « Rentre dans la maison, mon enfant; il n'est pas convenable que tu restes seule avec ce jeune monsieur; il ne faut pas verser de l'huile sur le feu; il pourrait bien devenir amoureux de toi. » Le comte ne savait s'il devait rire ou pleurer. Une mignonne de cette façon, pensa-t-il tout bas, eût-elle trente ans de moins, ne me chatouillerait pas le cœur. Cependant la vieille choya, caressa les oies comme des enfants, puis rentra avec sa fille dans la maison. Le jeune homme s'étendit sur le banc, sous un pommier sauvage.

L'atmosphère était douce et tiède; autour de lui s'étendait une vaste prairie, émaillée de primevères, de thym sauvage et de mille autres fleurs; au milieu murmurait un clair ruisseau, éclairé des rayons du soleil; et les oies blanches se promenaient sur les bords ou se plongeaient dans l'eau. « Cet endroit est délicieux, » dit-il, « mais je suis si fatigué, que je ne puis tenir les yeux ouverts; je veux dormir un peu. Pourvu qu'un coup de vent ne vienne pas enlever mes jambes; car elles sont molles comme de l'amadou. »

Quand il eut dormi un instant, la vieille vint et le réveilla en le secouant. « Lève-toi, » dit-elle, « tu ne peux rester ici. Je t'ai un peu tourmenté, il est vrai, mais il ne t'en a pourtant pas coûté la vie. Maintenant je veux te donner ton salaire; tu n'as pas besoin d'argent ni de bien; je t'offre autre chose. » En disant cela, elle lui mit en main une petite botte taillée dans une seule émeraude. « Garde-la bien, » lui dit-elle, « elle te portera bonheur. » Le comte se leva, et sentant qu'il était frais et avait repris ses forces, il remercia la vieille de son présent et se mit en route, sans songer un instant à chercher de l'œil la belle enfant. Il était déjà à quelque distance qu'il entendait encore dans le lointain le cri joyeux des oies.

Le comte resta trois jours égaré dans la solitude avant de pouvoir retrouver son chemin. Enfin, il arriva à une grande ville, et comme il n'y était connu de personne, il se fit conduire au palais du roi, où le prince et sa femme étaient assis sur un trône. Le comte mit un genou en terre, tira de sa poche la boite en émeraude et la déposa aux pieds de la reine. Elle lui commanda de se lever, et il vint lui présenter la boite. Mais à peine l'avait-elle ouverte et y avait-elle regardé, qu'elle tomba à terre comme morte. Le comte fut saisi par les serviteurs du roi, et il allait être conduit en prison, quand la reine ouvrit les yeux et ordonna qu'on le laissât libre et que chacun sortît, parce qu'elle voulait l'entretenir en secret.

Quand la reine fut seule, elle se mit à pleurer amèrement et dit: « À quoi me servent l'éclat et les honneurs qui m'environnent? Tous les matins je m'éveille dans les soucis et l'affliction. J'ai eu trois filles, dont la plus jeune était si belle, que tout le monde la regardait comme une merveille. Elle était blanche comme la neige, rose comme la fleur du pommier, et ses cheveux brillaient comme les rayons du soleil. Quand elle pleurait, ce n'était pas des larmes qui tombaient de ses yeux, mais des perles et des pierres précieuses. Lorsqu'elle fut arrivée à l'âge de quinze ans, le roi fit venir ses trois filles devant son trône. Il aurait fallu voir comme on ouvrait les yeux quand la plus jeune entra; on croyait assister au lever du soleil. Le roi dit: 'Mes filles, je ne sais pas quand viendra mon dernier jour; je veux régler dès aujourd'hui ce que chacune de vous recevra après ma mort. Vous m'aimez toutes les trois, mais celle de vous qui m'aime le mieux aura aussi la meilleure part.' Chacune dit que c'était elle qui aimait le mieux son père. 'Ne pourriez-vous,' reprit le roi, 'm'exprimer combien vous m'aimez? Je saurai ainsi quels sont vos sentiments.' L'aînée dit: 'J'aime mon père comme le sucre le plus délicieux.' La seconde: 'J'aime mon père comme le plus beau vêtement.' Mais la plus jeune garda le silence. 'Et toi,' lui dit son père, 'comment m'aimes-tu?' - 'Je ne sais pas,' répondit-elle, 'et ne puis comparer mon amour à rien.' Mais le père insista pour qu'elle désignât un objet. Enfin elle dit: 'Le meilleur mets n'a pas de goût pour moi sans sel, eh bien! J'aime mon père comme le sel.' Quand le roi entendit cela, il entra en colère et dit: 'Puisque tu m'aimes comme le sel, c'est avec du sel aussi que je récompenserai ton amour.' Il partagea donc son royaume entre les deux aînées; mais pour la plus jeune il lui fit attacher un sac de sel sur le dos, et deux serviteurs eurent ordre de la conduire dans une forêt sauvage. Nous avons tous pleuré et prié pour elle, » dit la reine, « mais il n'y a pas eu moyen d'apaiser la colère du roi. Comme elle a pleuré, quand il lui a fallu nous quitter! Toute la route a été semée de perles qui étaient tombées de ses yeux. Le roi n'a pas tardé à se repentir de sa dureté, et a fait chercher la pauvre enfant dans toute la forêt, mais personne n'a pu la trouver. Quand je pense que les bêtes sauvages l'ont mangée, je n'en puis plus de tristesse; souvent je me console par l'espérance qu'elle vit encore, qu'elle s'est cachée dans une caverne ou qu'elle a trouvé une retraite chez des gens charitables. Mais imaginez que, quand j'ai ouvert votre boite d'émeraude, elle renfermait une perle toute semblable à celles qui coulaient des yeux de ma fille, et alors vous pouvez comprendre combien à cette vue mon cœur a été touché. Il faut que vous me disiez comment vous êtes arrivé à posséder cette perle. »

Le comte lui apprit qu'il l'avait reçue de la vieille de la forêt, qui lui avait paru avoir quelque chose d'étrange et devait être une sorcière, mais qu'il n'avait rien vu ni entendu qui eût rapport à sa fille. Le roi et la reine prirent la résolution d'aller trouver la vieille; ils pensaient que là où s'était rencontrée la perle, ils obtiendraient aussi des nouvelles de leur enfant.

La vieille, dans sa solitude, était assise à la porte près de son rouet et filait. Il faisait déjà sombre, et quelques copeaux qui brûlaient dans l'âtre ne répandaient qu'une faible clarté. Tout à coup on entendit du bruit au dehors; les oies revinrent de la bruyère au logis, en poussant leur cri le plus enroué. Bientôt après la fille entra à son tour. La vieille la salua à peine et se contenta de secouer un peu la tête. La fille s'assit près d'elle, prit son rouet et tourna le fil aussi légèrement qu'une jeune fille aurait pu le faire. Elles restèrent ainsi assises pendant deux heures, sans dire un seul mot. Enfin quelque chose fit du bruit près de la fenêtre, et on y vit briller deux yeux flamboyants. C'était une vieille chouette, qui cria trois fois: "Hou, hou." La vieille leva à peine les yeux et dit: "Il est temps, ma fille, que tu sortes pour aller faire ta tâche."

Elle se leva et sortit. Où allait-elle donc? Loin, bien loin dans la prairie, jusqu'à la vallée. Enfin elle arriva au bord d'une fontaine, près de laquelle se trouvaient trois chênes. Cependant la lune avait monté ronde et pleine et au-dessus de la montagne, et elle était si brillante qu'on aurait pu trouver une épingle. La fille enleva une peau qui couvrait son visage, se pencha vers la fontaine et commença à se laver. Quand elle eut fini, elle plongea la peau dans l'eau de la source, et l'étendit sur l'herbe pour qu'elle blanchit et séchât au clair de lune. Mais comme la fille était changée! Vous n'avez jamais rien vu de semblable. Quand elle eut détaché sa tresse grise, ses cheveux dorés étincelèrent comme des rayons de soleil et s'étendirent comme un manteau sur toute sa personne. Ses yeux luisaient comme les étoiles au ciel, et ses joues avaient l'éclat doucement rosé de la fleur du pommier.

Mais la belle jeune fille était triste. Elle s'assit et pleura amèrement. Les larmes tombaient l'une après l'autre de ses yeux et roulaient entre ses longs cheveux jusqu'à terre. Elle était là, et elle fût demeurée ainsi longtemps si le bruit de quelques branches qui craquaient dans un arbre voisin ne fût arrivé à ses oreilles. Elle bondit comme un chevreuil qui a entendu le coup de fusil du chasseur. La lune était justement voilée par un nuage sombre; en un instant la jeune fille se trouva recouverte de la vieille peau et disparut comme une lumière soufflée par le vent.

Tremblant comme la feuille du peuplier, elle courut vers la maison. La vieille était debout à la porte, et la jeune fille voulut lui conter ce qui lui était arrivé; mais la vieille sourit de bonne grâce et dit: « Je sais tout déjà. » Elle la conduisit dans la chambre et alluma quelques copeaux. Mais elle ne se rassit pas près de son rouet; elle prit un balai et commença à balayer et à épousseter. « Tout doit être propre et net ici », dit-elle à la jeune fille. « Mais, ma mère, » reprit celle-ci, « pourquoi commencer ce travail à une heure si avancée? Quelle est votre pensée? – « Sais-tu quelle heure il est? » demanda la vieille. « Il n'est pas encore minuit, » répondit la jeune fille, « mais onze heures sont passées. » - « Ne songes-tu pas, » continua la vieille, « qu'il y a aujourd'hui trois ans que tu es venue chez moi? Ton temps est fini; nous ne pouvons plus rester ensemble. » La jeune fille fut tout effrayée et dit: « Ah! bonne mère, voulez-vous me chasser? Où irai-je? Je n'ai point d'amis, point de patrie où je puisse chercher un asile. J'ai fait tout ce que vous avez voulu, et vous avez toujours été contente de moi; ne me renvoyez pas. »

La vieille ne voulait pas dire à la jeune fille ce qui allait lui arriver. « Je ne peux rester ici plus longtemps, » lui dit-elle, « mais quand je quitterai ce logis, il faut que la maison et la chambre soient propres; ne m'arrête donc point dans mon travail. Pour toi, sois sans inquiétude; tu trouveras un toit où tu pourras habiter, et tu seras contente, aussi de la récompense que je te donnerai. » - « Mais dites-moi ce qui va se passer, » demanda encore la jeune fille. « Je te le répète, ne me trouble pas dans mon travail. Ne dis pas un mot de plus; va dans ta chambre, quitte la peau qui couvre ta figure, et prends ta robe de soie que tu portais quand tu es venue chez moi; puis reste dans ta chambre jusqu'à ce que je t'appelle. »

Mais il faut que je revienne à parler du roi et de la reine, qui étaient partis avec le comte pour aller trouver la vieille dans sa solitude. Le comte s'était séparé d'eux pendant la nuit et se trouvait forcé de continuer sa route tout seul. Le lendemain, il lui sembla qu'il était dans le bon chemin; il marcha donc jusqu'à l'approche des ténèbres; alors il monta sur un arbre pour y passer la nuit, car il craignait de s'égarer. Quand la lune éclaira le pays, il aperçut une personne qui descendait la montagne. Elle n'avait point de baguette à la main; pourtant il crut reconnaître que c'était la gardeuse d'oies qu'il avait vue dans la maison de la vieille. « Oh! » dit-il, « elle vient, et je vois ici une des deux sorcières; l'autre ne peut pas non plus m'échapper. » Mais quel fut son étonnement, quand il la vit s'approcher de la fontaine, se dépouiller de la peau pour se laver, quand ses cheveux dorés se déroulèrent sur elle, et qu'elle se montra belle plus qu'il n'avait vu aucune femme au monde! A peine osait-il respirer, mais il allongeait le cou à travers le feuillage autant qu'il pouvait, et il la regardait sans détourner les yeux; soit qu'il se fût penché trop, ou pour une autre cause, une branche vint à craquer tout à coup, et au même instant la jeune fille se trouva cachée sous la peau; elle bondit comme un chevreuil, et la lune s'étant voilée en ce moment, elle fut dérobée à son regard.

A peine avait-elle disparu que le comte descendit de l'arbre et se mit à la poursuivre en toute hâte. Il n'avait fait que quelques pas, lorsqu'il vit dans le crépuscule deux personnes qui marchaient à travers la prairie. C'étaient le roi et la reine, qui de loin avaient aperçu une lumière dans la maison de la vieille, et s'étaient dirigés de ce côté. Le comte leur raconta quelles merveilles il avait vues près de la fontaine, et ils ne doutèrent point que celle dont il parlait ne fût leur fille perdue. Ils avancèrent tout joyeux, et arrivèrent bientôt à la maison. Les oies étaient rangées alentour; elles dormaient la tête cachée sous les ailes, et aucune ne bougeait. Ils regardèrent en dedans du logis par la fenêtre et aperçurent la vieille qui était assise tranquillement et filait, penchant la tête et sans détourner les yeux. Tout était propre dans la chambre, comme si elle eût été habitée par ces petits sylphes aériens qui n'ont point de poussière à leurs pieds. Mais ils ne virent point leur fille. Ils considérèrent tout cela pendant quelques instants; enfin ils prirent courage et frappèrent doucement à la fenêtre. On eût dit que la vieille les attendait, car elle se leva et cria d'une voix amicale: « Entrez, je vous connais. » Quand ils furent entrés dans la chambre, la vieille dit: « Vous auriez pu vous épargner cette longue route, si vous n'aviez pas, il y a trois ans, renvoyé injustement votre fille, qui est si bonne et si gracieuse. Elle n'y a rien perdu, car elle a pendant trois ans gardé les oies: durant tout ce temps-là, elle n'a rien appris de mauvais et a conservé la pureté de son cœur. Mais vous êtes suffisamment punis par l'inquiétude où vous avez vécu. » Puis elle s'approcha de la chambre et dit: « Sors, ma chère enfant. » La porte s'ouvrit, et la fille du roi sortit vêtue de sa robe de soie, avec des cheveux dorés et ses yeux brillants; on aurait dit un ange qui descendait du ciel.

Elle courut vers son père et sa mère, s'élança à leur cou et les embrassa; tous pleurèrent de joie, sans pouvoir s'en empêcher. Le jeune comte se tenait près d'eux, et, quand elle le vit, son visage devint rouge comme une rose moussue; elle-même ne savait pas pourquoi. Le roi dit: « Chère enfant, j'ai partagé mon royaume, que pourrai-je te donner? » - « Elle n'a besoin de rien, » dit la vieille, « je lui donne les larmes qu'elle a versées pour vous; ce sont autant de perles plus belles que celles qu'on trouve dans la mer, et elles sont d'un plus grand prix que tout votre royaume. Et pour récompense de ses services je lui donne ma petite maison. » Comme elle achevait ses mots, la vieille disparut. Ils entendirent les murs craquer légèrement, et, comme ils se retournaient, la petite maison se trouva changée en un palais superbe: une table royale était servie et des domestiques allaient et venaient alentour.

L'histoire continue encore; mais ma grand'mère, qui me l'a racontée, avait un peu perdu la mémoire: elle avait oublié le reste. Je crois pourtant que la belle fille du roi se maria au comte, qu'ils restèrent ensemble dans le palais, et qu'ils y vécurent dans la plus grande félicité aussi long temps que Dieu voulut. Si les oies blanches, qui étaient gardées près de la maison, étaient autant de jeunes filles (ne vous avisez point d'y entendre malice), que la vieille avait recueillies près d'elle, si elles reprirent leur figure humaine et restèrent en qualité de suivantes près de la jeune reine, c'est ce que je ne sais pas bien, mais je le conjecture. Ce qui est certain, c'est que la vieille n'était point une sorcière, mais une bonne fée qui ne voulait que le bien. Probablement c'était elle aussi qui avait accordé à la fille du roi, dès sa naissance, le don de pleurer des perles au lieu de larmes. Cela ne se voit plus aujourd'hui; sans cela les pauvres seraient bientôt devenus riches.

38.   Hansel et Gretel

Dans une grande forêt vivaient un pauvre bûcheron, son épouse et ses deux enfants ; le garçon s'appelait Hansel et la jeune fille Gretel. Il avait peu à manger et à partager, et lorsque les prix s'envolèrent dans le pays, il ne put plus ramener le pain quotidien. Alors qu'il faisait sa prière du soir en cherchant une solution à ses problèmes, il soupira et parla à sa femme : « Qu'allons-nous devenir ? Comment pourrions-nous nourrir nos pauvres enfants alors que nous n'avons pour nous mêmes plus rien ? » « Sais-tu quoi mon époux ? répondit la femme, nous conduirons tôt demain les enfants dans la forêt, là où elle est la plus dense. Nous y ferons du feu et nous donnerons à chacun un morceau de pain, et puis nous irons travailler en les laissant seuls. Ils ne trouveront plus le chemin de la maison et nous en serons débarrassés. » « Non femme, dit l'homme, je ne ferai jamais cela ; comment pourrais-je supporter de laisser mes enfants seuls dans la forêt ! Les bêtes sauvages les dévoreraient aussitôt. » « Oh fou ! dit-elle, alors, nous devrions tous les quatre mourir de faim, tu n'aurais plus qu'à nous façonner nos cercueils, et elle ne le laissa plus tranquille jusqu'à ce qu'il se décidât. » « Mais les pauvres enfants me manqueront aussi », dit l'homme.

Cependant les deux enfants qui ne s'étaient pas endormis, du fait de leur manque de nourriture, avaient entendu ce que leur belle-mère racontait à leur père. Gretel pleurait des larmes amères et dit à Hansel : « Que nous advient-il ? » « Calme-toi Gretel dit Hansel, ne t'inquiète pas, je vais nous en tirer. » Et alors que les parents dormaient, il se leva, enfila sa camisole, ouvrit la sous-porte puis se faufila dehors. La lune brillait de tous ses rayons, et les graviers qui jonchaient le devant de la maison scintillaient comme une multitude de Batzen[3]. Hansel se pencha et en enfouit dans ses poches autant qu'elles pouvaient en contenir jusqu'à en déborder. Puis il rentra et dit à Gretel : « Sois rassurée ma chère sœur et endors-toi en paix, Dieu ne nous laissera pas tomber. » Puis il s'allongea dans son lit.

Lorsque le jour poignit, juste quand le soleil fut levé, la femme vint réveiller les enfants : « Levez vous, fainéants, nous devons aller en forêt chercher du bois. » Puis elle leur donna à chacun un morceau de pain et ajouta « Vous

---

[3] Ancienne unité monétaire utilisé à Berne entre 1492 et 1850. (Figuré) Une somme importante, un magot.

avez ainsi de quoi manger pour le déjeuner, mais ne le mangez pas avant car vous n'aurez plus rien après. » Gretel prit le pain dans sa blouse car Hansel avait les cailloux dans ses poches. Puis ils se mirent en route pour la forêt. Lorsqu'ils eurent fait un bout de chemin, Hansel s'arrêta et regarda vers la maison puis il après quelques pas il recommençait à nouveau. Le père dit alors : « Hansel, que regardes-tu là bas et pourquoi restes-tu en arrière, fais attention et n'oublie pas tes jambes ! » « Ah mon père, dit Hansel, je regarde mon chat blanc qui est assis en haut sur le toit et qui veut me dire adieu. » La femme déclara : « Idiot, ce n'est pas ton chat, c'est le soleil qui brille sur la cheminée. » Hansel ne regardait pas le chat mais jetait à chaque fois un caillou blanc de sa poche...

Une fois arrivé au milieu de la forêt, le père dit : « Allez les enfants, ramassez du bois je vais vous faire un feu pour ne pas que vous ayez froid. » Hansel et Gretel ramenèrent quelques fagots de quoi en faire un joli tas. On mit le feu au tas et quand les flammes s'élevèrent, la femme déclara : « Mettez vous près du feu les enfants, reposez vous nous allons dans la forêt couper du bois. Lorsque nous en aurons fini, nous reviendrons vous chercher. »

Hansel et Gretel s'assirent près du feu et lorsque midi fut venu, ils mangèrent chacun un petit morceau de pain. Et parce qu'ils entendaient les coups de la cognée, ils pensaient que leur père était proche. Mais ce n'était pas les coups de la cognée, c'était une branche qu'il avait attaché à un arbre mort et que le vent balançait deci delà. Comme ils étaient assis depuis un long moment, le sommeil leur vint et ils s'endormirent. Lorsqu'ils s'éveillèrent, le crépuscule était déjà bien avancé. Gretel se mit à pleurer et dit : « Comment allons nous sortir du bois maintenant ? » Hansel la consola « Attends un peu que la lune se lève, nous retrouverons enfin notre chemin. » Et quand la lune fut bien levée, Hansel prit sa sœur par la main et suivit les cailloux blancs qu'il avait semés. Ils scintillaient comme des Batzen fraîchement frappés et leur montraient le chemin. Ils marchèrent toute la nuit et arrivèrent à potron-minet devant la maison de leur père. Ils frappèrent à la porte, la femme ouvrit et lorsqu'elle s'aperçut que c'était Hansel et Gretel, elle leur dit : « Méchants enfants, pourquoi avez dormi aussi longtemps dans la forêt ? Nous avons cru que vous ne vouliez plus revenir à la maison. » Mais le père se réjouissait car il s'en voulait de les avoir laissés seuls.

Peu de temps après, la misère s'étant de nouveau répandue dans toute la contrée. Les enfants entendaient de nouveau comment la mère, la nuit dans son lit, parlait à son mari : « Tout est de nouveau précaire, nous n'avons plus qu'une demi miche de pain. Toute chanson a une fin. Nous devons nous séparer des enfants, nous devons les emmener plus loin dans la forêt afin qu'ils ne puissent plus retrouver le chemin du retour ; nous n'avons plus le choix. » L'homme se sentit bouleversé et il pensa : Ce serait mieux que tu partages les dernières bouchées avec tes enfants. Mais la femme ne prêtait aucune attention à ses paroles, elle fit tout pour qu'il change d'idée. Elle lui fit des reproches. Qui dit oui une fois doit le dire deux fois, et s'il s'est rendu une fois il se rendra à nouveau.

Tandis que les parents dormaient, Hansel se leva de nouveau, et voulut sortir pour ramasser des graviers comme la fois précédente mais la femme avait fermé la porte à clé et Hansel ne put sortir. Il rassura sa sœur et lui dit : « Ne pleure pas Gretel, dors tranquillement, le Bon Dieu nous viendra en aide ! »

Tôt le matin, la femme vint tirer les enfants du lit. Ils reçurent leur morceau de pain qui était encore plus petit que la fois précédente. En cheminant, Hansel le brisait dans sa poche, s'arrêtait et jetait une miette sur le sol. « Hansel ! pourquoi t'arrêtes-tu et regardes-tu autour de toi ? l'interpellait le père, avance ! » « Je regarde ma colombe qui se tient sur le toit et me fait au revoir" répondit Hansel. "Idiot dit la femme, ce n'est pas ta colombe, c'est le soleil qui se lève et qui brille sur la cheminée. » Mais Hansel continuait à jeter ses miettes sur le chemin.

La femme emmena les enfants encore plus profondément dans la forêt, plus profond qu'elle ne fut jamais allée dans sa vie. Là ils firent un feu encore plus fort et la mère dit : « Restez ici les enfants, et si vous êtes un peu fatigués, vous pouvez dormir un peu. Nous allons dans la forêt couper du bois, et ce soir, lorsque nous en aurons fini, nous viendrons vous reprendre. » Vers midi, Gretel partagea son pain avec Hansel qui avait éparpillé le sien sur le chemin. Puis ils s'endormirent. Le soir vint mais personne ne vint reprendre les pauvres enfants. Ils se réveillèrent au beau milieu de la nuit, Hansel rassura sa sœur et lui dit : « Attends Gretel, jusqu'à ce que la lune se lève, nous verrons les miettes de pain que j'ai semées ils nous montreront le chemin de la maison. » Lorsque la lune fut haute, ils se levèrent, mais ils ne trouvèrent aucune miette de pain, car les milliers d'oiseaux qui voletaient dans les bois et les prés les avaient picorées. Hansel dit à Gretel : « Nous retrouverons notre chemin. » Mais ils ne le retrouvèrent pas. Ils marchèrent toute la nuit et le jour entier encore du matin au soir mais ils ne trouvèrent jamais la sortie de la forêt et étaient si affamés car ils n'avaient rien de mieux que les quelques baies qu'ils trouvaient de-ci delà. Comme ils étaient trop fatigués et que leurs jambes refusaient de les porter plus loin, ils s'allongèrent sous un arbre et s'endormirent. C'était déjà le troisième jour, qu'ils avaient quitté la maison de leur père. Ils se remirent en marche mais ils s'enfoncèrent encore plus dans la forêt et si plus aucune aide ne leur venait, ils s'affaibliraient. Lorsque midi vint, ils virent un bel oiseau blanc perché sur une haute branche et qui lançait de si belles trilles qu'ils restèrent à l'écouter. Lorsqu'il eut fini, il étendit ses ailes et se mit à voleter autour d'eux, ils le suivirent jusqu'à ce qu'ils arrivent à un cabanon sur le toit duquel il se jucha et lorsqu'ils s'approchèrent, ils virent que le cabanon était fait de pain que le toit était fait de gâteaux, les fenêtres de sucre transparent. « Voilà où nous pouvons nous installer », dit Hansel, « et avoir un repas béni. Je veux bien manger un morceau de toit, Gretel, tu peux manger la fenêtre, c'est sucré. » Hansel se hissa sur le toit et ramena un peu du faîtage pour le goûter, tandis que Gretel se tenait près de la fenêtre et la grignotait. Alors retentit une petite voix et qui venait du cabanon.

« Grignotti, grignotti, qui grignote ma maison ? »

Les enfants répondirent : « Le vent, le vent, la brise légère », et ils mangeaient sans s'arrêter, sans se laisser distraire. Hansel, à qui le toit plaisait beaucoup, en prit un bon morceau, Gretel brisa un morceau rond de la fenêtre, s'assit et s'en rassasia.

Soudain la porte s'ouvrit et une très vieille femme apparut appuyée sur une canne. Hansel et Gretel en furent tellement effrayés qu'ils en laissèrent tomber ce qu'ils avaient dans les mains. La vieille femme branlait du chef et s'exclama : « Hé ! mes enfants, qui vous a emmené ici ? Entrez et restez chez moi, il ne vous arrivera rien. » Elle les attrapa tous les deux par la main et les entraîna dans sa maison. Un bon repas y était dressé ; lait, crêpes avec du sucre, pommes et noisettes. Enfin un bon lit les attendait, tout drapé de blanc. Hansel et Gretel y plongèrent en rêvant qu'ils étaient au Ciel...

La vieille s'était faite amicale, en fait, c'était une méchante sorcière qui avait tendu un piège aux enfants en construisant une maisonnette en pain, uniquement pour attirer les enfants. Une fois sous son pouvoir, elle les tuera, les cuira et les mangera comme pour un jour de fête.

Les sorcières ont des yeux rouges et ne peuvent pas voir loin, mais elles ont un odorat très fin comme les animaux et ne remarquent pas quand un être humain approche. Lorsque Hansel et Gretel se sont approchés d'elle, elle avait souri méchamment et avait dit mielleusement : « Je les tiens, ils ne doivent pas m'échapper ! » Le lendemain matin, à peine les enfants réveillés, elle se leva aussitôt, et tout en les regardant tranquillement avec leurs joues bien rouges, elle se murmura à elle même : « Cela fera un bon déjeuner. » Puis elle saisit Hansel de ses mains raides et l'enferma dans une pièce derrière une porte à barreaux. Il pouvait crier autant qu'il le voulait mais c'était inutile. Puis elle alla vers Gretel la réveilla en hurlant : « Debout, feignasse, vas chercher de l'eau et fait cuire quelque chose de bon pour ton frère, il est assis dehors dans l'étable et doit prendre du poids. Quand il sera bien gras, je pourrai le manger. » Gretel se mit à pleurer amèrement ; mais tout cela était inutile, elle devait faire ce que la méchante sorcière lui avait ordonné.

La meilleure cuisine fut alors cuite pour Hansel, tandis que pour Gretel on ne servait que les carapaces d'écrevisses. Chaque matin, la vieille se pressait jusqu'à l'étable et criait : « Hansel, passe ta main par les barreaux que je vois si tu es bien gras. » Hansel lui glissait alors un vieil os et la vieille qui n'y voyait presque plus, pensait que c'était la main de Hansel et s'étonnait de ce qu'il ne voulait pas engraisser. Quatre semaines passèrent, Hansel était toujours aussi maigre, la vieille à bout de patience et ne voulut plus attendre. « Gretel ! allez ouste » appela-t-elle, « vas chercher de l'eau ! Que Hansel soit gras ou qu'il soit maigre, demain je le tue et je le cuis. » La pauvre Gretel pleurait toutes les larmes de son corps en allant chercher de l'eau, il fallait voir comment elles roulaient sur ses joues. « Mon Dieu, aide-nous donc ! » supplia-t-elle, « si au moins les bêtes sauvages nous avaient dévorés, on serait mort ensemble ! » « Épargne-nous tes sanglots » dit la vieille « ça ne sert à rien. »

Le lendemain matin, Gretel sortit remplir le seau, le suspendit dans la cheminée et alluma le feu. "Nous allons d'abord faire du pain" dit la vieille, « j'ai déjà chauffé le four et pétri la pâte. » Elle poussa la pauvre Gretel vers le four duquel les flammes déjà sortaient. « Penche-toi et vois si c'est suffisamment chaud afin que nous puissions y enfourner le pain. » Puis lorsque Gretel fut assez proche, elle voulut ouvrir le four pour la faire rôtir dedans et ensuite la dévorer. Mais Gretel devinant ses intentions dit : « Je ne sais pas comment faire pour entrer dedans ! » « Oie stupide, » dit la vieille, « la porte est assez grande, ne vois-tu pas que même moi je peux y passer » affirma-t-elle en rampant et en passant la tête dans le four. Alors Gretel lui donna un bon coup si bien qu'elle bascula dedans puis elle referma la porte en fer et tira le verrou. « Hou ! hou ! hurla-t-elle horriblement ; Gretel partit en courant tandis que l'horrible sorcière brûlait abominablement.

Elle courut tout droit vers Hansel, lui ouvrit l'étable et lui cria : « Hansel, nous sommes libres, la vieille sorcière est morte ! » Hansel bondit comme un oiseau de sa cage lorsqu'on lui ouvre la porte. Comme ils se sont réjouis en tombant dans les bras l'un de l'autre et comme ils ont sauté de joie et se sont embrassés ! Ils se dirigèrent vers la maison de la sorcière puisqu'ils n'avaient plus à la craindre. Dans tous les recoins ils trouvèrent des perles et des pierres précieuses. « C'est bien plus beau que des cailloux » déclara Hansel en remplissant ses poches de ce qui pouvait bien y entrer. Puis Gretel dit : « Je veux aussi rapporter quelque chose à la maison » et elle remplit aussi son tablier. « Partons maintenant » ordonna Hansel, « sortons de cette forêt maléfique. » Mais après deux heures de marche, ils arrivèrent près d'une rivière. « Nous ne pouvons pas traverser » affirma Hansel, « je ne vois ni passerelle ni pont. » « Il ne passe aucun bateau non plus » renchérit Gretel « mais je vois un canard blanc, si je le lui demande il nous aidera à traverser » et elle appela :

« Canard, canard attentionné, Gretel et Hansel n'ont ni passerelle, ni pont sur ton dos fais-nous passer. »

Le canard approcha et Hansel s'installa sur son dos et pria sa sœur de le rejoindre s'assoir près de lui. « Non » répondit Gretel, « ce sera trop lourd pour le canard, il doit nous faire passer l'un après l'autre. » Le bon volatile s'acquitta bravement de sa tâche. Lorsqu'ils furent passés et qu'ils eurent fait un bout de chemin, la forêt se fit de plus en plus familière et soudain, ils aperçurent la maison de leur père. Ils se mirent alors à courir, se précipitèrent à l'intérieur, et sautèrent au cou de leur père. Depuis qu'il avait abandonné ses enfants dans la forêt, l'homme n'avait plus eu de joie, sa femme était morte.

Gretel secoua son tablier pour en faire tomber les perles et les gemmes qui se répandirent dans la cuisine, pendant que Hansel en jetait poignée après poignée de ses poches. Tous les soucis avaient enfin pris fin et ils purent vivre avec bonheur ensemble.

39. Histoire de celui qui s'en alla apprendre la peur

Un père avait deux fils; le premier était réfléchi et intelligent; il savait se tirer de toute aventure. Le cadet en revanche était sot, incapable de comprendre et d'apprendre. Quand les gens le voyaient, ils disaient: « Avec lui, son père n'a pas fini d'en voir. » Quand il y avait quelque chose à faire, c'était toujours à l'aîné que revenait la tâche, et si son père lui demandait d'aller chercher quelque chose, le soir ou même la nuit, et qu'il fallait passer par le cimetière ou quelque autre lieu terrifiant, il répondait: « Oh non! père, je n'irai pas, j'ai peur. » Car il avait effectivement peur. Quand, à la veillée, on racontait des histoires à donner la chair de poule, ceux qui les entendaient disaient parfois: « Ça me donne le frisson! » Le plus jeune des fils, lui, assis dans son coin, écoutait et n'arrivait pas à comprendre ce qu'ils voulaient dire. Ils disent toujours: « Ça me donne la chair de poule! ça me fait frissonner! Moi, jamais! Voilà encore une chose à laquelle je ne comprends rien. »

Il arriva qu'un jour son père lui dit: « Écoute voir, toi, là dans ton coin! Tu deviens grand et fort. Il est temps que tu apprennes à gagner ton pain. Tu vois comme ton frère se donne du mal. » - « Eh! père, » répondit-il, « j'apprendrais bien volontiers. Si c'était possible, je voudrais apprendre à frissonner. C'est une chose que j'ignore totalement. » Lorsqu'il entendit ces mots, l'aîné des fils songea: « Seigneur Dieu! quel crétin que mon frère! Il ne fera jamais rien de sa vie. » Le père réfléchit et dit: « Tu apprendras bien un jour à avoir peur. Mais ce n'est pas comme ça que tu gagneras ton pain. »

Peu de temps après, le bedeau vint en visite à la maison. Le père lui conta sa peine et lui expliqua combien son fils était peu doué en toutes choses. « Pensez voir! Quand je lui ai demandé comment il ferait pour gagner son pain, il a dit qu'il voulait apprendre à frissonner! » – « Si ce n'est que ça, » répondit le bedeau, « je le lui apprendrai. Confiez-le-moi. » Le père était content; il se disait: « On va le dégourdir un peu. » Le bedeau l'amena donc chez lui et lui confia la tâche de sonner les cloches. Au bout de quelque temps, son maître le réveilla à minuit et lui demanda de se lever et de monter au clocher pour carillonner. « Tu vas voir ce que c'est que d'avoir peur, » songeait-il. Il quitta secrètement la maison et quand le garçon fut arrivé en haut du clocher, comme il s'apprêtait à saisir les cordes, il vit dans l'escalier, en dessous de lui, une forme toute blanche. « Qui va là? » cria-t-il. L'apparition ne répondit pas, ne bougea pas. « Réponds! » cria le jeune homme. « Ou bien décampe! Tu n'as rien à faire ici! » Le bedeau ne bougeait toujours pas. Il voulait que le jeune homme le prit pour un fantôme. Pour la deuxième fois, celui-ci cria: « Que viens-tu faire ici? Parle si tu es honnête homme. Sinon je te jette au bas de l'escalier. » Le bedeau pensa: « Il n'en fera rien. » Il ne répondit pas et resta sans bouger. Comme s'il était de pierre. Alors le garçon l'avertit pour la troisième fois et comme le fantôme ne répondait toujours pas, il prit son élan et le précipita dans l'escalier. L'apparition dégringola d'une dizaine de marches et resta là allongée. Le garçon fit sonner les cloches, rentra à la maison, se coucha sans souffler mot et s'endormit. La femme du bedeau attendit longtemps son mari. Mais il ne revenait pas. Finalement, elle prit peur, réveilla le jeune homme et lui demanda: « Sais-tu où est resté mon mari? Il est monté avant toi au clocher. » - « Non, » répondit-il, « je ne sais pas. Mais il y avait quelqu'un dans l'escalier et comme cette personne ne répondait pas à mes questions et ne voulait pas s'en aller, je l'ai prise pour un coquin et l'ai jetée au bas du clocher. Allez-y, vous verrez bien si c'était votre mari. Je le regretterais. » La femme s'en fut en courant et découvrit son mari gémissant dans un coin, une jambe cassée.

Elle le ramena à la maison, puis se rendit en poussant de grands cris chez le père du jeune homme: « Votre garçon a fait des malheurs, » lui dit-elle. « Il a jeté mon mari au bas de l'escalier, où il s'est cassé une jambe. Débarrassez notre maison de ce vaurien! » Le père était bien inquiet. Il alla chercher son fils et lui dit: « Quelles sont ces façons, mécréant! C'est le diable qui te les inspire! » - « Écoutez-moi, père, » répondit-il. « Je suis totalement innocent. Il se tenait là, dans la nuit, comme quelqu'un qui médite un mauvais coup. Je ne savais pas qui c'était et, par trois fois, je lui ai demandé de répondre ou de partir. » - « Ah! » dit le père, « tu ne me feras que des misères. Disparais! » - « Volontiers, père. Attendez seulement qu'il fasse jour. Je voyagerai pour apprendre à frissonner. Comme ça, je saurai au moins faire quelque chose pour gagner mon pain. » - « Apprends ce que tu veux, » dit le père. « Ça m'est égal! Voici cinquante talents, va par le monde et surtout ne dis à personne d'où tu viens et qui est ton père. » - « Qu'il en soit fait selon votre volonté, père. Si c'est là tout ce que vous exigez, je m'y tiendrai sans peine. »

Quand vint le jour, le jeune homme empocha les cinquante talents et prit la route en se disant: « Si seulement j'avais peur! si seulement je frissonnais! » Arrive un homme qui entend les paroles que le garçon se disait à lui-même.

Un peu plus loin, à un endroit d'où l'on apercevait des gibets, il lui dit: « Tu vois cet arbre? Il y en a sept qui s'y sont mariés avec la fille du cordier et qui maintenant prennent des leçons de vol. Assieds-toi là et attends que tombe la nuit. Tu sauras ce que c'est que de frissonner. » - « Si c'est aussi facile que ça, » répondit le garçon, « c'est comme si c'était déjà fait. Si j'apprends si vite à frissonner, je te donnerai mes cinquante talents. Tu n'as qu'à revenir ici demain matin. » Le jeune homme s'installa sous la potence et attendit que vînt le soir. Et comme il avait froid, il alluma du feu. À minuit le vent était devenu si glacial que, malgré le feu, il ne parvenait pas à se réchauffer. Et les pendus s'entrechoquaient en s'agitant de-ci, de-là. Il pensa: « Moi, ici, près du feu, je gèle. Comme ils doivent avoir froid et frissonner, ceux qui sont là-haut! »

Et, comme il les prenait en pitié, il appliqua l'échelle contre le gibet, l'escalada, décrocha les pendus les uns après les autres et les descendit tous les sept. Il attisa le feu, souffla sur les braises et disposa les pendus tout autour pour les réchauffer. Comme ils ne bougeaient pas et que les flammes venaient lécher leurs vêtements, il dit: « Faites donc attention! Sinon je vais vous rependre là-haut! » Les morts, cependant, n'entendaient rien, se taisaient et laissaient brûler leurs loques. Le garçon finit par se mettre en colère. « Si vous ne faites pas attention, » dit-il, « je n'y puis rien! Je n'ai pas envie de brûler avec vous. » Et, l'un après l'autre, il les raccrocha au gibet. Il se coucha près du feu et s'endormit. Le lendemain, l'homme s'en vint et lui réclama les cinquante talents: « Alors, sais-tu maintenant ce que c'est que d'avoir le frisson? » lui dit-il. « Non, » répondit le garçon, « d'où le saurais-je? Ceux qui sont là-haut n'ont pas ouvert la bouche, et ils sont si bêtes qu'ils ont laissé brûler les quelques hardes qu'ils ont sur le dos. » L'homme comprit qu'il n'obtiendrait pas les cinquante talents ce jour-là et s'en alla en disant: « Je n'ai jamais vu un être comme celui-là! »

Le jeune homme reprit également sa route et se dit à nouveau, parlant à haute voix: « Ah! si seulement j'avais peur! Si seulement je savais frissonner! » Un cocher qui marchait derrière lui l'entendit et demanda: « Qui es-tu? » - « Je ne sais pas, » répondit le garçon. Le cocher reprit: « D'où viens-tu? » - « Je ne sais pas, » rétorqua le jeune homme. « Qui est ton père? » - « Je n'ai pas le droit de le dire. » - « Que marmonnes-tu sans cesse dans ta barbe? » - « Eh! » répondit le garçon, « je voudrais frissonner. Mais personne ne peut me dire comment j'y arriverai. » - « Cesse de dire des bêtises! » reprit le cocher. « Viens avec moi! » Le jeune homme accompagna donc le cocher et, le soir, ils arrivèrent à une auberge avec l'intention d'y passer la nuit. En entrant dans sa chambre, le garçon répéta à haute et intelligible voix: « Si seulement j'avais peur! Si seulement je savais frissonner! » L'aubergiste l'entendit et dit en riant: « Si vraiment ça te fait plaisir, tu en auras sûrement l'occasion chez moi. » - « Tais-toi donc! » dit sa femme. « À être curieux, plus d'un a déjà perdu la vie, et ce serait vraiment dommage pour ses jolis yeux s'ils ne devaient plus jamais voir la lumière du jour. » Mais le garçon répondit: « Même s'il fallait en arriver là, je veux apprendre à frissonner. C'est d'ailleurs pour ça que je voyage. »

Il ne laissa à l'aubergiste ni trêve ni repos jusqu'à ce qu'il lui dévoilât son secret. Non loin de là, se trouvait un château maudit, dans lequel il pourrait certainement apprendre ce que c'était que d'avoir peur, en y passant seulement trois nuits. Le roi avait promis sa fille en mariage à qui tenterait l'expérience et cette fille était la plus belle qu'on eût jamais vue sous le soleil. Il y avait aussi au château de grands trésors gardés par de mauvais génies dont la libération pourrait rendre un pauvre très riche. Bien des gens étaient déjà entrés au château, mais personne n'en était jamais ressorti. Le lendemain, le jeune homme se rendit auprès du roi: « Si vous le permettez, je voudrais bien passer trois nuits dans le château. » Le roi l'examina, et comme il lui plaisait, il répondit: « Tu peux me demander trois choses. Mais aucune d'elles ne saurait être animée et tu pourras les emporter avec toi au château. » Le garçon lui dit alors: « Eh bien! je vous demande du feu, un tour et un banc de ciseleur avec un couteau. »

Le jour même, le roi fit porter tout cela au château. À la tombée de la nuit, le jeune homme s'y rendit, alluma un grand feu dans une chambre, installa le tabouret avec le couteau tout à côté et s'assit sur le tour. « Ah! si seulement je pouvais frissonner! » dit-il. « Mais ce n'est pas encore ici que je saurai ce que c'est. »

Vers minuit, il entreprit de ranimer son feu. Et comme il soufflait dessus, une voix retentit tout à coup dans un coin de la chambre: « Hou, miaou, comme nous avons froid! » - « Bande de fous! » s'écria-t-il. « Pourquoi hurlez-vous comme ça? Si vous avez froid, venez ici, asseyez-vous près du feu et réchauffez-vous! » À peine eut-il prononcé ces paroles que deux gros chats noirs, d'un bond formidable, sautèrent vers lui et s'installèrent de part et d'autre du garçon en le regardant d'un air sauvage avec leurs yeux de braise. Quelque temps après, s'étant réchauffés, ils dirent: « Si nous jouions aux cartes, camarade? » - « Pourquoi pas! » répondit-il, « mais montrez-moi d'abord vos pattes. » Les chats sortirent leurs griffes. « Holà! » dit-il. « Que vos ongles sont longs! attendez! il faut d'abord que je vous les coupe. » Il les prit par la peau du dos, les posa sur l'étau et leur y coinça les pattes. « J'ai vu vos doigts » dit-il, « j'en ai perdu l'envie de jouer aux cartes. » Il les tua et les jeta par la fenêtre dans l'eau d'un étang. À peine s'en était-il ainsi débarrassé que de tous les coins et recoins sortirent des chats et des chiens, tous noirs, tirant des chaînes rougies au feu. Il y en avait tant et tant qu'il ne pouvait leur échapper. Ils criaient affreusement, dispersaient les brandons du foyer, piétinaient le feu, essayaient de l'éteindre. Tranquillement, le garçon les regarda faire un moment. Quand il en eut assez, il prit le couteau de ciseleur et dit: « Déguerpissez, canailles! » Et il se mit à leur taper dessus. Une partie des assaillants s'enfuit; il tua les autres et les jeta dans l'étang.

Puis il revint près du feu, le ranima en soufflant sur les braises et se réchauffa. Bientôt, il sentit ses yeux se fermer et eut envie de dormir. Il regarda autour de lui et vit un grand lit, dans un coin. « Voilà ce qu'il me faut, » dit-il. Et il se coucha. Comme il allait s'endormir, le lit se mit de lui-même à se déplacer et à le promener par tout le château. "Très bien!" dit-il. « Plus vite! » Le lit partit derechef comme si une demi-douzaine de chevaux y étaient attelés, passant les portes, montant et descendant les escaliers. Et tout à coup, il versa sens dessus dessous hop! et le garçon se retrouva par terre avec comme une montagne par-dessus lui.

Il se débarrassa des couvertures et des oreillers, se faufila de dessous le lit et dit: « Que ceux qui veulent se promener se promènent. » Et il se coucha auprès du feu et dormit jusqu'au matin. Le lendemain, le roi s'en vint au château. Quand il vit le garçon étendu sur le sol, il pensa que les fantômes l'avaient tué. Il murmura: « Quel dommage pour un si bel homme! » Le garçon l'entendit, se leva, et dit: « Je n'en suis pas encore là! » Le roi s'étonna, se réjouit et lui demanda comment les choses s'étaient passées. « Très bien. Voilà une nuit d'écoulée, les autres se passeront bien aussi. » Quand il arriva chez l'aubergiste, celui-ci ouvrit de grands yeux. « Je n'aurais jamais pensé, » dit-il, « que je te reverrais vivant. As-tu enfin appris à frissonner? » - « Non! » répondit-il, « tout reste sans effet. Si seulement quelqu'un pouvait me dire comment faire! »

Pour la deuxième nuit, il se rendit à nouveau au château, s'assit auprès du feu et reprit sa vieille chanson: « Ah! si seulement je pouvais frissonner. » À minuit on entendit des bruits étranges. D'abord doucement, puis toujours plus fort, puis après un court silence, un grand cri. Et la moitié d'un homme arrivant par la cheminée tomba devant lui. « Holà! » cria-t-il. « Il en manqua une moitié. Ça ne suffit pas comme ça! » Le vacarme reprit. On tempêtait, on criait. Et la seconde moitié tomba à son tour de la cheminée. « Attends, » dit le garçon, « je vais d'abord ranimer le feu pour toi. » Quand il l'eut fait, il regarda à nouveau autour de lui: les deux moitiés s'étaient rassemblées et un homme d'affreuse mine s'était assis à la place qu'occupait le jeune homme auparavant. « Ce n'est pas ce que nous avions convenu, » dit-il. « Ce tour est à moi! » L'homme voulut l'empêcher de s'y asseoir mais il ne s'en laissa pas conter. Il le repoussa avec violence et reprit sa place. Beaucoup d'autres hommes se mirent alors à dégringoler de la cheminée les uns après les autres et ils apportaient neuf tibias et neuf têtes de mort avec lesquels ils se mirent à jouer aux quilles. Le garçon eut envie d'en faire autant. « Dites, pourrais-je jouer aussi? » - « Oui, si tu as de l'argent. » - « J'en ai bien assez, » répondit-il, « mais vos boules ne sont pas rondes. » Il prit les têtes de mort, s'installa à son tour et en fit de vraies boules. « Comme ça elles rouleront mieux, » dit-il. « En avant! On va rire! » Il joua et perdit un peu de son argent. Quand sonna une heure, tout avait disparu. Au matin, le roi vint aux renseignements. « Que t'est-il arrivé cette fois-ci? » demanda-t-il. « J'ai joué aux quilles, » répondit le garçon, « et j'ai perdu quelques deniers. » - « Tu n'as donc pas eu peur? » - « Eh! non! » dit-il, « je me suis amusé! Si seulement je savais frissonner! »

La troisième nuit, il s'assit à nouveau sur son tour et dit tristement: « Si seulement je pouvais frissonner! » Quand il commença à se faire tard, six hommes immenses entrèrent dans la pièce portant un cercueil. « Hi! Hi! Hi! » dit le garçon, « voilà sûrement mon petit cousin qui est mort il y a quelques jours seulement. » Du doigt, il fit signe au cercueil et s'écria: « Viens, petit cousin, viens! » Les hommes posèrent la bière sur le sol; il s'en approcha et souleva le couvercle. Un mort y était allongé. Il lui toucha le visage. Il était froid comme de la glace. « Attends, » dit-il, « je vais te réchauffer un peu. » Il alla près du feu, s'y réchauffa la main et la posa sur la figure du mort. Mais celui-ci restait tout froid. Alors il le sortit du cercueil, s'assit près du feu et l'installa sur ses genoux en lui frictionnant les bras pour rétablir la circulation du sang. Comme cela ne servait à rien, il songea tout à coup qu'il suffit d'être deux dans un lit pour avoir chaud. Il porta le cadavre sur le lit, le recouvrit et s'allongea à ses côtés. Au bout d'un certain temps, le mort se réchauffa et commença à bouger. « Tu vois, petit cousin, » dit le jeune homme, « ne t'ai-je pas bien réchauffé? » Mais le mort, alors, se leva et s'écria: « Maintenant, je vais t'étrangler! » – « De quoi! » dit le garçon, « c'est comme ça que tu me remercies? Retourne au cercueil! » Il le ceintura, et le jeta dans la bière en refermant le couvercle. Les six hommes arrivèrent alors et l'emportèrent. « Je ne réussis pas à frissonner, » dit-il. « Ce n'est décidément pas ici que je l'apprendrai. »

À ce moment précis entra un homme plus grand que tous les autres et qui avait une mine effrayante. Il était vieux et portait une longue barbe blanche. « Pauvre diable, » lui dit-il, « tu ne tarderas pas à savoir ce que c'est que de frissonner: tu vas mourir! » - « Pas si vite! » répondit le garçon. « Pour que je meure, il faudrait d'abord que vous me teniez. » - « Je finirai bien par t'avoir! » dit le monstrueux bonhomme. « Tout doux, tout doux! ne te gonfle pas comme ça! je suis aussi fort que toi. Et même bien plus fort! » - « C'est ce qu'on verra, » dit le vieux. « Si tu es plus fort que moi, je te laisserai partir. Viens, essayons! »

Il le conduisit par un sombre passage dans une forge, prit une hache et d'un seul coup, enfonça une enclume dans le sol. « Je ferai mieux, » dit le jeune homme en s'approchant d'une autre enclume. Le vieux se plaça à côté de lui, laissant pendre sa barbe blanche. Le garçon prit la hache, fendit l'enclume d'un seul coup et y coinça la barbe du vieux. « Et voilà! je te tiens! » dit-il, « à toi de mourir maintenant! »

Il saisit une barre de fer et se mit à rouer de coups le vieux jusqu'à ce que celui-ci éclatât en lamentations et le suppliât de s'arrêter en lui promettant mille trésors. Le jeune homme débloqua la hache et libéra le vieux qui le reconduisit au château et lui montra, dans une cave, trois caisses pleines d'or. « Il y en a une pour les pauvres, une pour le roi et la troisième sera pour toi, » lui dit-il. Sur quoi, une heure sonna et le méchant esprit disparut. Le garçon se trouvait au milieu d'une profonde obscurité. « Il faudra bien que je m'en sorte, » dit-il. Il tâtonna autour de lui, retrouva le chemin de sa chambre et s'endormit auprès de son feu. Au matin, le roi arriva et dit: « Alors, as-tu appris à frissonner?" – « Non, » répondit le garçon, « je ne sais toujours pas. J'ai vu mon cousin mort et un homme barbu est venu qui m'a montré beaucoup d'or. Mais personne ne m'a dit ce que signifie frissonner. » Le roi dit alors: « Tu as libéré le château de ses fantômes et tu épouseras ma fille. » - « Bonne chose! » répondit-il, « mais je ne sais toujours pas frissonner. »

On alla chercher l'or et les noces furent célébrées. Mais le jeune roi continuait à dire: « Si seulement j'avais peur, si seulement je pouvais frissonner! » La reine finit par en être contrariée. Sa camériste dit: « Je vais l'aider à frissonner! Je vais l'aider à frissonner! » Elle se rendit sur les bords du ruisseau qui coulait dans le jardin et se fit donner un plein seau de goujons. Durant la nuit, alors que son époux dormait, la princesse retira les couvertures et versa sur lui l'eau et les goujons, si bien que les petits poissons frétillaient tout autour de lui. Il s'éveilla et cria: « Ah! comme je frissonne, chère femme! Ah! Oui, maintenant je sais ce que c'est que de frissonner. »

40.   Jorinde et Joringel

Il était une fois un vieux château au cœur d'une grande forêt épaisse où vivait toute seule une vieille femme qui était une très grande magicienne. Le jour, elle se transformait en chatte ou en chouette, mais le soir elle reprenait ordinairement forme humaine. Elle avait le pouvoir d'attirer les oiseaux et le gibier, et elle les tuait ensuite pour les faire cuire et rôtir. Si quelqu'un approchait du château à plus de cent pas, il était forcé de s'arrêter et ne pouvait plus bouger de là tant qu'elle ne l'avait pas délivré d'une formule magique: mais si une pure jeune fille entrait dans ce cercle de cent pas, elle la métamorphosait en oiseau, puis elle l'enfermait dans une corbeille qu'elle portait dans une chambre du château. Elle avait bien sept mille corbeilles de cette sorte dans le château avec un oiseau aussi rare dans chacune d'elle.

Or, il était une fois une jeune fille qui s'appelait Jorinde; elle était plus belle que toues les autres filles. Et puis il y avait un très beau jeune homme nommé Joringel: ils s'étaient promis l'un à l'autre. Ils étaient au temps de leurs fiançailles et leur plus grand plaisir était d'être ensemble.

Un jour, ils allèrent se promener dans la forêt afin de pouvoir parler en toute intimité.

- Garde-toi, dit Joringel, d'aller aussi près du château.

C'était une belle soirée, le soleil brillait entre les troncs d'arbres, clair sur le vert sombre de la forêt, et la tourterelle chantait plaintivement sur les vieux hêtres. Jorinde pleurait par moment, elle s'asseyait au soleil et gémissait; Joringel gémissait lui-aussi. Ils étaient aussi consternés que s'ils allaient mourir; ils regardaient autour d'eux, ils étaient perdus et ne savaient pas quelle direction ils devaient prendre pour rentrer chez eux. Il y avait encore une moitié de soleil au-dessus de la montagne, l'autre était déjà derrière. Joringel regarda à travers les taillis et vit la vieille muraille du château tout près de lui; il fut pris d'épouvante et envahi par une angoisse mortelle. Jorinde se mit à chanter:

Mon petit oiseau bagué du rouge anneau,
Chante douleur, douleur:
Te voilà chantant sa mort au tourtereau,
Chante douleur, doul...tsitt, tsitt, tsitt.

Joringel se tourna vers Jorinde. Elle était transformée en rossignol qui chantait " Tsitt, Tsitt ." Une chouette aux yeux de braise vola trois fois autour d'elle et par trois fois cria " hou, hou, hou ." Joringel ne pouvait plus bouger: il restait là comme une pierre, il ne pouvait ni pleurer, ni parler, ni remuer la main ou le pied. A présent, le soleil s'était couché: la chouette vola dans le buisson, et aussitôt après une vieille femme en sortit, jaune, maigre et voûtée avec de grands yeux rouges et un nez crochu dont le bout lui atteignait le menton. Elle marmonna, attrapa le rossignol et l'emporta sur son poing. Joringel ne put rien dire, ne put pas avancer: le rossignol était parti.

Enfin, la femme revint et dit d'une voix sourde: " Je te salue, Zachiel, si la lune brille sur la corbeille, détache-le, Zachiel, au bon moment. " Alors Joringel fut délivré. Il tomba à genoux devant la femme et la supplia de lui rendre sa Jorinde, mais elle déclara qu'il ne l'aurait plus jamais et s'en alla. Il appela, pleura et se lamenta, mais ce fut en vain.

Joringel s'en fut et finit par arriver dans un village inconnu où il resta longtemps à garder les moutons. Il allait souvent tourner autour du château, mais pas trop près. Enfin, une nuit, il rêva qu'il trouvait une fleur rouge sang avec une belle et grosse perle en son cœur. Il cueillait cette fleur et l'emportait pour aller au château: tout ce qu'il touchait avec la fleur était délivré de l'enchantement, et il rêva aussi qu'il avait trouvé Jorinde de cette manière.

En se réveillant la matin, il se mit en quête par monts et par vaux d'une fleur semblable: il chercha jusqu'au neuvième jour, et voilà qu'à l'aube il trouva la fleur rouge sang. En son cœur, il y avait une grosse goutte de rosée, aussi grosse que la perle la plus belle.

Il porta cette fleur jour et nuit jusqu'à ce qu'il arrivât au château. Quand il s'approcha à cent pas du château, il ne fut point cloué sur place, mais il continua à marcher jusqu'à la porte. Joringel s'en réjouit fort, il toucha la porte de sa fleur et elle s'ouvrit d'un coup. Il entra, traversa la cour, prêtant l'oreille pour savoir s'il n'entendrait pas les nombreux oiseaux: enfin, il les entendit. Il alla dans cette direction et trouva la salle où la magicienne était en train de donner à manger aux oiseaux dans leurs sept mille corbeilles.

Quand elle aperçut Joringel, elle se fâcha: prise d'une grande fureur, elle l'injuria et vomit tout son fiel contre lui, mais elle ne put pas l'approcher à plus de deux pas. Il ne tint pas compte de la magicienne et alla examiner les corbeilles aux oiseaux; mais c'est qu'il y avait là des centaines de rossignols. Comment allait-il retrouver sa Jorinde maintenant?

Pendant qu'il regardait ainsi, il s'aperçut que la sorcière s'emparait à la dérobée d'une petite corbeille contenant un oiseau et gagnait la porte avec elle. Sur-le-champ il bondit sur elle, toucha la petite corbeille avec sa fleur et la vieille femme aussi: maintenant elle ne pouvait plus rien ensorceler, et Jorinde était là, le tenant embrassé, aussi belle qu'elle l'était auparavant. Alors Joringel refit aussi de tous les autres oiseaux des jeunes filles, puis il rentra avec sa Jorinde, et ils vécurent longtemps heureux.

41.   Le lièvre et le hérisson

Cette histoire, enfants, va vous paraître un mensonge, et pourtant elle est vraie; car mon grand-père, de qui je la tiens, ne manquait jamais, quand il me la racontait, d'ajouter: «Il faut pourtant qu'elle soit vraie; sans cela on ne la raconterait pas.» Voici l'histoire, telle qu'elle s'est passée.

C'était dans une matinée d'été, pendant le temps de la moisson, précisément quand le sarrasin est en fleur. Le soleil brillait dans le ciel, le vent du matin soufflait sur les blés, les alouettes chantaient dans l'air, les abeilles bourdonnaient dans le sarrasin, et les gens se rendaient à l'église dans leur toilette du dimanche, et toutes les créatures étaient en joie, et le hérisson aussi.

Mais le hérisson se tenait devant sa porte; il avait les bras croisés, regardait couler le temps, et chantait sa petite chanson, ni mieux ni plus mal que ne chante un hérisson par une belle matinée de dimanche. Tandis qu'il chantait ainsi à demi-voix, il eut l'idée assez hardie vraiment, pendant que sa femme lavait et habillait les enfants, de faire quelques pas dans la plaine et d'aller voir comment poussaient ses navets. Les navets étaient tout près de sa maison, et il était dans l'habitude d'en manger, lui et sa famille; aussi les regardait-il comme lui appartenant. Aussitôt dit aussitôt fait. Le hérisson ferma la porte derrière lui, et se mit en route. Il était à peine hors de chez lui et il allait justement tourner un petit buisson qui bordait le champ où étaient les navets, quand il rencontra le lièvre, qui était sorti dans une intention toute semblable pour aller visiter ses choux. Quand le hérisson aperçut le lièvre, il lui souhaita amicalement le bonjour. Mais le lièvre, qui était un grand personnage à sa manière, et de plus très fier de son naturel, ne rendit pas le salut au hérisson, mais lui dit, et d'un air extrêmement moqueur: «Comment se fait-il que tu coures comme cela les champs par une si belle matinée?

- Je vais me promener, dit le hérisson.

- Te promener! dit en riant le lièvre; il me semble qu'il te faudrait pour cela d'autres jambes. »

Cette réponse déplut extraordinairement au hérisson; car il ne se fâchait jamais, excepté quand il était question de ses jambes, précisément parce qu'il les avait torses de naissance. " Tu t'imagines peut-être, dit-il au lièvre, que tes jambes valent mieux que les miennes?

- Je m'en flatte, dit le lièvre.

- C'est ce qu'il faudrait voir, repartit le hérisson; je parie que si nous courons ensemble, je courrai mieux que toi.

- Avec tes jambes torses? tu veux te moquer, dit le lièvre; mais soit, je le veux bien, si tu en as tant d'envie. Que gagerons-nous?

- Un beau louis d'or et une bouteille de brandevin, dit le hérisson.

- Accepté, dit le lièvre; tope, et nous pouvons en faire l'épreuve sur-le-champ.

- Non; cela n'est pas si pressé, dit le hérisson; je n'ai encore rien pris ce matin; je veux d'abord rentrer chez moi et manger un morceau; dans une demi-heure je serai au rendez-vous. "

Le lièvre y consent, et le hérisson s'en va. En chemin, il se disait: " Le lièvre se fie à ses longues jambes, mais je lui jouerai un tour. Il fait son important, mais ce n'est qu'un sot, et il le payera. "

En arrivant chez lui, le hérisson dit donc à sa femme: " Femme, habille-toi vite; il faut que tu viennes aux champs avec moi.

- Qu'y a-t-il donc? dit la femme.

- J'ai parié avec le lièvre un beau louis d'or et une bouteille de brandevin que je courrais mieux que lui, et il faut que tu sois de la partie.

- Bon Dieu! mon homme, dit du haut de sa tête la femme au hérisson, es-tu dans ton bon sens ou as-tu perdu la cervelle? Comment prétends-tu lutter à la course avec le lièvre?

- Silence, ma femme, dit le hérisson; c'est mon affaire. Ne te mêle pas de ce qui regarde les hommes. Marche, habille-toi et partons ensemble."

Que pouvait faire la femme du hérisson? Il fallait bien obéir, qu'elle en eût envie ou non.

Comme ils cheminaient ensemble, le hérisson dit à sa femme: « Fais bien attention à ce que je vais te dire. Nous allons courir dans cette grande pièce de terre que tu vois. Le lièvre court dans un sillon et moi dans l'autre, nous partirons de là-bas. Tu n'as qu'à te tenir cachée dans le sillon, et, quand le lièvre arrivera près de toi, tu te montreras à lui en criant: Me voila! ».

Tout en disant cela ils étaient arrivés; le hérisson marqua à sa femme la place qu'elle devait tenir et il remonta le champ. Quand il fut au bout, il y trouva le lièvre, qui lui dit: « Allons-nous courir?

- Sans doute, reprit le hérisson.

- En route donc. »

Et chacun se plaça dans son sillon. Le lièvre dit: « Une, deux, trois! » et partit comme un tourbillon, arpentant le terrain. Le hérisson fit trois pas à peu près, puis se tapit dans le sillon et y demeura coi.

Quand le lièvre fut arrivé à de grandes enjambées au bout de la pièce de terre, la femme du hérisson lui cria: « Me voilà! » Le lièvre fut tout étonné et s'émerveilla fort. Il croyait bien entendre le hérisson lui-même, car la femme ressemblait parfaitement à son mari.

Le lièvre dit: « Le diable est là pour quelque chose. » Il cria: « Recommençons; encore une course. » Et il courut encore, partant ainsi qu'un tourbillon, si bien que ses oreilles volaient au vent. La femme du hérisson ne bougea pas de sa place. Quand le lièvre arriva à l'autre bout du champ, le hérisson lui cria: « Me voila! » Le lièvre, tout hors de lui, dit: « Recommençons, courons encore.

- Je ne dis pas non, reprit le hérisson; je suis prêt à continuer tant qu'il te plaira. »

Le lièvre courut ainsi soixante-treize fois de suite, et le hérisson soutint la lutte jusqu'à la fin. Chaque fois que le lièvre arrivait à un bout ou à l'autre du champ, le hérisson ou sa femme disaient toujours: « Me voilà! »

A la soixante-quatorzième fois, le lièvre ne put achever. Au milieu des champs, il roula à terre; le sang lui sortait par le cou, et il expira sur la place. Le hérisson prit le louis d'or qu'il avait gagné et la bouteille de brandevin; il appela sa femme pour la faire sortir de son sillon; tous deux rentrèrent très contents chez eux, et, s'ils ne sont morts depuis, ils vivent encore.

C'est ainsi que le hérisson, dans la lande de Buxtehude1, courut si bien qu'il fit mourir le lièvre à la peine, et depuis ce temps-là aucun lièvre ne s'est avisé de défier à la course un hérisson de Buxtehude.

La morale de cette histoire, c'est d'abord que nul, si important qu'il s'imagine être, ne doit s'aviser de rire aux dépens d'un plus petit, fût-ce un hérisson; et, secondement qu'il est bon, si vous songez à prendre une femme, de la prendre dans votre condition et toute semblable à vous. Si donc vous êtes hérisson, ayez bien soin que votre femme soit hérissonne, et de même pour toutes les espèces.

42.   Le Linceul

Une femme avait un fils âgé de sept ans. Cet enfant était si beau et si bon, qu'on ne pouvait le voir sans l'aimer ; aussi était-il plus cher à sa mère que le monde entier.

Il arriva que le petit garçon tomba tout-à-coup malade et que le bon Dieu le rappela à lui.

La pauvre mère fut inconsolable et passa les jours et les nuits à pleurer.

Peu de temps après qu'on l'eut mis en terre, l'enfant apparut, pendant la nuit, à la même place où il avait coutume de s'asseoir et de jouer lorsqu'il était encore en vie. Voyant sa mère pleurer, il fondit lui-même en larmes ; et quand vint le jour, il avait disparu.

Cependant, comme la malheureuse mère ne mettait point de terme à ses pleurs, l'enfant vint une nuit dans le blanc linceul où il avait été enseveli et avec sa couronne de mort sur la tête ; il s'assit sur le lit, aux pieds de sa mère, et lui dit :

— Hélas ! ma bonne mère, cesse de murmurer contre les décrets de Dieu, cesse de pleurer, sans quoi il me sera impossible de dormir dans mon cercueil, car mon linceul est tout mouillé de tes larmes, qui retombent sur lui.

Ces paroles effrayèrent la pauvre femme, qui dès-lors arrêta ses pleurs.

La nuit suivante, l'enfant revint de nouveau, portant dans la main une petite lumière. Il dit à sa mère :

— Tu le vois, mon linceul est déjà sec et j'ai trouvé le repos dans ma tombe.

Alors la malheureuse mère offrit à Dieu sa douleur, la supporta désormais avec calme et patience; et l'enfant ne revint plus.

Il dormait maintenant dans son lit souterrain.

43. Le loup et le renard

Certain loup s'était fait le compagnon de certain renard, et les moindres désirs de sa seigneurie le loup devenaient des ordres pour son très-humble serviteur le renard, car celui-ci était le plus faible. Aussi désirait-il de tout son cœur pouvoir se débarrasser d'un camarade aussi gênant.

Tout en rôdant de compagnie, ils arrivèrent un jour dans une forêt profonde.

— Ami à barbe rouge, lui dit le loup, mets-toi en quête de me procurer un bon morceau ; sinon, je te croque.

Maître renard s'empressa de répondre :

— Seigneur loup, je sais à peu de distance d'ici une étable où se trouvent deux agneaux friands ; si le cœur vous en dit, nous irons en dérober un.

La proposition plut au loup. En conséquence, nos deux compagnons se dirigèrent vers la ferme indiquée ; le rusé renard parvint sans peine à dérober un des agneaux qu'il s'empressa d'apporter au loup ; puis il s'éloigna.

Aussitôt le loup se mit en devoir de dévorer à belles dents l'innocente bête ; et quand il eut fini, ce qui ne tarda guère, ne se sentant pas encore suffisamment repu, il se prit à penser que ce ne serait pas trop du second agneau pour apaiser sa faim. Il se décida donc à entreprendre lui-même cette nouvelle expédition.

Or, comme sa seigneurie était un peu lourde, elle renversa un balai en entrant dans l'étable, si bien que la mère du pauvre agneau poussa aussitôt des bêlements si déchirants, que le fermier et ses garçons accoururent en toute hâte. Maître loup passa alors un mauvais quart d'heure : il sentit pleuvoir sur son dos une grêle de coups si drue, qu'il eut toutes les peines du monde à se sauver en boitant, et en hurlant de la manière la plus lamentable.

Arrivé près du renard :

— Tu m'as conduit dans un beau guêpier, lui dit-il ; j'avais voulu m'emparer du deuxième agneau ; mais est-ce que ces paysans mal appris ne se sont pas avisés de fondre sur moi à grands coups de bâton, ce qui m'a réduit au fâcheux état où tu me vois.

— Pourquoi aussi êtes-vous si insatiable ? répondit le renard.

Le jour suivant, ils se remirent en campagne, et s'adressant à son rusé compagnon :

— Ami à barbe rouge, lui dit le loup, mets-toi en quête de me procurer un bon morceau, sinon je te croque.

Maître renard s'empressa de répondre :

— Seigneur loup, je connais une ferme dont la fermière est présentement occupée à faire des gâteaux délicieux ; si vous voulez, nous irons en dérober quelques-uns ?

— Marche en avant, répliqua le loup.

Ils se dirigèrent donc vers la ferme en question, et quand ils y furent arrivés, le renard poussa des reconnaissances autour de la place qu'il s'agissait d'enlever. Il fureta si bien, qu'il finit par découvrir l'endroit où la ménagère cachait ses gâteaux, en déroba une demi-douzaine, et courut les porter au loup.

— Voilà de quoi régaler votre seigneurie, dit-il.

Puis il s'éloigna.

Le loup ne fit qu'une bouchée des six gâteaux qui, loin de le rassasier, aiguillonnèrent encore son appétit.

— Cela demande à être goûté plus à loisir ! rumina-t-il.

En conséquence, il entra dans la ferme d'où il avait vu sortir le renard, et parvint dans l'office où se trouvaient les gâteaux. Mais dans son avidité, il voulut tirer à lui tout le plat qui tomba sur le carreau, et vola en pièces en occasionnant un grand fracas.

Attirée soudain par un tel vacarme, la fermière aperçut le loup et appela ses gens. Ceux-ci accoururent sur-le-champ, et cette fois encore maître loup fut rossé d'importance.

Boitant de deux pattes et poussant des hurlements capables d'attendrir un rocher, il rejoignit le renard dans la forêt :

— Dans quel horrible guêpier m'as-tu de nouveau conduit ? lui dit-il. Il se trouvait là des rustres qui m'ont cassé leurs bâtons sur le dos.

— Pourquoi votre seigneurie est-elle si insatiable ? répondit le renard.

Le lendemain, les deux compagnons se mirent pour la troisième fois en campagne, et, bien que le loup ne pût encore marcher que clopin clopant, s'adressant de nouveau au renard :

— Ami à la barbe rouge, lui dit-il, mets-toi en quête de me procurer un bon morceau ; sinon je te croque.

Le renard s'empressa de répondre.

— Je connais un homme qui vient de saler un porc ; le lard savoureux se trouve en ce moment dans un tonneau de sa cave ; si vous voulez, nous irons en prélever notre part ?

— J'y consens, répliqua le loup, mais j'entends que nous y allions ensemble, pour que tu puisses me prêter secours en cas de malheur.

— De tout mon cœur, reprit le rusé renard.

Et il se mit immédiatement en devoir de conduire le loup par une foule de détours et de sentiers jusque dans la cave annoncée.

Ainsi que le renard l'avait prédit, jambon et lard se trouvaient là en abondance. Le loup fut bientôt à l'œuvre :

— Rien ne nous presse, dit-il, donnons-nous-en donc tout à notre aise !

Maître renard se garda bien d'interrompre son compagnon dans ses fonctions gloutonnes : mais quant à lui, il eut toujours l'œil et l'oreille au guet ; de plus, chaque fois qu'il avait avalé un morceau, il s'empressait de courir à la lucarne par laquelle ils avaient pénétré dans la cave, afin de prendre la mesure de son ventre.

Étonné de ce manège, le loup lui dit entre deux coups de dents.

— Ami renard, explique-moi donc pourquoi tu perds ainsi ton temps à courir de droite à gauche, puis à passer et à repasser par ce trou ?

— C'est pour m'assurer que personne ne vient, reprit le rusé renard. Que votre seigneurie prenne seulement garde de se donner une indigestion.

— Je ne sortirai d'ici, répliqua le loup, que lorsqu'il ne restera plus rien dans le tonneau.

Dans l'intervalle, arriva le paysan, attiré par le bruit que faisaient les bonds du renard. Ce dernier n'eut pas plutôt aperçu notre homme, qu'en un saut il fut hors de la cave ; sa seigneurie le loup voulut le suivre, mais par malheur, il avait tant mangé que son ventre ne put passer par la lucarne, et qu'il y resta suspendu. Le paysan eut donc tout le temps d'aller chercher une fourche dont il perça le pauvre loup.

Sans sa gloutonnerie, se dit le renard, en riant dans sa barbe, je ne serais pas encore débarrassé de cet importun compagnon.

44.   Le loup et les sept chevreaux

Il était une fois une vieille chèvre qui avait sept chevreaux et les aimait comme chaque mère aime ses enfants. Un jour, elle voulut aller dans la forêt pour rapporter quelque chose à manger, elle les rassembla tous les sept et leur dit :

- Je dois aller dans la forêt, mes chers enfants. Faites attention au loup ! S'il arrivait à rentrer dans la maison, il vous mangerait tout crus. Ce bandit sait jouer la comédie, mais il a une voix rauque et des pattes noires, c'est ainsi que vous le reconnaîtrez.

- Ne t'inquiète pas, maman, répondirent les chevreaux, nous ferons attention. Tu peux t'en aller sans crainte.

La vieille chèvre bêla de satisfaction et s'en alla.

Peu de temps après, quelqu'un frappa à la porte en criant :

- Ouvrez la porte, mes chers enfants, votre mère est là et vous a apporté quelque chose. Mais les chevreaux reconnurent le loup à sa voix rude.

- Nous ne t'ouvrirons pas, crièrent- ils. Tu n'es pas notre maman. Notre maman a une voix douce et agréable et ta voix est rauque. Tu es un loup !

Le loup partit chez le marchand et y acheta un grand morceau de craie. Il mangea la craie et sa voix devint plus douce. Il revint ensuite vers la petite maison, frappa et appela à nouveau :

- Ouvrez la porte, mes chers enfants, votre maman est de retour et vous a apporté pour chacun un petit quelque chose.

Mais tout en parlant il posa sa patte noire sur la fenêtre ; les chevreaux l'aperçurent et crièrent :

- Nous ne t'ouvrirons pas ! Notre maman n'a pas les pattes noires comme toi. Tu es un loup ! Et le loup courut chez le boulanger et dit :

- Je me suis blessé à la patte, enduis-la-moi avec de la pâte.

Le boulanger lui enduisit la patte et le loup courut encore chez le meunier.

- Verse de la farine blanche sur ma patte ! commanda-t-il.

- Le loup veut duper quelqu'un, pensa le meunier, et il fit des manières. Mais le loup dit :

- Si tu ne le fais pas, je te mangerai.

Le meunier eut peur et blanchit sa patte. Eh oui, les gens sont ainsi !

Pour la troisième fois le loup arriva à la porte de la petite maison, frappa et cria :

- Ouvrez la porte, mes chers petits, maman est de retour de la forêt et vous a apporté quelque chose.

- Montre-nous ta patte d'abord, crièrent les chevreaux, que nous sachions si tu es vraiment notre maman. Le loup posa sa patte sur le rebord de la fenêtre, et lorsque les chevreaux virent qu'elle était blanche, ils crurent tout ce qu'il avait dit et ouvrirent la porte. Mais c'est un loup qui entra.

Les chevreaux prirent peur et voulurent se cacher. L'un sauta sous la table, un autre dans le lit, le troisième dans le poêle, le quatrième dans la cuisine, le cinquième s'enferma dans l'armoire, le sixième se cacha sous le lavabo et le septième dans la pendule. Mais le loup les trouva et ne traîna pas : il avala les chevreaux, l'un après l'autre. Le seul qu'il ne trouva pas était celui caché dans la pendule. Lorsque le loup fut rassasié, il se retira, se coucha sur le pré vert et s'endormit.

Peu de temps après, la vieille chèvre revint de la forêt. Ah, quel triste spectacle l'attendait à la maison ! La porte grande ouverte, la table, les chaises, les bancs renversés, le lavabo avait volé en éclats, la couverture et les oreillers du lit traînaient par terre. Elle chercha ses petits, mais en vain. Elle les appela par leur nom, l'un après l'autre, mais aucun ne répondit. C'est seulement lorsqu'elle prononça le nom du plus jeune qu'une petite voix fluette se fit entendre :

- Je suis là, maman, dans la pendule !

Elle l'aida à en sortir et le chevreau lui raconta que le loup était venu et qu'il avait mangé tous les autres chevreaux. Imaginez combien la vieille chèvre pleura ses petits !

Toute malheureuse, elle sortit de la petite maison et le chevreau courut derrière elle. Dans le pré, le loup était couché sous l'arbre et ronflait à en faire trembler les branches. La chèvre le regarda de près et observa que quelque chose bougeait et grouillait dans son gros ventre.

- Mon Dieu, pensa-t-elle, et si mes pauvres petits que le loup a mangés au dîner, étaient encore en vie ?

Le chevreau dut repartir à la maison pour rapporter des ciseaux, une aiguille et du fil. La chèvre cisailla le ventre du monstre, et aussitôt le premier chevreau sortit la tête ; elle continua et les six chevreaux en sortirent, l'un après l'autre, tous sains et saufs, car, dans sa hâte, le loup glouton les avaient avalés tout entiers. Quel bonheur ! Les chevreaux se blottirent contre leur chère maman, puis gambadèrent comme le tailleur à ses noces. Mais la vieille chèvre dit :

- Allez, les enfants, apportez des pierres, aussi grosses que possible, nous les fourrerons dans le ventre de cette vilaine bête tant qu'elle est encore couchée et endormie.

Et les sept chevreaux roulèrent les pierres et en farcirent le ventre du loup jusqu'à ce qu'il soit plein. La vieille chèvre le recousit vite, de sorte que le loup ne s'aperçut de rien et ne bougea même pas.

Quand il se réveilla enfin, il se leva, et comme les pierres lui pesaient dans l'estomac, il eut très soif. Il voulut aller au puits pour boire, mais comme il se balançait en marchant, les pierres dans son ventre grondaient.

Cela grogne, cela gronde,
mon ventre tonne !
J'ai avalé sept chevreaux,
n'était-ce rien qu'une illusion ?
Et de lourdes grosses pierres
les remplacèrent.

Il alla jusqu'au puits, se pencha et but. Les lourdes pierres le tirèrent sous l'eau et le loup se noya lamentablement. Les sept chevreaux accoururent alors et se mirent à crier :

- Le loup est mort, c'en est fini de lui !

Et ils se mirent à danser autour du puits et la vieille chèvre dansa avec eux.

45.   Le loup et l'homme

Le renard fit un jour au loup des récits merveilleux de la force de l'homme ; il n'est pas un seul des animaux, dit-il, qui puisse lui résister, et tous ont besoin de recourir à la ruse pour échapper à ses coups.

Le loup répondit au renard d'un air fanfaron :

— Je voudrais bien qu'un heureux hasard me fit rencontrer un homme ; tous tes beaux discours ne m'empêcheraient pas de l'aborder en face.

— Si tel est ton désir, répliqua le renard, il me sera facile de te fournir l'occasion que tu parais poursuivre. Viens me trouver demain de bon matin, et je te montrerai celui que tu cherches.

Le loup se trouva à l'heure convenue au rendez-vous, et maître renard le conduisit par des détours à lui familiers, jusqu'au chemin qu'un chasseur avait coutume de prendre tous les jours. Le premier individu qui se présenta fut un vieux soldat, congédié depuis longtemps.

— Est-ce là un homme ? demanda le loup.

— Non, répondit le renard, c'en était un autrefois.

Après le soldat, un petit garçon qui se rendait à l'école apparut sur le chemin.

Le loup demanda de nouveaux :

— Est-ce là un homme?

— Non, mais c'en sera un plus tard.

Enfin arriva le chasseur, son fusil à deux coups sur le dos et son couteau de chasse au côté.

Maître renard s'adressant au loup :

— Cette fois, celui que tu vois venir est bien un homme ; voici le moment de l'aborder en face; quant à moi, tu ne trouveras pas mauvais que j'aille me reposer un peu dans ma tanière.

Ainsi qu'il l'avait dit, le loup marcha droit à la rencontre du chasseur ; à sa vue, celui-ci se dit en lui-même :

— Quel dommage que je n'aie pas chargé mon fusil à balles !

Il mit en joue, et envoya tout son petit plomb dans le visage de messire loup, qui fit une grimace affreuse, et continua cependant d'avancer sans se laisser intimider. Le chasseur lui adressa une seconde décharge. Le loup supporta sa douleur en silence et s'élança d'un bond sur le chasseur ; mais celui-ci tira du fourreau sa lame acérée, et lui en porta dans les flancs de si rudes coups que le pauvre animal, renonçant à sa vengeance, prit la fuite et retourna tout sanglant vers le renard.

— Eh bien, lui cria le rusé compère, du plus loin qu'il l'aperçut, comment t'es-tu tiré de ta rencontre avec l'homme ?

— Ne me le demande pas, répondit le loup tout confus, je ne me serais jamais fait une telle idée de la force de l'homme ; il commença par prendre un bâton qu'il portait sur le dos, souffla par un bout et m'envoya au visage une certaine poussière qui m'a chatouillé de la manière la plus désagréable du monde; puis il souffla une seconde fois dans son bâton, et je crus recevoir dans le nez une pluie de grêlons et d'éclairs ; enfin, lorsque je fus parvenu tout près de lui, il tira de son corps une blanche côte, et m'en asséna des coups si violents, que peu s'en est fallu que je ne restasse mort sur la place.

— Cela te prouve, répondit le renard, que l'on ne gagne pas toujours à faire le fanfaron, et qu'il ne faut jamais promettre plus qu'on ne peut tenir.

46.   La lune

Il était autrefois un pays où les nuits étaient sombres, et le ciel couvrait cette contrée comme un drap noir. La lune n'y sortait jamais, pas une seule étoile ne scintillait dans l'obscurité. Les ténèbres y régnaient comme à la création du monde.

Quatre jeunes hommes de ce pays partirent un jour en voyage et arrivèrent dans un autre royaume où tous les soirs, lorsque le soleil se couchait derrière la montagne, s'allumait dans les cimes d'un chêne un disque étincelant qui répandait au loin une douce lumière. Cela permettait aux gens de tout bien voir et distinguer, même si la lumière n'était pas aussi forte et éclatante que celle du soleil.

Les voyageurs s'arrêtèrent et, abasourdis, demandèrent au paysan qui passait par là avec son chariot quelle était cette lumière.

- C'est la lune, répondit le paysan. Notre maire l'a achetée pour trois écus et l'a attachée au sommet du chêne. Tous les jours il doit y rajouter de l'huile et bien la nettoyer pour qu'elle brille comme il faut. Nous lui payons ce service un écu chacun.

Le paysan partit en cahotant, et l'un des jeunes hommes siffla:

- Une telle lampe nous serait bien utile chez nous! Nous avons un chêne aussi grand que celui-ci, nous pourrions l'y accrocher. Quel plaisir de ne plus marcher en tâtonnant!

- Savez vous ce que nous allons faire? lança le deuxième. Nous irons chercher un cheval et une charrette et nous emporterons la lune avec nous. Ils n'auront qu'à s'en acheter une autre.

- Je sais bien grimper, dit le troisième, je la décrocherai.

Le quatrième trouva un cheval et une charrette et le troisième grimpa sur l'arbre. Il fit un trou dans le disque lumineux, passa une corde à travers le trou et fit descendre la lune. Dès que la lune étincelante fut dans la charrette, ils lui passèrent une couverture pour que personne ne s'aperçoive du vol. Ils transportèrent la lune sans encombre jusque dans leur pays et l'accrochèrent sur le haut chêne. Et tout le monde se réjouit, les jeunes et les vieux, de cette nouvelle lampe dont la lumière pâle se répandait dans les champs et dans les prés, et jusque dans les cuisines et les chambrettes. Des grottes dans la montagne sortirent des lutins et des petits génies en petits manteaux rouges et ils se mirent à danser la ronde dans les prés.

Notre quatuor de voyageurs prit la lune en charge. Ils ajoutaient de l'huile, nettoyaient la mèche et percevaient pour leur travail un écu par semaine. Mais le temps passa et ils devinrent vieux et grisonnants, et lorsque l'un d'eux tomba malade et sentit que ses jours étaient comptés, il exigea qu'on mit dans son cercueil un quart de la lune en tant que sa propriété. Après sa mort, le maire grimpa sur l'arbre, découpa un quart de la lune avec des ciseaux de jardinier et on le mit dans le cercueil du défunt. La lune perdit un peu de son éclat, mais pour le moment cela ne se voyait pas trop.

Quelque temps après, le deuxième décéda on l'enterra avec le deuxième quart de la lune, et la lumière baissa un peu plus. Et elle faiblit encore lorsque le troisième mourut et emporta, lui aussi, son quart de lune avec lui. Et dès qu'ils enterrèrent le quatrième, l'obscurité totale d'autrefois envahit à nouveau tout le pays. Et chaque fois que les gens sortaient de chez eux sans leur lanterne, ils se cognaient les uns aux autres.

Or, les quatre quarts de la lune se rejoignirent sous la terre, là, où depuis toujours l'obscurité régnait. Les morts, très étonnés d'y voir de nouveau, se réveillaient. La lumière de la lune était suffisante car leurs yeux avaient perdu l'habitude et n'auraient pu supporter l'éclat du soleil. Ils se levèrent, les uns après les autres, et tous se mirent à faire la fête de nouveau, comme ils en avaient l'habitude autrefois. Les uns jouèrent aux cartes, d'autres allèrent danser et d'autres encore partirent à l'auberge, commandèrent du vin, se saoulèrent, se donnèrent du bon temps, puis se disputèrent et finirent par attraper des bâtons. Et ce fut la bagarre. Et quelle bagarre et quel tapage! Le vacarme était tel qu'il parvint jusqu'au ciel.

Saint Pierre, qui surveille la porte d'entrée du paradis, pensa qu'une révolte avait éclaté aux enfers. Il appela l'armée céleste pour repousser l'odieux ennemi et ses complices pour le cas où ils voudraient attaquer la demeure des défunts. Personne ne s'étant présenté, saint Pierre lui-même monta à cheval et, passant par la porte céleste, descendit tout droit aux enfers. Il ramena le calme parmi les défunts décharnés, leur fit regagner leurs tombes, il emporta la lune avec lui et l'accrocha dans le ciel.

47. Les lutins

C'était un cordonnier qui était devenu si pauvre, sans qu'il y eût de sa faute, qu'à la fin, il ne lui reste à plus de cuir que pour une seule et unique paire de chaussures. Le soir, donc, il le découpa, comptant se remettre au travail le lendemain matin et finir cette paire de chaussures; et quand son cuir fût taillé, il alla se coucher, l'âme en paix et la conscience en repos; il se recommanda au bon Dieu et s'endormit.

Au lieu du cuir le lendemain matin, après avoir fait sa prière, il voulait se remettre au travail quand il vit, sur son établi, les souliers tout faits et complètement finis. Il en fut tellement étonné qu'il ne savait plus que dire. Il prit les chaussures en main et les examina de près: le travail était impeccable et si finement fait qu'on eût dit un chef-d'œuvre: pas le moindre point qui ne fut parfait. Un acheteur arriva peu après, trouva les souliers fort à son goût et les paya plus cher que le prix habituel. Avec l'argent, le cordonnier put acheter assez de cuir pour faire deux paires de chaussures, qu'il tailla le soir même, pensant les achever le lendemain en s'y mettant de bonne heure. Mais le matin, quand il arriva au travail, les deux paires de souliers étaient faites, posées sur son établi, sans qu'il se fût donné la moindre peine; au surplus, les acheteurs ne lui manquèrent point non plus: et c'étaient de vrais connaisseurs, car ils lui laissèrent assez d'argent pour qu'il pût acheter de quoi faire quatre paires de chaussures. Et ces quatre paires-là aussi, il les trouva finies le matin quand il venait, plein de courage, pour se mettre au travail. Et comme par la suite, il en alla toujours de même et que ce qu'il avait coupé le soir se trouvait fait le lendemain matin, le cordonnier se trouva non seulement tiré de la misère, mais bientôt dans une confortable aisance qui touchait presque à la richesse.

Peu de temps avant la Noël, un soir, après avoir taillé et découpé son cuir, le cordonnier dit à sa femme au moment d'aller au lit: " Dis donc, si nous restions éveillés cette nuit pour voir qui nous apporte ainsi son assistance généreuse? "

L'épouse en fut heureuse et alluma une chandelle neuve, puis ils allèrent se cacher, tous les deux, derrière les vêtements de la penderie et où ils restèrent à guetter. À minuit, arrivèrent deux mignons petits nains tout nus qui s'installèrent à l'établi et qui, tirant à eux les coupes de cuir, se mirent de leur agiles petits doigts à monter et piquer, coudre et clouer les chaussures avec des gestes d'une prestesse et d'une perfection telles qu'on n'arrivait pas à les suivre, ni même à comprendre comment c'était possible. Ils ne s'arrêtèrent pas dans leur travail avant d'avoir tout achevé et aligné les chaussures sur l'établi; puis ils disparurent tout aussi prestement.

Le lendemain matin, l'épouse dit au cordonnier:

- Ces petits hommes nous ont apporté la richesse, nous devrions leur montrer notre reconnaissance: ils sont tout nus et il doivent avoir froid à courir ainsi. Sais-tu quoi? Je vais leur coudre de petits caleçons et de petites chemises, de petites culottes et de petites vestes et je tricoterai pour eux de petites chaussettes; toi, tu leur feras à chacun une petite paire de souliers pour aller avec.

- Cela, dit le mari, je le ferai avec plaisir!

Et le soir, quand ils eurent tout fini, ils déposèrent leurs cadeaux sur l'établi, à la place du cuir découpé qui s'y entassait d'habitude, et ils allèrent se cacher de nouveaux pour voir comment ils recevraient leur présent. À minuit, les lutins arrivèrent en sautillant pour se mettre au travail; quand ils trouvèrent sur l'établi, au lieu du cuir, les petits vêtements préparés pour eux, ils marquèrent de l'étonnement d'abord, puis une grande joie à voir les jolies petites choses, dont ils ne tardèrent pas à s'habiller des pieds à la tête en un clin d'œil, pour se mettre aussitôt à chanter:

Maintenant nous voilà comme de vrais dandys!
Pourquoi jouer encor les cordonniers ici?

Joyeux et bondissants, ils se mirent à danser dans l'atelier, à gambader comme de petits fous, sautant par-dessus chaises et bancs, pour gagner finalement la porte et s'en aller, toujours dansant. Depuis lors, on ne les a plus revus; mais pour le cordonnier tout alla bien jusqu'à son dernier jour, et tout lui réussit dans ses activités comme dans ses entreprises.

Il y avait une fois une pauvre servante qui était travailleuse et propre, qui balayait soigneusement chaque jour la maison et portait les ordures sur un grand tas devant la porte. Un matin, de bonne heure, comme elle arrivait déjà pour se mettre au travail, elle y trouva une lettre; mais comme elle ne savait pas lire, elle laissa son balai dans un coin, ce matin-là, et alla montrer la lettre à ses maîtres. C'était une invitation des lutins qui demandaient à la servante de servir de marraine à l'un de leurs enfants. Elle n'était pas décidée et ne savait que faire, mais à la fin, après beaucoup de paroles, ses maîtres réussirent à la convaincre qu'on ne pouvait pas refuser une invitation de cette sorte, et elle l'admit. Trois lutins vinrent la chercher pour la conduire dans une montagne creuse où vivaient les petits hommes. Tout y était petit, mais si délicat, si exquis qu'on ne peut pas le dire. L'accouchée reposait dans un lit noir d'ébène poli, à rosaces de perles, avec des couvertures brodées d'or; le minuscule berceau était d'ivoire et la baignoire d'or massif.

La servante tint l'enfant sur les fonts baptismaux, puis voulu s'en retourner chez ses maîtres mais les lutins la prièrent instamment de demeurer trois jours avec eux. Elle accepta et demeura ces trois jours, qu'elle passa en plaisir est en joie, car les petits hommes la comblèrent de tous ce qu'elle aimait. Quand enfin elle voulut prendre le chemin du retour, ils lui bourrèrent les poches d'or et l'accompagnèrent gentiment au bas de la montagne. Arrivée à la maison, comme elle pensait avoir perdu assez de temps, elle s'en alla tout droit chercher le balai qui était toujours dans son coin. Elle commençait à balayer, quand des gens qu'elle n'avait jamais vus descendirent et virent lui demander qui elle était et ce qu'elle désirait. Parce que ce n'étaient pas trois jours, mais bien sept ans qu'elle avait passés chez les petits hommes de la montagne; et ses anciens patrons étaient morts dans l'intervalle.

Une mère avait eu son enfant enlevé du berceau par les lutins qui, qui avaient mis à sa place un petit monstre à grosse tête avec le regard fixe, occupé seulement de boire et de manger. Dans sa détresse, elle alla demander conseil à sa voisine, qui lui dit de porter le petit monstre à la cuisine, de l'installer devant la cheminée et d'allumer le feu pour faire bouillir de l'eau dans deux coquilles d'œuf: " Le monstre ne pourra pas s'empêcher de rire, lui dit-elle, et dès l'instant qu'il rit, c'en est fini de lui. "

La femme fit tout ce que sa voisine lui avait dit de faire, et Grosse-Tête, en la voyant mettre l'eau à bouillir dans des coquilles d'œufs, parla:

Moi qui suis vieux pourtant
Comme les bois de Prusse,
Je n'avais jamais vu cuisiner et dans un œuf!

Et le voilà qui éclate de rire, et il riait encore quand déjà surgissaient toute une foule de lutins qui rapportèrent le véritable enfant, l'installèrent devant le feu et emportèrent avec eux le monstre à grosse tête.

48. La mariée blanche et la mariée noire

Une pauvre paysanne s'en alla dans les champs pour couper le fourrage. Elle y alla avec ses filles — sa propre fille et sa belle-fille. Soudain, Dieu se présenta devant elles sous l'apparence d'un homme pauvre et demanda :

— Pouvez-vous m'indiquer le chemin pour aller au village ? — Il faudra le trouver vous-même, rétorqua la mère. Et la fille renchérit : — Quand on a peur de s'égarer, on part accompagné. Mais la belle-fille proposa : — Venez, brave homme, je vous guiderai. Dieu se fâcha contre la mère et la fille, se détourna d'elles, et les fit devenir noires comme la nuit et laides comme le péché. La belle-fille en revanche entra dans ses bonnes grâces ; il se laissa accompagner et lorsqu'ils s'approchèrent du village, il la bénit et dit : — Prononce trois vœux, ils seront exaucés. — Je désire être belle et pure comme le soleil, dit la jeune fille. Et immédiatement, elle devint blanche et belle comme une journée de soleil. — Ensuite, je voudrais une bourse pleine d'écus qui ne désemplirait jamais. Dieu la lui donna mais il ajouta : — N'oublie pas le meilleur. La jeune fille dit alors : — Mon troisième vœu est la joie éternelle après ma mort. Dieu l'en assura et se sépara d'elle. La mère et sa fille rentrèrent à la maison et constatèrent qu'elles étaient toutes les deux laides et noires comme le charbon, tandis que la belle-fille était belle et immaculée. Une plus grande cruauté s'empara alors de leurs cœurs et elles n'eurent plus qu'une idée en tête : lui faire du mal. Or, l'orpheline avait un frère qui s'appelait Régis. Elle l'aimait par-dessus tout. Un jour, Régis lui dit : — Ma petite sœur, j'ai envie de dessiner ton portrait pour t'avoir toujours à mes côtés. je t'aime tant que Je voudrais pouvoir te contempler à tout instant. — Ne montre surtout jamais mon portrait à personne, exigea sa sœur. Le frère accrocha le tableau, très fidèle à l'original, dans la pièce qu'il habitait au château, car il était le cocher du roi. Tous les jours il regardait le portrait et remerciait Dieu du bonheur qu'il avait donné à sa sœur. Le roi que Régis servait venait de perdre son épouse. Les serviteurs à la cour avaient remarqué que le cocher s'arrêtait tous les jours devant le magnifique tableau et, jaloux et envieux, ils le rapportèrent au roi. Ce dernier ordonna alors qu'on lui apporte le tableau et, dès qu'il le vit, il put constater que la jeune fille du portrait ressemblait incroyablement à son épouse défunte, et qu'elle était même encore plus gracieuse ; il en tomba amoureux. Il fit appeler le cocher et lui demanda qui était la personne sur le tableau. — C'est ma sœur, répondit Régis. — C'est elle, la seule et unique que je veux épouser, décida le roi. Il donna au cocher une superbe robe brodée d'or, un cheval et un carrosse, et il lui demanda de lui ramener l'heureuse élue de son cœur. Lorsque Régis arriva avec le carrosse, sa sœur écouta avec joie le message du roi. Mais sa belle-mère et sa belle-sœur furent terriblement jalouses du bonheur de l'orpheline et, de dépit, faillirent devenir encore plus noires. — À quoi sert toute votre magie, reprocha la fille à sa mère, puisque vous êtes incapable de me procurer un tel bonheur ! — Attends un peu, la rassura sa mère, je tournerai ce bonheur en ta faveur. Et elle se eut recours à la magie : elle voila les yeux du cocher de manière qu'il ne vît plus qu'à moitié ; quant à la mariée blanche, elle la rendit à moitié sourde. Tous ensemble montèrent ensuite dans le carrosse : d'abord la mariée dans sa belle robe royale, et derrière elle sa belle-mère et sa belle-sœur ; Régis monta sur le siège de cocher et ils se mirent en route. Peu de temps après Régis appela :

Voile ton beau visage, ma petite sœur, gare à tes jolies joues, car le ciel pleure : Empêche le vent fort de te décoiffer, que bientôt le roi admire ta grande beauté !

— Que dit-il, mon petit frère ? demanda la mariée. — Il dit seulement que tu dois enlever ta robe dorée et la donner à ta sœur, répondit la marâtre. La jeune fille ôta la robe, sa sœur noire se glissa à l'intérieur, et donna à la mariée sa chemise grise en toile grossière. Ils poursuivirent leur route, puis le cocher appela à nouveau :

Voile ton beau visage, ma petite sœur, gare à tes jolies joues, car le ciel pleure ; Empêche le vent fort de te décoiffer, que bientôt le roi admire ta grande beauté !

— Qu'est-ce qu'il dit, mon petit frère ? demanda la jeune fille. — Il dit seulement que tu dois ôter ton chapeau doré de ta tête et le donner à ta sœur. La jeune fille ôta son chapeau doré, en coiffa la tête de sa sœur et poursuivit le voyage tête nue. Peu de temps après, Régis appela de nouveau :

Voile ton beau visage, ma petite sœur, gare à tes jolies joues, car le ciel pleure ; Empêche le vent fort de te décoiffer, que bientôt le roi admire ta grande beauté !

-Que dit-il, mon petit frère ? demanda la mariée pour la troisième fois. — Il dit seulement que tu dois regarder un peu le paysage. Ils étaient justement en train de passer sur un pont franchissant des eaux profondes. Et dès que la mariée se leva et se pencha par la fenêtre du carrosse, sa belle-mère et sa belle-fille la poussèrent si fort qu'elle tomba dans la rivière. L'eau se referma sur elle ; à cet instant apparut à la surface d'eau une petite cane d'une blancheur immaculée qui flottait en suivant le courant. Le frère sur le siège du cocher n'avait rien remarqué ; il continuait à foncer avec le carrosse jusqu'à la cour du roi. Son regard était voilé mais percevant l'éclat de la robe dorée il était de bonne foi lorsqu'il conduisit devant le roi la fille noire à la place de sa sœur. Lorsque le roi vit la prétendue mariée et son inénarrable laideur, il devint fou furieux et ordonna de jeter le cocher dans une fosse pleine de serpents. Pendant ce temps, la vieille sorcière réussit à ensorceler le roi et à l'aveugler à tel point qu'il ne les chassa pas, ni elle, ni sa fille ; et mieux encore : elle l'envoûta si bien que le roi finit par trouver la mariée noire plutôt acceptable et il l'épousa. Un soir, tandis que l'épouse noire était assise sur les genoux du roi, arriva dans les cuisines du château, par le conduit de l'évier une petite cane blanche qui parla ainsi au jeune marmiton :

Allume le feu, jeune apprenti, Un court instant, sans doute, suffit Pour faire sécher mes plumes flétries.

Le garçon obéit et alluma le feu ; la petite cane s'approcha, secoua ses plumes et les lissa avec son petit bec. Un peu ragaillardie, elle demanda : — Que fait mon frère Régis ? Le marmiton répondit :

Parmi les serpents, dans une fosse, Sa prison semble plus qu'atroce.

Et la petite cane demanda : Que fait la sorcière noire ? Le garçon répondit :

Elle tremble de joie Dans les bras du roi.

Et la petite cane soupira :

Mon Dieu, sois à mes côtés Face à toute adversité !

et elle s'en alla par où elle était venue. Le lendemain soir elle revint et elle reposa les mêmes questions et le troisième soir également. Le jeune marmiton eut pitié d'elle et décida d'aller voir le roi pour tout lui raconter. Le roi, voulant voir de ses propres yeux ce qui se passait, se rendit le soir à la cuisine et dès que la petite cane sortit la tête de l'évier, il brandit son épée et lui transperça la gorge. Et tout à coup, la petite cane se transforma — et devant le roi apparut une fille d'une beauté indescriptible ressemblant comme deux gouttes d'eau à la belle du tableau de Régis. Le visage du roi s'illumina de joie et comme la jeune fille était toute mouillée, il fit immédiatement apporter une robe magnifique et ordonna qu'on l'en vêtit.

La Jeune fille lui raconta ensuite comment elle se fit abuser par sa belle-mère et sa belle-sœur et comment celles-ci l'avaient poussée à l'eau. Mais en premier lieu elle pria le roi de faire sortir son frère de la fosse aux serpents. Le roi exauça son vœu et se dirigea ensuite vers la chambre de la vieille sorcière. Il lui raconta l'histoire telle qu'elle s'était passée et à la fin lui demanda : — Que mérite la femme qui a commis de telles abominations ? La sorcière, dans son aveuglement, n'avait pas compris de qui il était question et répondit : — Elle mérite d'être enfermée toute nue dans un fût garni de clous pointus et que l'on attache ce fût à un attelage et que cet attelage soit lancé à toute allure. Et c'est ainsi qu'on les traita, elle et sa fille noire. Le roi épousa sa belle mariée blanche et récompensa le fidèle Régis : il en fit l'homme le plus riche et le plus estimé de son royaume.

49. Le meilleur souhait

Trois joyeux compagnons étaient attablés à l'auberge de l'Agneau, à Kehl, mangeant et buvant ; et tandis qu'ils vidaient une dernière bouteille, ils se mirent bientôt à bavarder à faire tort et à travers, puis enfin à des souhaits. Il fut décidé que chacun formerait un vœu : celui qui émettrait le meilleur souhait, devait être dispensé de payer son écot.

Le premier prenant la parole :

— Je souhaite donc, dit-il, que tous les fossés des fortifications de Strasbourg et de Kehl soient remplis de fines aiguilles, et que chacune de ces aiguilles soit placée entre les doigts agiles d'un tailleur, et que chacun de ces doigts soit occupé du matin au soir pendant une année, à me confectionner des sacs de la capacité d'un hectolitre ; et si alors tous ces sacs se trouvaient pleins de doubles doublons à moi appartenant, je m'estimerais satisfait.

Le second dit à son tour :

— Moi, je voudrais que la cathédrale de Strasbourg tout entière, fût remplie jusqu'à la pointe de son clocher de lettres de change à mon ordre, écrites sur le papier le plus fin, que chacune de ces lettres de change représentât une valeur égale au contenu de tous tes sacs à la fois, et que le tout m'appartînt.

— Et moi, reprit le troisième, je voudrais que vos deux souhaits s'accomplissent, qu'ensuite vous fussiez le plus tôt possible deux grands saints dans le ciel, et que je fusse votre seul héritier.

Ce fut le troisième qui sortit de l'auberge sans payer l'écot.

50. La mort marraine

Il était une fois un homme pauvre qui avait douze enfants. Pour les nourrir, il lui fallait travailler jour et nuit. Quand le treizième vint au monde, ne sachant plus comment faire, il partit sur la grand-route dans l'intention de demander au premier venu d'en être le parrain. Le premier qu'il rencontra fut le Bon Dieu. Celui-ci savait déjà ce que l'homme avait sur le cœur et il lui dit: "Brave homme, j'ai pitié de toi; je tiendrai ton fils sur les fonts baptismaux, m'occuperai de lui et le rendrai heureux durant sa vie terrestre." L'homme demanda: "Qui es-tu?" - "Je suis le Bon Dieu." - "Dans ce cas, je ne te demande pas d'être parrain de mon enfant," dit l'homme. "Tu donnes aux riches et tu laisses les pauvres mourir de faim." L'homme disait cela parce qu'il ne savait pas comment Dieu partage richesse et pauvreté. Il prit donc congé du Seigneur et poursuivit sa route. Le Diable vint à sa rencontre et dit: "Que cherches-tu? Si tu me prends pour parrain de ton fils, je lui donnerai de l'or en abondance et tous les plaisirs de la terre par-dessus le marché." L'homme demanda: "Qui es-tu?" - "Je suis le Diable." - "Alors, je ne te veux pas pour parrain. Tu trompes les hommes et tu les emportes." Il continua son chemin. Le Grand Faucheur aux ossements desséchés venait vers lui et l'apostropha en ces termes: "Prends-moi pour parrain." L'homme demanda: "Qui es-tu?" - "Je suis la Mort qui rend les uns égaux aux autres." Alors l'homme dit: "Tu es ce qu'il me faut. Sans faire de différence, tu prends le riche comme le pauvre. Tu seras le parrain." Le Grand Faucheur répondit: "Je ferai de ton fils un homme riche et illustre, car qui m'a pour ami ne peut manquer de rien." L'homme ajouta: "Le baptême aura lieu dimanche prochain; sois à l'heure." Le Grand Faucheur vint comme il avait promis et fut parrain.

Quand son filleul eut grandi, il appela un jour et lui demanda de le suivre. Il le conduisit dans la forêt et lui montra une herbe qui poussait en disant: "Je vais maintenant te faire ton cadeau de baptême. Je vais faire de toi un médecin célèbre. Quand tu te rendras auprès d'un malade, je t'apparaîtrai. Si tu me vois du côté de sa tête, tu pourras dire sans hésiter que tu le guériras. Tu lui donneras de cette herbe et il retrouvera la santé. Mais si je suis du côté de ses pieds, c'est qu'il m'appartient; tu diras qu'il n'y a rien à faire, qu'aucun médecin au monde ne pourra le sauver. Et garde-toi de donner l'herbe contre ma volonté, il t'en cuirait!"

Il ne fallut pas longtemps pour que le jeune homme devint le médecin le plus illustre de la terre. "Il lui suffit de regarder un malade pour savoir ce qu'il en est, s'il guérira ou s'il mourra," disait-on de lui. On venait le chercher de loin pour le conduire auprès de malades et on lui donnait tant d'or qu'il devint bientôt très riche. Il arriva un jour que le roi tomba malade. On appela le médecin et on lui demanda si la guérison était possible. Quand il fut auprès du lit, la Mort se tenait aux pieds du malade, si bien que l'herbe ne pouvait plus rien pour lui. "Et quand même, ne pourrais-je pas un jour gruger la Mort? Elle le prendra certainement mal, mais comme je suis son filleul, elle ne manquera pas de fermer les yeux. Je vais essayer." Il saisit le malade à bras le corps, et le retourna de façon que maintenant, la Mort se trouvait à sa tête. Il lui donna alors de son herbe, le roi guérit et retrouva toute sa santé. La Mort vint trouver le médecin et lui fit sombre figure; elle le menaça du doigt et dit: "Tu m'as trompée! Pour cette fois, je ne t'en tiendrai pas rigueur parce que tu es mon filleul, mais si tu recommences, il t'en cuira et c'est toi que j'emporterai!"

Peu de temps après, la fille du roi tomba gravement malade. Elle était le seul enfant du souverain et celui-ci pleurait jour et nuit, à en devenir aveugle. Il fit savoir que celui qui la sauverait deviendrait son époux et hériterait de la couronne. Quand le médecin arriva auprès de la patiente, il vit que la Mort était à ses pieds. Il aurait dû se souvenir de l'avertissement de son parrain, mais la grande beauté de la princesse et l'espoir de devenir son époux l'égarèrent tellement qu'il perdit toute raison. Il ne vit pas que la Mort le regardait avec des yeux pleins de colère et le menaçait de son poing squelettique. Il souleva la malade et lui mit la tête, où elle avait les pieds. Puis il lui fit avaler l'herbe et, aussitôt, elle retrouva ses couleurs et en même temps la vie.

Quand la Mort vit que, pour la seconde fois, on l'avait privée de son bien, elle marcha à grandes enjambées vers le médecin et lui dit: "C'en est fini de toi! Ton tour est venu!" Elle le saisit de sa main, froide comme de la glace, si fort qu'il ne put lui résister, et le conduisit dans une grotte souterraine. Il y vit, à l'infini, des milliers et des milliers de cierges qui brûlaient, les uns longs, les autres consumés à demi, les derniers tout petits. À chaque instant, il s'en éteignait et s'en rallumait, si bien que les petites flammes semblaient bondir de-ci de-là, en un perpétuel mouvement. "Tu vois," dit la Mort, "ce sont les cierges de la vie humaine. Les grands appartiennent aux enfants; les moyens aux adultes dans leurs meilleures années, les troisièmes aux vieillards. Mais, souvent, des enfants et des jeunes gens n'ont également que de petits cierges." - "Montre-moi mon cierge," dit le médecin, s'imaginant qu'il était encore bien long. La Mort lui indiqua un petit bout de bougie qui menaçait de s'éteindre et dit: "Regarde, le voici!" - "Ah! Cher parrain," dit le médecin effrayé, "allume-m'en un nouveau, fais-le par amour pour moi, pour que je puisse profiter de la vie, devenir roi et épouser la jolie princesse." - "Je ne le puis," répondit la Mort. "Il faut d'abord qu'il s'en éteigne un pour que je puisse en allumer un nouveau." - "Dans ce cas, place mon vieux cierge sur un nouveau de sorte qu'il s'allume aussitôt, lorsque le premier s'arrêtera de brûler," supplia le médecin. Le Grand Faucheur fit comme s'il voulait exaucer son vœu. Il prit un grand cierge, se méprit volontairement en procédant à l'installation demandée et le petit bout de bougie tomba et s'éteignit. Au même moment, le médecin s'effondra sur le sol et la Mort l'emporta.

51.   Les musiciens de Brême

Un meunier possédait un âne qui, durant de longues années, avait inlassablement porté des sacs au moulin, mais dont les forces commençaient à décliner. Il devenait de plus en plus inapte au travail. Son maître songea à s'en débarrasser. L'âne se rendit compte qu'un vent défavorable commençait à souffler pour lui et il s'enfuit. Il prit la route de Brême. Il pensait qu'il pourrait y devenir musicien au service de la municipalité. Sur son chemin, il rencontra un chien de chasse qui s'était couché là. Il gémissait comme quelqu'un qui a tant couru, que la mort le guette.

- Alors, Taïaut, pourquoi jappes-tu comme ça ? demanda l'âne.

- Ah ! dit le chien, parce que je suis vieux, parce que je m'alourdis chaque jour un peu plus, parce que je ne peux plus chasser, mon maître veut me tuer. Je me suis enfui. Mais comment gagner mon pain maintenant ?

- Sais-tu, dit l'âne, je vais à Brême pour y devenir musicien ; viens avec moi et fais-toi engager dans l'orchestre municipal. Je jouerai du luth et toi de la timbale.

Le chien accepta avec joie et ils repartirent de compagnie. Bientôt, ils virent un chat sur la route, qui était triste... comme trois jours de pluie.

- Eh bien ! qu'est-ce qui va de travers, vieux Raminagrobis ? demanda l'âne.

- Comment être joyeux quand il y va de sa vie ? répondit le chat. Parce que je deviens vieux, que mes dents s'usent et que je me tiens plus souvent à rêver derrière le poêle qu'à courir après les souris, ma maîtresse a voulu me noyer. J'ai bien réussi à me sauver, mais je ne sais que faire. Où aller ?

- Viens à Brême avec nous. Tu connais la musique, tu deviendras musicien.

Le chat accepta et les accompagna. Les trois fugitifs arrivèrent à une ferme. Le coq de la maison était perché en haut du portail et criait de toutes ses forces.

- Tu cries à nous casser les oreilles, dit l'âne. Que t'arrive-t-il donc ?

- J'ai annoncé le beau temps, répondit le coq, parce que c'est le jour où la Sainte Vierge lave la chemise de L'Enfant Jésus et va la faire sécher. Mais, comme pour demain dimanche il doit venir des invités, la fermière a été sans pitié. Elle a dit à la cuisinière qu'elle voulait me manger demain et c'est ce soir qu'on doit me couper le cou. Alors, je crie à plein gosier pendant que je puis le faire encore.

- Eh ! quoi, Chanteclair, dit l'âne, viens donc avec nous. Nous allons à Brême ; tu trouveras n'importe où quelque chose de préférable à ta mort. Tu as une bonne voix et si nous faisons de la musique ensemble, ce sera magnifique.

Le coq accepta ce conseil et tous quatre se remirent en chemin. Mais il ne leur était pas possible d'atteindre la ville de Brême en une seule journée. Le soir, ils arrivèrent près d'une forêt où ils se décidèrent à passer la nuit. l'âne et le chien se couchèrent au pied d'un gros arbre, le chat et le coq s'installèrent dans les branches. Le coq monta jusqu'à la cime. Il pensait s'y trouver en sécurité. Avant de s'endormir, il jeta un coup d'œil aux quatre coins de l'horizon. Il vit briller une petite lumière dans le lointain. Il appela ses compagnons et leur dit qu'il devait se trouver quelque maison par là, on y voyait de la lumière. L'âne dit :

- Levons-nous et allons-y ; ici, le gîte et le couvert ne sont pas bons.

Le chien songea que quelques os avec de la viande autour lui feraient du bien. Ils se mirent donc en route en direction de la lumière et la virent grandir au fur et à mesure qu'ils avançaient. Finalement, ils arrivèrent devant une maison brillamment éclairée, qui était le repaire d'une bande de voleurs.

L'âne, qui était le plus grand, s'approcha de la fenêtre et regarda à l'intérieur.

- Que vois-tu, Grison ? demanda le coq.

- Ce que je vois ? répondit l'âne : une table servie avec mets et boissons de bonne allure. Des voleurs y sont assis et sont en train de se régaler.

- Voilà ce qu'il nous faudrait, repartit le coq.

- Eh ! oui, dit l'âne, si seulement nous y étions !

Les quatre compagnons délibérèrent pour savoir comment ils s'y prendraient pour chasser les voleurs. Finalement, ils découvrirent le moyen : l'âne appuierait ses pattes de devant sur le bord de la fenêtre, le chien sauterait sur son dos et le chat par-dessus. Le coq se percherait sur la tête du chat. Quand ils se furent ainsi installés, à un signal donné, ils commencèrent leur musique. L'âne brayait, le chien aboyait, le chat miaulait et le coq chantait. Sur quoi, ils bondirent par la fenêtre en faisant trembler les vitres. À ce concert inhabituel, les voleurs avaient sursauté. Ils crurent qu'un fantôme entrait dans la pièce et, pris de panique, ils s'enfuirent dans la forêt. Nos quatre compagnons se mirent à table, se servirent de ce qui restait et mangèrent comme s'ils allaient connaître un mois de famine. Quand les quatre musiciens eurent terminé, ils éteignirent la lumière et chacun se choisit un endroit à sa convenance et du meilleur confort pour dormir. L'âne se coucha sur le fumier, le chien derrière la porte, le chat près du poêle et le coq se percha au poulailler. Et comme ils étaient fatigués de leur long trajet, ils s'endormirent aussitôt. Quand minuit fut passé, les voleurs virent de loin que la lumière avait été éteinte dans la maison et que tout y paraissait tranquille. Leur capitaine dit :

- Nous n'aurions pas dû nous laisser mettre à la porte comme ça.

Il ordonna à l'un de ses hommes d'aller inspecter la maison. L'éclaireur vit que tout était silencieux ; il entra à la cuisine pour allumer une lumière. Voyant les yeux du chat brillants comme des braises, il en approcha une allumette et voulut l'enflammer. Le chat ne comprit pas la plaisanterie et, crachant et griffant, lui sauta au visage. L'homme fut saisi de terreur. Il se sauva et voulut sortir par la porte de derrière. Le chien, qui était allongé là, bondit et lui mordit les jambes. Et quand le voleur se mit à courir à travers la cour, passant par-dessus le tas de fumier, l'âne lui expédia un magistral coup de sabot. Le coq, que ce vacarme avait réveillé et mis en alerte, cria du haut de son perchoir :

- Cocorico !

Le voleur s'enfuit aussi vite qu'il le pouvait vers ses camarades, et dit au capitaine :

- Il y a dans la maison une affreuse sorcière qui a soufflé sur moi et m'a griffé le visage de ses longs doigts. Devant la porte, il y avait un homme avec un couteau : il m'a blessé aux jambes. Dans la cour, il y a un monstre noir : il m'a frappé avec une massue de bois. Et sur le toit, il y avait un juge de paix qui criait : « Qu'on m'amène le coquin ! » J'ai fait ce que j'ai pu pour m'enfuir. À partir de ce moment-là, les voleurs n'osèrent plus retourner à la maison. Quant aux quatre musiciens de Brême, ils s'y plurent tant qu'ils y restèrent. Le dernier qui me l'a raconté en fait encore des gorges chaudes.

52. L'oie d'or

Il était une fois un homme qui avait trois fils. Le plus jeune avait été surnommé le Bêta et était la risée de tout le monde. Ses frères le prenaient de haut et se moquaient de lui à chaque occasion. Un jour, le fils aîné s'apprêta à aller dans la forêt pour abattre des arbres. Avant qu'il ne parte, sa mère lui prépara une délicieuse galette aux œufs et ajouta une bouteille de vin pour qu'il ne souffre ni de faim ni de soif. Lorsqu'il arriva dans la forêt, il y rencontra un vieux gnome gris. Celui-ci le salua, lui souhaita une bonne journée et dit:

- Donne-moi un morceau de gâteau et donne-moi à boire de ton vin.

Mais le fils, qui était malin, lui répondit:

- Si je te donne de mon gâteau et te laisse boire de mon vin, il ne me restera plus rien. Passe ton chemin.

Il laissa le bonhomme là où il était, et il s'en alla. Il choisit un arbre et commença à couper ses branches, mais très vite il s'entailla le bras avec la hache. Il se dépêcha de rentrer à la maison pour se faire soigner. Ce qui était arrivé n'était pas le fait du hasard, c'était l'œuvre du petit homme.

Un autre jour, le deuxième fils partit dans la forêt. Lui aussi avait reçu de sa mère une galette et une bouteille de vin. Lui aussi rencontra le petit homme gris qui lui demanda un morceau de gâteau et une gorgée de vin. Mais le deuxième fils répondit d'une manière aussi désinvolte que son frère aîné:

- Si je t'en donne, j'en aurai moins. Passe ton chemin.

Il planta le petit homme là et s'en alla. La punition ne se fit pas attendre. Il brandit sa hache trois ou quatre fois et son tranchant le blessa à la jambe.

Peu de temps après, le Bêta dit:

- Papa, laisse-moi aller dans la forêt. Moi aussi je voudrais abattre des arbres.

- Pas question, répondit le père. Maladroit comme tu es, tu n'iras nulle part.

Mais le Bêta insista et son père finit par céder:

- Vas-y, mais s'il t'arrive quelque chose, tu recevras une belle correction.

Sa mère lui donna une galette faite d'une pâte préparée à l'eau et cuite dans les cendres et une bouteille de bière aigre. Le Bêta arriva dans la forêt et y rencontra le gnome vieux et gris, qui le salua et dit:

- Donne-moi un morceau de ton gâteau et laisse-moi boire de ton vin. J'ai faim et soif.

- Je n'ai qu'une galette sèche et de la bière aigre, répondit le Bêta, mais si cela te suffit, asseyons-nous et mangeons.

Ils s'assirent et le Bêta sortit sa galette qui soudain se transforma en un somptueux gâteau et trouva du bon vin à la place de la bière aigre. Ils mangèrent et burent, puis le vieux bonhomme dit:

- Tu as bon cœur et tu aimes partager avec les autres, c'est pourquoi je vais te faire un cadeau. Regarde le vieil arbre, là-bas. Si tu l'abats, tu trouveras quelque chose dans ses racines.

Le gnome le salua et disparut.

Le Bêta s'approcha de l'arbre et l'abattit. L'arbre tomba et le Bêta aperçut entre ses racines une oie aux plumes d'or. Il la sortit, la prit et alla dans une auberge pour y passer la nuit.

L'aubergiste avait trois filles. Celles-ci, en apercevant l'oie, furent intriguées par cet oiseau étrange. Elles auraient bien voulu avoir une des plumes d'or. " Je trouverai bien une occasion de lui en arracher une ," pensa la fille aînée. Et lorsque le Bêta sortit, elle attrapa l'oie par une aile. Mais sa main resta collée à l'aile et il lui fut impossible de la détacher. La deuxième fille arriva, car elle aussi voulait avoir une plume d'or, mais dès qu'elle eut touché sa sœur, elle resta collée à elle. La troisième fille arriva avec la même idée en tête.

- Ne viens pas ici, que Dieu t'en garde! Arrête-toi! crièrent ses sœurs.

Mais la benjamine ne comprenait pas pourquoi elle ne devrait pas approcher, et elle se dit: " Si elles ont pu s'en approcher, pourquoi je ne pourrais pas en faire autant? " Elle s'avança, et dès qu'elle eut touché sa sœur, elle resta collée à elle. Toutes les trois furent donc obligées de passer la nuit en compagnie de l'oie.

Le lendemain matin, le Bêta prit son oie dans les bras et s'en alla, sans se soucier des trois filles qui y étaient collées. Elles furent bien obligées de courir derrière lui, de gauche à droite, et de droite à gauche, partout où il lui plaisait d'aller. Ils rencontrèrent un curé dans les champs qui, voyant ce défilé étrange, se mit à crier:

- Vous n'avez pas honte, impudentes, de courir ainsi derrière un garçon dans les champs? Croyez-vous que c'est convenable?

Et il attrapa la benjamine par la main voulant la séparer des autres, mais dès qu'il la toucha il se colla à son tour et fut obligé de galoper derrière les autres.

Peu de temps après, ils rencontrèrent le sacristain. Celui-ci fut surpris de voir le curé courir derrière les filles, et cria:

- Dites donc, monsieur le curé, où courez-vous ainsi? Nous avons encore un baptême aujourd'hui, ne l'oubliez pas!

Il s'approcha de lui et le prit par la manche et il ne put plus se détacher.

Tous les cinq couraient ainsi, les uns derrière les autres, lorsqu'ils rencontrèrent deux paysans avec des bêches qui rentraient des champs. Le curé les appela au secours, leur demandant de les détacher, lui et le sacristain. Mais à peine eurent-ils touché le sacristain que les deux paysans furent collés à leur tour. Ils étaient maintenant sept à courir derrière le Bêta avec son oie dans les bras.

Ils arrivèrent dans une ville où régnait un roi qui avait une fille si triste que personne n'avait jamais réussi à lui arracher un sourire. Le roi proclama donc qu'il donnerait sa fille à celui qui réussirait à la faire rire. Le Bêta l'apprit et aussitôt il se dirigea au palais, avec son oie et toute sa suite. Dès que la princesse aperçut ce défilé étrange, les uns courant derrière les autres, elle se mit à rire très fort.

Le Bêta réclama aussitôt le mariage, mais le roi n'avait pas envie d'un tel gendre. Il tergiversait et faisait des manières, pour déclarer finalement que le Bêta devait d'abord trouver un homme qui serait capable de boire une cave pleine de vin. Le Bêta pensa que le petit bonhomme gris serait certainement de bon conseil et consentirait peut-être à l'aider, et il partit dans la forêt. À l'endroit précis où se trouvait l'arbre abattu par le Bêta était assis un homme au visage triste. Le Bêta lui demanda ce qu'il avait.

- J'ai grand'soif, répondit l'homme, et je n'arrive pas à l'étancher. Je ne supporte pas l'eau. J'ai bu, il est vrai, un fût entier de vin, mais c'est comme si on faisait tomber une goutte sur une pierre chauffée à blanc.

- Je peux t'aider, dit le Bêta. Viens avec moi, tu verras, tu auras de quoi boire.

Il le conduisit dans la cave du roi. L'homme commença à boire le vin et il but et but jusqu'à en avoir mal au ventre. À la fin de la journée, il avait tout bu.

Le Bêta réclama de nouveau le mariage, mais le roi biaisait encore: un tel simplet, un tel dadais -comme d'ailleurs même son nom l'indiquait - pourrait-il devenir le gendre d'un roi? Il inventa donc une nouvelle épreuve: le Bêta devrait d'abord lui amener un homme capable de manger une montagne de pain. Le Bêta n'hésita pas une seconde et partit dans la forêt. À l'endroit habituel était assis un homme, qui serrait sa ceinture avec un air très contrarié:

- J'ai mangé une charrette de pain, mais à quoi bon quand on a faim comme moi? Mon estomac est toujours vide et je dois toujours serrer ma ceinture.

Le Bêta fut très heureux de l'apprendre et lui dit gaiement:

- Lève-toi et suis-moi! Tu verras, tu mangeras à satiété.

Il emmena l'affamé dans la cour royale. Entre-temps, le roi fit apporter toute la farine du royaume et ordonna d'en faire une montagne de pain. L'homme de la forêt s'en approcha et se mit à manger. À la fin de la journée, il avait tout englouti. Et le Bêta, pour la troisième fois, demanda la main de la princesse. Mais le roi se déroba encore en demandant à son futur gendre de trouver un bateau qui saurait aussi bien se déplacer sur l'eau que sur la terre.

- Dès que tu me l'amèneras, le mariage aura lieu.

Le Bêta repartit dans la forêt et, là était assis le vieux gnome gris qui dit:

- J'ai bu pour toi, j'ai mangé pour toi. Et maintenant je vais te procurer ce bateau; tout cela parce que tu as été charitable avec moi.

Et, en effet, il lui donna ce bateau qui naviguait aussi bien sur l'eau que sur la terre et le roi ne put plus lui refuser la main de sa fille.

53. Le paysan et le diable

Il y avait une fois un paysan adroit et rusé, dont les bons tours étaient connus à plusieurs lieues à la ronde. La plus plaisante de ses malices est celle à laquelle le diable lui-même se laissa prendre, à sa grande confusion.

Un soir que notre paysan se disposait à regagner son logis, après avoir labouré son champ pendant une bonne partie de la journée, il aperçut, au milieu des sillons qu'il avait tracés, un petit tas de charbons embrasés.

Il s'en approcha plein d'étonnement, et vit un petit diable tout noir, qui était assis au milieu des braises ardentes.

— Il me semble que tu es assis sur ton trésor, lui dit le paysan.

— Tu devines juste, répondit le diable, sur mon trésor qui contient plus d'or et d'argent que tu n'en as vu depuis que tu es au monde.

— Ce trésor se trouve dans mon champ ; en conséquence, il m'appartient, reprit le paysan.

— Il est à toi, repartit le diable, si pendant deux années tu consens à partager ta récolte avec moi : j'ai assez d'argent comme cela, je désirerais maintenant posséder quelques fruits de la terre.

Le paysan accepta le marché.

— Pour éviter toute contestation lorsque viendra le partage, ajouta le rustre matois, il sera entendu que tout ce qui sera sur terre t'appartiendra; à moi, au contraire, tout ce qui sera au-dessous du sol.

Le diable souscrivit volontiers à ces conditions. Cependant notre rusé paysan sema tout son champ de raves. Quand l'époque de la récolte fut arrivée, le diable se présenta et voulut emporter sa part du produit, mais il ne trouva que des feuilles jaunes et flétries. Quant au paysan, il déterra tout joyeux ses raves.

— L'avantage a été pour toi cette fois-ci, dit le diable, mais la fois prochaine ce sera mon tour. J'entends qu'à la future récolte ce qui se trouvera sous terre m'appartienne ; à toi, au contraire, ce qui sera au-dessus du sol.

— C'est dit, répondit le paysan.

Cependant quand le temps des semailles fut venu, le paysan sema, non plus des raves, mais du froment. La moisson étant mûre, notre rusé compère retourna au champ et coupa au pied les tiges des épis, si bien que lorsque le diable arriva à son tour, il ne trouva plus que les pointes de la paille et les racines. Dans sa rage et sa confusion, il alla se cacher au fond d'un abîme.

C'est ainsi qu'il faut berner les renards, dit le paysan, en allant ramasser son trésor.

54. Le pauvre et le riche

Il y a bien longtemps, alors que le bon Dieu voyageait encore lui-même sur terre parmi les hommes, il se trouva qu'un soir il se sentit fatigué et que la nuit le surprit avant qu'il fût arrivé à une auberge. De chaque côté de la route se trouvait une maison, l'une grande et belle, l'autre petite et d'aspect misérable; la grande appartenait à un riche, la petite à un pauvre. Le Seigneur se dit: « Je ne serai pas une charge pour le riche; c'est chez lui que je vais passer la nuit. »

Quand le riche entendit frapper à sa porte, il ouvrit la fenêtre et demanda à l'étranger ce qu'il voulait. Le Seigneur répondit:

- Je vous prie de m'accorder l'hospitalité.

Le riche examina le voyageur de la tête aux pieds et comme Dieu portait de méchants vêtements et n'avait pas l'air d'avoir beaucoup d'argent dans ses poches, il secoua la tête et dit:

- Je ne peux pas vous recevoir. Mes chambres sont pleines de légumes et de graines et si je devais héberger tous ceux qui frappent à ma porte, il ne me resterait plus qu'à prendre moi-même la sébile du mendiant. Cherchez ailleurs où passer la nuit.

Sur quoi, il ferme sa fenêtre et plante là le bon Dieu. Lequel lui tourne le dos et traverse la route pour aller vers la petite maison. À peine eut-il frappé que déjà le pauvre ouvrait sa porte et priait le voyageur d'entrer.

- Passez la nuit chez moi, dit-il; il fait déjà sombre et vous ne pouvez plus poursuivre votre chemin aujourd'hui.

Cette attitude plut au bon Dieu et il entra. La femme du pauvre lui tendit la main, lui souhaita la bienvenue et, lui dit de s'installer à son aise et de se servir, qu'ils ne possédaient pas grand-chose, mais ce qu'ils avaient, ils le donnaient de bon cœur. Elle mit des pommes de terre à cuire et alla traire la chèvre pour pouvoir ajouter un peu de lait au repas. Quand la table fut mise, le bon Dieu y prit place et mangea avec eux; la maigre chère qu'on lui offrait lui plut parce que ses hôtes avaient d'avenantes figures. Quand ils eurent fini de manger et que le temps fut venu de se coucher, la femme appela discrètement son mari et lui dit:

- Écoute voir, mon cher mari, nous allons nous installer une couche par terre pour cette nuit de façon que le pauvre voyageur puisse prendre notre lit et s'y reposer; il a marché tout le jour, il y a de quoi être fatigué. - De bon cœur, répondit-il; je vais le lui proposer.

Il s'approche du bon Dieu et le prie, s'il en est d'accord, de se coucher dans leur lit pour y détendre convenablement ses membres. Le bon Dieu ne voulait pas priver les deux vieux de leur lit. Mais ils n'en démordaient pas et, à la fin, il dut y consentir. Quant à eux, ils se préparèrent une couche à même le sol.

Le lendemain, ils se levèrent avant le jour et confectionnèrent pour leur hôte un petit déjeuner aussi bon qu'ils en avaient les moyens. Quand le soleil pénétra par leur petite fenêtre et que le bon Dieu se fut levé, il mangea de nouveau en leur compagnie et s'apprêta à reprendre la route. Au moment de passer la porte, il se retourna et dit:

- Parce que vous avez été compatissants et pieux, faites trois vœux; je les exaucerai.

Le pauvre dit alors:

- Que pourrais-je souhaiter d'autres que la félicité éternelle et, tant que nous vivrons, la santé pour nous deux et l'assurance d'avoir toujours notre pain quotidien; je n'ai pas de troisième vœu à formuler.

Le bon Dieu dit:

- Ne souhaites-tu pas avoir une nouvelle maison à la place de l'ancienne?

- Oh! oui, dit l'homme si je pouvais également obtenir cela, j'en serais heureux.

Le Seigneur exauça leurs vœux. Il transforma leur vieille maison en une neuve, leur donna une dernière bénédiction et s'en fut.

Quand le riche se leva, il faisait déjà grand jour. Il se mit à la fenêtre et aperçut, en face de chez lui, une jolie maison neuve, avec des tuiles rouges, à l'endroit où, jusque-là, se trouvait une simple hutte. Il ouvrit de grands yeux, appela sa femme et dit:

- Dis-moi, que s'est-il passé? Hier soir encore il y avait là une vieille et misérable cabane; aujourd'hui, on y voit une belle maison neuve. Vas-y et tâche de savoir comment cela s'est fait.

La femme y alla et demanda au pauvre ce qui s'était passé. Il lui raconta:

- Hier soir est arrivé un voyageur qui cherchait un toit pour la nuit; ce matin, au moment de nous quitter, il nous a offert d'exaucer trois vœux: la félicité éternelle, la santé sur cette terre et le pain quotidien et, finalement, par-dessus le marché, une maison nouvelle à la place de l'ancienne.

La femme du riche se hâta de rentrer chez elle et expliqua tout à son mari. Celui-ci lui dit:

- Je me battrais! Si seulement j'avais su ça! L'étranger était d'abord venu chez nous pour y passer la nuit mais je l'ai renvoyé.

- Dépêche-toi, dit la femme, prends ton cheval, rattrape l'homme et il exaucera trois vœux pour toi aussi.

Le riche suivit ce judicieux conseil, fila à toute vitesse sur son cheval et rattrapa le bon Dieu. Il lui parla avec amabilité et astuce, lui demanda de ne pas lui en vouloir de ne pas l'avoir laissé entrer; il avait cherché la clé de la maison et pendant ce temps le cher hôte était déjà parti; s'il repassait un jour par là, il fallait absolument qu'il vînt chez lui.

- Oui, répondit le bon Dieu, si je repasse par ici sur le chemin du retour, je le ferai.

Le riche lui demanda alors s'il ne pourrait pas former trois vœux comme son voisin. Oui, lui répondit le bon Dieu, il pouvait certes le faire; mais cela ne serait pas bon pour lui; il valait mieux s'en abstenir. Le riche dit qu'il trouverait bien quelque chose qui servirait à son bonheur s'il était sûr que cela se réaliserait. Le bon Dieu dit alors:

- Rentre chez toi et que les trois vœux que tu feras se réalisent.

Le riche avait obtenu ce qu'il voulait. Il prit le chemin de sa maison tout en songeant à ce qu'il pourrait bien demander. Comme il méditait ainsi en laissant à son cheval la bride sur le cou, celui-ci se mit à gambader, si bien que l'homme en était sans cesse troublé et qu'il n'arrivait pas à concentrer son esprit. Il toucha le cheval de la main et dit:

- Tiens-toi tranquille!

Mais l'animal continuait à faire ses fariboles. Le riche finit par s'énerver et s'écria dans son impatience:

- Je voudrais que tu te rompes le cou!

À peine avait-il prononcé ces mots que, vlan! le voilà par terre, le cheval mort à côté de lui; son premier vœu était exaucé. Comme il était avare de nature, il ne voulut pas abandonner la selle. Il coupa le harnais et la mit sur son dos en reprenant sa route à pied. « Il me reste encore deux vœux, » se disait-il pour se consoler. Comme il marchait ainsi sur la route poudreuse et que le soleil de midi commençait à brûler, il eut chaud et se sentit de mauvaise humeur; la selle lui blessait le dos et il n'avait toujours pas trouvé ce qu'il pourrait souhaiter. « Même si je me souhaite toutes les richesses et tous les trésors de la terre, se disait-il en lui-même, il me viendra par la suite toutes sortes d'autres envies, je le sais d'avance; il faut que je m'arrange de telle sorte qu'il ne me reste rien d'autre à souhaiter. » Et il soupira:

- Ah! si j'étais un paysan bavarois libre de formuler trois vœux, je saurais que faire: Je souhaiterais de la bière d'abord de la bière autant que je pourrais en boire en second lieu; et encore un tonneau de bière par-dessus le marché, comme troisième vœu.

Parfois, il croyait avoir trouvé, mais tout de suite après il pensait que cela ne suffisait pas. Il lui vint tout à coup à l'esprit que sa femme avait bien de la chance d'être à la maison dans sa chambre fraîche, en train de manger de bon appétit. Cette pensée l'irrita et, sans s'en rendre compte, il dit:

- Je voudrais qu'elle soit assise sur cette selle et ne puisse plus en descendre!

À peine avait-il dit ces mots que la selle disparaissait de son dos et il s'aperçut que son deuxième vœu avait été exaucé. Il commença alors à avoir vraiment chaud; il se mit à courir avec l'intention de rentrer vite chez lui et de s'asseoir tout seul dans sa chambre pour y réfléchir à quelque chose de considérable pour son troisième vœu. Quand il arriva à la maison et ouvrit la porte, il vit sa femme au milieu de la pièce, assise sur la selle, ne pouvant en descendre, gémissant et criant. Il lui dit:

- Je vais te satisfaire; je vais souhaiter pour toi toutes les richesses de la terre, mais reste assise où tu es.

Elle le traita d'animal et dit:

- À quoi me serviront toutes les richesses du monde si je reste assise sur cette selle; tu as souhaité que j'y aille tu dois maintenant m'aider à en descendre.

Qu'il le voulût ou non, il lui fallut former le vœu qu'elle soit débarrassée de la selle et puisse en redescendre. Et aussitôt il fut exaucé. Il n'avait ainsi récolté dans l'affaire que du mécontentement, de la peine, des injures et la mort de son cheval. Les pauvres, eux, vécurent heureux, tranquilles et pieux jusqu'à leur sainte mort.

55.   Le pêcheur et sa femme

Il y avait une fois un pêcheur et sa femme, qui habitaient ensemble une cahute[4] au bord de la mer, le pêcheur allait tous les jours jeter son hameçon, et il le jetait et le jetait encore.

Un jour il était assis près de sa ligne, sur le rivage, le regard tourné du côté de l'eau limpide, et il restait assis, toujours assis; tout à coup il vit l'hameçon plonger et descendre profondément, et quand il le retira, il tenait au bout une grosse barbue. La barbue lui dit: « Je te prie de me laisser vivre ; je ne suis pas une vraie barbue, je suis un prince enchanté. A quoi te servirait de me faire mourir? Je ne serais pas pour toi un grand régal ; rejette-moi dans l'eau et laisse-moi nager.

— Vraiment, dit l'homme, tu n'as pas besoin d'en dire si long, je ne demande pas mieux que de laisser nager à son aise une barbue qui sait parler. » Il la rejeta dans l'eau, et la barbue s'y replongea jusqu'au fond, en laissant après elle une longue traînée de sang.

L'homme alla retrouver sa femme dans la cahute. « Mon homme, lui dit-elle, n'as-tu rien pris aujourd'hui ?

— Non, dit l'homme, j'ai pris une barbue qui m'a dit qu'elle était un prince enchanté, et je l'ai laissée nager comme auparavant.

— N'as-tu rien demandé pour toi? dit la femme.

— Non, dit l'homme ; et qu'aurais-je demandé ?

— Ah ! dit la femme, c'est pourtant triste d'habiter toujours une cahute sale et infecte comme celle-ci : tu aurais pu pourtant demander pour nous une petite chaumière. Retourne et appelle la barbue : dis-lui que nous voudrions avoir une petite chaumière ; elle fera cela certainement.

— Ah ! dit l'homme, pourquoi y retournerais-je ?

— Vraiment, dit la femme, tu l'as prise et tu l'as laissée nager comme auparavant, elle le fera ; vas-y sur-le-champ. »

---

[4] Le texte allemand va plus loin, il dit Pisspott, littéralement pot de chambre. Nous n'avons pas cru devoir traduire exactement cette expression par trop figurée. (Note du traducteur.)

L'homme ne s'en souciait point ; pourtant il se rendit au bord de la mer, et quand il y fut il la vit toute jaune et toute verte ; il s'approcha de l'eau et dit :

Tarare ondin, Tarare ondin, Petit poisson, gentil fretin, Mon Isabeau crie et tempête ; Il en faut bien faire à sa tête.

La barbue s'avança vers lui et lui dit : « Que veut-elle donc ?

— Ah ! dit l'homme, je t'ai prise tout à l'heure ; ma femme prétend que j'aurais dû te demander quelque chose. Elle s'ennuie de demeurer dans une cahute ; elle voudrait bien avoir une chaumière.

— Retourne sur tes pas, dit la barbue, elle l'a déjà. »

L'homme s'en retourna, et sa femme n'était plus dans sa cahute ; mais à sa place était une petite chaumière, et sa femme était assise à la porte sur un banc. Elle le prit par la main et lui dit : « Entre donc et regarde ; cela vaut pourtant bien mieux »

Ils entrèrent, et dans la chaumière étaient une jolie petite salle, une chambre où était placé leur lit, une cuisine et une salle à manger avec une batterie de cuivre et d'étain très brillants, et tout l'attirail d'un service complet. Derrière étaient une petite cour avec des poules et des canards, et un petit jardin avec des légumes et des fruits. « Vois, dit la femme, n'est-ce pas joli ?

— Oui, dit l'homme, restons comme cela, nous allons vivre vraiment heureux.

— Nous y réfléchirons, » dit la femme. Là-dessus ils mangèrent et se mirent au lit.

Cela alla bien ainsi pendant huit ou quinze jours, puis la femme dit : « Écoute, mon homme, cette chaumière est aussi trop étroite, et la cour et le jardin sont si petits ! La barbue aurait bien pu en vérité nous donner une maison plus grande. J'aimerais à habiter un grand château en pierre : va trouver la barbue, il faut qu'elle nous donne un château.

— Ah ! femme, dit l'homme, cette chaumière est vraiment fort bien ; à quoi bon servirait d'habiter un château ?

— Eh ! dit la femme, va, la barbue peut très-bien le faire.

— Non, femme, dit l'homme, la barbue vient tout justement de nous donner cette chaumière, je ne veux pas retourner vers elle ; je craindrais de l'importuner.

— Vas-y, dit la femme ; elle peut le faire, elle le fera volontiers ; va, te dis-je. »

L'homme sentait cette démarche lui peser sur le cœur, et ne se souciait point de la faire ; il se disait à lui-même : « Cela n'est pas bien. » Pourtant il obéit.

Quand il arriva près de la mer, l'eau était violette et d'un bleu sombre, grisâtre et prête à se soulever ; elle n'était plus verte et jaune comme auparavant ; pourtant elle n'était point agitée. Le pêcheur s'approcha et dit :

Tarare ondin, Tarare ondin, Petit poisson, gentil fretin, Mon Isabeau crie et tempête; Il en faut bien faire à sa tête.

« Et que veut-elle donc ? dit la barbue.

— Ah ! dit l'homme à demi troublé, elle veut habiter un grand château de pierre.

— Va, dit la barbue, tu la trouveras sur la porte. »

L'homme s'en alla, et croyait retrouver son logis ; mais, comme il approchait, il vit un grand château de pierre, et sa femme se tenait au haut du perron ; elle allait entrer dans l'intérieur. Elle le prit par la main et lui dit : « Entre avec moi. » Il la suivit, et dans le château était un vestibule immense dont les murs étaient plaqués de marbre ; il y avait une foule de domestiques qui ouvraient avec fracas les portes devant eux ; les murs étaient brillants et couverts de belles tentures ; dans les appartements les sièges et les tables étaient en or, des lustres en cristal étaient suspendus aux plafonds, et partout aussi des tapis de pied dans les chambres et les salles ; des mets et des vins recherchés chargeaient les tables à croire qu'elles allaient rompre. Derrière le château était une grande cour renfermant des étables pour les vaches et des écuries pour les chevaux, des carrosses magnifiques ; de plus un grand et superbe jardin rempli des plus belles fleurs, d'arbres à fruits ; et enfin un parc d'au moins une lieue de long, où l'on voyait des cerfs, des daims, des lièvres, tout ce que l'on peut désirer.

« Eh bien ! dit la femme, cela n'est-il pas beau ?

— Ah ! oui, dit l'homme, tenons-nous-en là ; nous habiterons ce beau château, et nous vivrons contents.

— Nous y réfléchirons, dit la femme, dormons là-dessus d'abord. » Et nos gens se couchèrent.

Le lendemain la femme s'éveilla comme il faisait grand jour, et de son lit elle vit la belle campagne qui s'offrait devant elle. L'homme étendait les bras en s'éveillant. Elle le poussa du coude et dit : « Mon homme, lève-toi et regarde par la fenêtre ; vois, ne pourrions-nous pas devenir rois de tout ce pays ? Va trouver la barbue, nous serons rois.

— Ah ! femme, dit l'homme, pourquoi serions-nous rois ? je ne m'en sens nulle envie.

— Bon, dit la femme, si tu ne veux pas être roi, moi je veux être reine. Va trouver ta barbue, je veux être reine.

— Ah ! femme, dit l'homme, pourquoi veux-tu être reine? Je ne me soucie point de lui dire cela.

— Et pourquoi pas ? dit la femme ; vas-y à l'instant, il faut que je sois reine. »

L'homme y alla, mais il était tout consterné de ce que sa femme voulait être reine. « Cela n'est pas bien, cela n'est vraiment pas bien, pensait-il. Je ne veux pas y aller. » Il y allait pourtant. Quand il approcha de la mer, elle était d'un gris sombre, l'eau bouillonnait du fond à la surface et répandait une odeur fétide. Il s'avança et dit :

Tarare ondin, Tarare ondin, Petit poisson, gentil fretin, Mon Isabeau crie et tempête ; Il en faut bien faire à sa tête.

« Et que veut-elle donc? dit la barbue.

— Ah ! dit l'homme, elle veut devenir reine.

— Retourne, elle l'est déjà, » dit la barbue.

L'homme partit et, quand il approcha du palais, il vit que le château s'était de beaucoup agrandi et portait une haute tour décorée de magnifiques ornements. Des gardes étaient en sentinelle à la porte, et il y avait là des soldats en foule avec des trompettes et des timbales. Comme il entrait dans l'édifice, il vit de tous côtés le marbre le plus pur enrichi d'or, des tapis de velours et de grands coffres d'or massif. Les portes de la salle s'ouvrirent ; toute la cour y était réunie, et sa femme était assise sur un trône élevé, tout d'or et de diamant ; elle portait sur la tête une grande couronne d'or, elle tenait dans sa main un sceptre d'or pur garni de pierres précieuses; et à ses côtés étaient placées, sur un double rang, six jeunes filles, plus petites de la tête l'une que l'autre.

Il s'avança et dit : « Ah ! femme, te voilà donc reine !

— Oui, dit-elle, je suis reine. »

Il se plaça devant elle et la regarda, et, quand il l'eut contemplée un instant, il dit :

« Ah ! femme, quelle belle chose que tu sois reine ! Maintenant nous n'avons plus rien à désirer.

— Point du tout, mon homme, dit-elle tout agitée ; le temps me dure fort de tout ceci, je n'y puis plus tenir. Va trouver la barbue ; je suis reine, il faut maintenant que je devienne impératrice.

— Ah ! femme, dit l'homme, pourquoi veux-tu devenir impératrice?

— Mon homme, dit-elle, va trouver la barbue, je veux être impératrice.

— Ah ! femme, dit l'homme, elle ne peut pas te faire impératrice, je n'oserai pas dire cela à la barbue ; il n'y a qu'un empereur dans l'empire : la barbue ne peut pas faire un empereur ; elle ne le peut vraiment pas.

— Je suis reine, dit la femme, et tu es mon mari. Veux-tu bien y aller à l'instant même ? Va, si elle a pu nous faire rois, elle peut nous faire empereurs. Va, te dis-je. »

Il fallut qu'il marchât. Mais tout en s'éloignant, il était troublé et se disait en lui-même : « Cela n'ira pas bien; empereur ! c'est trop demander, la barbue se lassera. »

Tout en songeant ainsi, il vit que l'eau était noire et bouillonnante ; l'écume montait à la surface, et le vent la soulevait en soufflant avec violence : il se sentit frissonner. Il s'approcha et dit :

Tarare ondin, Tarare ondin, Petit poisson, gentil fretin, Mon Isabeau crie et tempête, Il en faut bien faire à sa tête.

« Et que veut-elle donc? dit la barbue.

— Ah ! barbue, dit-il, ma femme veut devenir impératrice.

— Retourne, dit la barbue : elle l'est maintenant. »

L'homme revint sur ses pas, et, quand il fut de retour, tout le château était d'un marbre poli, enrichi de figures d'albâtre et décoré d'or. Des soldats étaient en nombre devant la porte ; ils sonnaient de la trompette, frappaient les timbales et battaient le tambour ; dans l'intérieur du palais, les barons, les comtes et les ducs allaient et venaient en qualité de simples serviteurs : ils lui ouvrirent les portes, qui étaient d'or massif. Et quand il fut entré, il vit sa femme assise sur un trône qui était d'or d'une seule pièce, et haut de mille pieds ; elle portait une énorme couronne d'or de trois coudées, garnie de brillants et d'escarboucles : d'une main elle tenait le sceptre, et de l'autre le globe impérial ; à ses côtés étaient placés sur deux rangs ses gardes, tous plus petits l'un que l'autre, depuis les plus énormes géants, hauts de mille pieds, jusqu'au plus petit nain, qui n'était pas plus grand que mon petit doigt.

Devant elle se tenaient debout une foule de princes et de ducs. L'homme s'avança au milieu d'eux, et dit : « Femme, te voilà donc impératrice !

— Oui, dit-elle, je suis impératrice. »

Alors il se plaça devant elle et la contempla ; puis quand il l'eut considérée un instant : « Ah ! femme, dit-il, quelle belle chose que de te voir impératrice !

—Mon homme, dit-elle, que fais-tu là planté ? Je suis impératrice, je veux maintenant être pape ; va trouver la barbue.

— Ah ! femme, dit l'homme, que demandes-tu là ? tu ne peux pas devenir pape ; il n'y a qu'un seul pape dans la chrétienté ; la barbue ne peut pas faire cela pour toi.

— Mon homme, dit-elle, je veux devenir pape ; va vite, il faut que je sois pape aujourd'hui même.

— Non, femme, dit l'homme, je ne puis pas lui dire cela ; cela ne peut être ainsi, c'est trop ; la barbue ne peut pas te faire pape.

— Que de paroles, mon homme ! dit la femme ; elle a pu me faire impératrice, elle peut aussi bien me faire pape. Marche, je suis impératrice, et tu es mon homme ; vite, mets-toi en chemin. »

Il eut peur et partit ; mais le cœur lui manquait, il tremblait, avait le frisson, et ses jambes et ses genoux flageolaient sous lui. Le vent soufflait dans la campagne, les nuages couraient, et l'horizon était sombre vers le couchant ; les feuilles s'agitaient avec bruit sur les arbres ; l'eau se soulevait et grondait comme si elle eût bouillonné, elle se brisait à grand bruit sur le rivage, et il voyait de loin les navires qui tiraient le canon d'alarme et dansaient et bondissaient sur les vagues. Le ciel était bleu encore à peine sur un point de son étendue, mais tout à l'entour des nuages d'un rouge menaçant annonçaient une terrible tempête.

Il s'approcha tout épouvanté et dit :

Tarare ondin, Tarare ondin, Petit poisson, gentil fretin, Mon Isabeau crie et tempête; Il en faut bien faire a sa tête.

« Et que veut-elle donc ? dit la barbue.

— Ah ! dit l'homme, elle veut devenir pape.

— Retourne, dit la barbue, elle l'est à cette heure. »

Il revint, et quand il arriva, il vit une immense église tout entourée de palais. Il perça la foule du peuple pour y pénétrer. Au dedans, tout était éclairé de mille et mille lumières ; sa femme était revêtue d'or de la tête aux pieds ; elle était assise sur un trône beaucoup plus élevé que l'autre, et portait trois énormes couronnes d'or ; elle était environnée d'une foule de prêtres. A ses côtés étaient placées deux rangées de cierges, dont le plus grand était épais et haut comme la plus haute tour, et le plus petit pareil au plus petit flambeau de cuisine ; tous les empereurs et les rois étaient agenouillés devant elle et baisaient sa mule.

« Femme, dit l'homme en la contemplant, il est donc vrai que te voilà pape ?

— Oui, dit-elle, je suis pape. »

Alors il se plaça devant elle et se mit à la considérer, et il lui semblait qu'il regardait le soleil. Quand il l'eut ainsi contemplée un moment :

« Ah! femme, dit-il, quelle belle chose que de te voir pape ! »

Mais elle demeurait roide comme une souche et ne bougeait.

Il lui dit : « Femme, tu seras contente maintenant ; te voilà pape : tu ne peux pas désirer d'être quelque chose de plus.

— J'y réfléchirai, » dit la femme.

Là-dessus, ils allèrent se coucher. Mais elle n'était pas contente ; l'ambition l'empêchait de dormir, et elle pensait toujours à ce qu'elle voudrait devenir.

L'homme dormit très-bien, et profondément : il avait beaucoup marché tout le jour. Mais la femme ne put s'assoupir un instant ; elle se tourna d'un côté sur l'autre pendant toute la nuit, pensant toujours à ce qu'elle pourrait devenir, et ne trouvant plus rien à imaginer. Cependant le soleil se levait, et, quand elle aperçut l'aurore, elle se dressa sur son séant et regarda du côté de la lumière. Lorsqu'elle vit que les rayons du soleil entraient par la fenêtre :

« Ah ! pensa-t-elle, ne puis-je aussi commander de se lever au soleil et à la lune ?... Mon homme, dit-elle en le poussant du coude, réveille-toi, va trouver la barbue : je veut devenir, pareille au bon Dieu. »

L'homme était encore tout endormi, mais il fut tellement effrayé qu'il tomba de son lit. Il pensa qu'il avait mal entendu ; il se frotta les yeux et dit: « Ah ! femme, que dis-tu ?

— Mon homme, dit-elle, si je ne peux pas ordonner au soleil et à la lune de se lever, et s'il faut que je les voie se lever sans mon commandement, je n'y pourrai tenir, et je n'aurai pas une heure de bon temps ; je songerai toujours que je ne puis les faire lever moi-même. »

Et en disant cela, elle le regarda d'un air si effrayant qu'il sentit un frisson lui courir par tout le corps.

« Marche à l'instant, je veux devenir pareille au bon Dieu »

— Ah ! femme, dit l'homme eu se jetant à ses genoux, la barbue ne peut pas faire cela. Elle peut bien te faire impératrice et pape ; je t'en prie, rentre en toi-même, et contente-toi d'être pape. »

Alors elle se mit en fureur, ses cheveux volèrent en désordre autour de sa tête, elle déchira son corsage, et donna à son mari un cou de pied en criant :

« Je n'y tiens plus, je n'y puis plus tenir ! Veux-tu marcher à l'instant même ? »

Alors il s'habilla rapidement et se mit à courir comme un insensé.

Mais la tempête était déchaînée, et grondait si furieuse qu'à peine il pouvait se tenir sur ses pieds ; les maisons et les arbres étaient ébranlés, les éclats de rochers roulaient dans la mer, et le ciel était noir comme de la poix ; il tonnait, il éclairait, et la mer soulevait des vagues noires, aussi hautes que des clochers et des montagnes, et à leur sommet elles portaient toutes une couronne blanche d'écume. Il se mit à crier (à peine lui-même pouvait-il entendre ses propres paroles) :

Tarare ondin, Tarare ondin, Petit poisson, gentil fretin, Mon Isabeau crie et tempête; Il en faut bien faire à sa tête.

« Et que veut-elle donc ? dit la barbue.

— Ah! dit-il, elle veut devenir pareille au bon Dieu.

— Retourne, tu la trouveras logée dans la cahute. »

Et ils y logent encore aujourd'hui à l'heure qu'il est.

56.　Le Petit Chaperon rouge

Il était une fois une jeune et jolie petite fille qu'aimaient tous ceux qui la voyaient et plus encore sa grand-mère qui ne savait rien lui refuser. Un jour, elle lui offrit un chaperon de velours rouge qui lui seyait tant qu'elle ne voulut plus jamais porter autre chose. Si bien qu'on ne l'appela plus que « Petit Chaperon rouge ». Un jour, sa mère lui dit :

« Petit Chaperon Rouge, viens me voir, voici un morceau de gâteau et une bouteille de vin que tu apporteras à ta grand-mère, elle est malade et faible et pourra s'en délecter. Lève-toi avant qu'il ne fasse trop chaud. En chemin, tu iras prudemment et avec sagesse afin de ne pas t'écarter du bon chemin sinon tu pourrais tomber, casser la bouteille et ta grand-mère n'aurait plus rien. Quand tu seras arrivée dans sa maison, n'oublie pas de lui dire bonjour et ne farfouille pas dans tous les recoins. »

« Je ferai bien tout ce que tu me demandes » répondit le Petit Chaperon Rouge à sa mère et elle lui tendit la main pour la quitter.

Mais la grand-mère habitait dans la forêt à une demi-heure du village. Quand le Petit Chaperon Rouge entra dans le bois, son chemin croisa celui du Loup cependant, elle ignorait qu'il était un animal cruel et elle n'eut donc pas peur de lui.

« Bonjour Petit Chaperon Rouge » lui fit-il,

« Bonjour Loup »

« Où vas-tu de si bon matin Petit Chaperon Rouge ? »

« Je vais chez ma grand-mère ! »

« Que portes-tu ainsi sous ton tablier ? »

« Du vin et un gâteau que nous avons cuit hier soir, ma grand-mère est malade et faible et nous devons lui apporter quelque chose de bon pour la rabibocher. »

« Petit Chaperon Rouge, où habite donc ta grand-mère ? »

« Á un quart d'heure de marche d'ici au fond du bois, près des trois chênes. Là bas se tient sa maison, nichée dans le buisson de noisetiers. Tu dois bien le savoir ! » dit le Petit Chaperon Rouge. Le Loup pensa « La jeune et tendre chose, elle fera une belle et grasse bouchée, qui doit être bien meilleure que la Vieille femme :

« Tu dois procéder avec ruse, afin de les gober toutes les deux. » Il chemina un petit moment avec le Petit Chaperon Rouge puis déclara :

« Petit Chaperon Rouge, regarde les jolies fleurs qui ont poussé là-bas, pourquoi n'irais-tu pas y voir de plus près ? Je crois que tu n'entends pas non plus combien le chant des petits oiseaux est mélodieux ! Vas prudemment comme lorsque tu vas à l'école, c'est si gai dans la forêt.

Le Petit Chaperon Rouge ferma les yeux et vit comme les rayons du soleil perçaient et dansaient à travers les arbres et combien les fleurs étaient belles. Il pensa :

« Si je ramène à grand-mère un bouquet frais cela lui fera grand plaisir. Il est encore tôt et j'arriverai quand même à l'heure. » Elle quitta le chemin pour entrer dans la forêt pour y cueillir les fleurs. Lorsqu'elle en eut cueilli une, elle crut en voir une plus belle plus loin, s'y précipita et pénétra de plus en plus profondément dans le bois. Pendant ce temps, le Loup alla tout droit à la maison de la grand-mère et frappa à la porte.

« Qui est dehors ? »

« Le Petit Chaperon Rouge qui apporte du gâteau et du vin, ouvre »

« Appuie sur la clenche » cria la grand mère, « je suis trop faible et je ne peux pas me lever. »

Le Loup appuya sur la clenche, la porte s'ouvrit, il entra sans dire un mot et s'approcha du lit pour l'avaler. Puis il enfila sa robe et posa son bonnet sur sa tête pour s'allonger dans son lit et tira le rideau.

Pendant ce temps, le Petit Chaperon Rouge avait cueilli autant de fleurs qu'elle pouvait en porter lorsqu'elle se rappela qu'elle devait se rendre chez sa grand-mère et se remit en chemin vers sa maison. Elle fut surprise de trouver la porte ouverte et lorsqu'elle entra dans la pièce, elle eut une étrange sensation et pensa « Mon Dieu, je ne me sens pas bien aujourd'hui, comme je suis heureuse d'être arrivée chez ma grand-mère ! » Elle salua « Bonjour » mais elle reçut aucune réponse. Elle se rendit près du lit et tira le rideau : la grand-mère était allongée et portait son bonnet profondément enfoncé sur la tête et paraissait si merveilleuse.

« Eh ! Grand-mère comme tu as de grandes oreilles »

« C'est pour mieux t'entendre »

« Eh ! Grand-mère comme tu as de grands yeux »

« C'est pour mieux te voir »

« Eh ! Grand-mère comme tu as de grands bras »

« C'est pour mieux t'embrasser »

« Eh ! Grand-mère comme tu as une grande bouche »

« C'est pour mieux te manger »

Á peine l'eut-il dit qu'il bondit du lit et avala d'un coup le pauvre Petit Chaperon Rouge.

Le Loup ayant apaisé son appétit, s'allongea de nouveau dans le lit et commença à ronfler puissamment. Un chasseur venant à passer près de la maison pensa : « Dieu comme la vieille femme ronfle, tu dois voir s'il ne lui manque rien. » Puis il entra dans la maison et comme il se trouvait devant le lit, il comprit que le Loup était couché là. « Je te trouve donc là, espèce de vieil impur » dit-il, « ça faisait longtemps que je te cherchais » Il voulut poser sa gibecière lorsqu'il pensa que le Loup avait pu dévorer la grand-mère et qu'il pourrait encore la sauver : il ne tira point mais prit un ciseau et ouvrit le ventre du Loup qui dormait. Lorsqu'il eut fait une paire de découpes, il vit l'éclat rouge du chaperon puis il fit une autre paire d'entailles. Soudain le Petit Chaperon Rouge bondit et s'écria : « Ah, j'ai été tellement effrayée car il faisait si sombre dans le ventre du Loup. » Puis vint la vieille grand-mère qui ne pouvait presque plus respirer. Le Petit Chaperon Rouge attrapa promptement une grosse pierre et en remplit le ventre du Loup. Lorsqu'il se réveilla il voulut s'enfuir mais la pierre était si lourde qu'il retomba lourdement et mourut sur le coup.

Tous trois se sentirent tout joyeux, le chasseur dépeça le Loup et rentra chez lui, la grand-mère mangea le gâteau et but le vin que le Petit Chaperon Rouge avait apportés et se reposa enfin. Mais le Petit Chaperon Rouge pensa : « Tu n'iras plus jamais seule en dehors des chemins dans la forêt comme ta mère te l'avait recommandé. »

On raconta aussi qu'une fois alors que le Petit Chaperon Rouge rapporta un gâteau à sa grand-mère, un autre Loup lui avait adressé la parole pour l'écarter du bon chemin. Mais le Petit Chaperon Rouge se protégea en continuant son chemin sans s'écarter et dit à la grand-mère que le Loup l'avait croisée et saluée avec un regard si méchant :

« Si je ne m'étais pas trouvé sur le grand chemin, il m'aurait avalée. »

« Viens » dit la grand-mère, « fermons la porte pour qu'il ne puisse pas rentrer » Peu après le Loup vint à frapper à la porte et s'écria :

« Ouvre grand-mère, je suis le Petit Chaperon Rouge, je t'apporte un gâteau. » Mais elles restèrent muettes et n'ouvrirent pas la porte : Puis la gueule grise renifla autour de la maison et sauta finalement sur le toit et voulut y attendre que la nuit tombe et que le Petit Chaperon Rouge rentre chez elle pour la suivre et la dévorer dans l'obscurité. Mais la grand-mère avait démasqué ce qu'il avait dans le crâne. Devant la maison se trouvait un grand abreuvoir en pierre, elle dit à l'enfant :

« prends ce seau, hier j'ai fait cuire des saucisses, porte l'eau dans laquelle je les ai faites cuire et remplis en l'abreuvoir. »

Le Petit Chaperon Rouge porta autant d'eau qu'il en fallait pour remplir le gigantesque abreuvoir. Alors l'odeur des saucisses s'éleva jusqu'au nez du Loup, il renifla et observa au dessous de lui et tendit le cou si loin qu'il ne put plus se retenir et commença à glisser : Il glissa si bien du toit qu'il chut dans l'abreuvoir et s'y noya. Le Petit Chaperon Rouge revint donc joyeusement chez elle et personne ne l'importuna jamais plus.

57. Le petit Pou et la petite Puce

Le petit pou et la petite puce vivaient ensemble, tenaient ensemble leur petite maison et brassaient leur bière dans une coquille d'œuf. Un jour le petit pou tomba dans la bière et s'ébouillanta. La petite puce se mit à pleurer à chaudes larmes. La petite porte de la salle s'étonna: « Pourquoi pleures-tu ainsi, petite puce? » – « Parce que le pou s'est ébouillanté. »

La petite porte se mit à grincer et le petit balai dans le coin demanda: « Pourquoi grinces-tu ainsi, petite porte? » – « Comment pourrais-je ne pas grincer!

Le petit pou s'est ébouillanté,
La petite puce en perd la santé. »

Le petit balai se mit à s'agiter de tous côtés. Une petite charrette qui passait par là, cria: « Pourquoi t'agites-tu ainsi, petit balai? » – « Comment pourrais-je rester en place!

Le petit pou s'est ébouillanté,
La petite puce en perd la santé,
La petite porte grince à qui mieux mieux. »

Et la petite charrette dit: « Moi, je vais rouler, » et elle se mit à rouler à toute vitesse. Elle passa par le dépotoir et les balayures lui demandèrent: « Pourquoi fonces-tu ainsi, petite charrette? » – « Comment pourrais-je ne pas foncer!

Le petit pou s'est ébouillanté,
La petite puce en perd la santé,
La petite porte grince à qui mieux mieux,
Le balai s'agite, sauve-qui-peut! »

Les balayures décidèrent alors: « Nous allons brûler de toutes nos forces, » et elles s'enflammèrent aussitôt. Le petit arbre à côté du dépotoir demanda: « Allons, balayures, pourquoi brûlez-vous ainsi? » – « Comment pourrions-nous ne pas brûler!

Le petit pou s'est ébouillanté,
La petite puce en perd la santé,
La petite porte grince à qui mieux mieux,
Le balai s'agite, sauve-qui-peut!

La charrette fonce fendant les airs. »

Et le petit arbre dit: « Alors moi, je vais trembler, » et il se mit à trembler à en perdre toutes ses feuilles. Une petite fille, qui passait par là avec une cruche d'eau à la main, s'étonna: « Pourquoi trembles-tu ainsi, petit arbre? » – « Comment pourrais-je ne pas trembler!

Le petit pou s'est ébouillanté,
La petite puce en perd la santé,
La petite porte grince à qui mieux mieux,
Le balai s'agite, sauve-qui-peut!
La charrette fonce fendant les airs,
Les balayures brûlent en un feu d'enfer. »

Et la petite fille dit: « Alors moi, je vais casser ma cruche, » et elle la cassa. La petite source d'où jaillissait l'eau, demanda: « Pourquoi casses-tu ta cruche, petite fille? » – « Comment pourrais-je ne pas la casser!

Le petit pou s'est ébouillanté,
La petite puce en perd la santé,
La porte grince à qui mieux mieux,
Le balai s'agite, sauve-qui-peut!
La charrette fonce fendant les airs,
Les balayures brûlent en un feu d'enfer.
Et le petit arbre, le pauvre, du pied à la tête il tremble. »

« Ah bon, » dit la petite source, « alors moi, je vais déborder, » et elle se mit à déborder. Et l'eau inonda tout en noyant, la petite fille, le petit arbre, les balayures, la charrette, le petit balai, la petite porte, la petite puce et le petit pou, tous autant qu'ils étaient.

58.   Le petit âne

Il était une fois un roi et une reine qui avaient tout ce qu'ils souhaitaient, mais ils n'avaient pas d'enfant. La reine était désespérée, et tous les jours et toutes les nuits elle se lamentait:- « Je suis comme une terre en friche où rien ne germe. »

Enfin le ciel exauça ses prières; mais lorsque l'enfant fut né, il ne ressemblait en rien à un homme: c'était un petit âne. Lorsque sa mère le vit, elle se mit à se lamenter de plus belle:

- Plutôt qu'un âne comme fils, dit-elle, je préfère ne pas avoir d'enfant du tout. On devrait le jeter à l'eau, pour qu'il se fasse dévorer par les poissons.

Mais le roi ne fut pas d'accord et dit:

- Le bon Dieu nous l'a donné, il sera donc mon fils et mon héritier et après ma mort c'est lui qui s'assiéra sur le trône et portera la couronne royale.

Ils éduquaient donc le petit âne de leur mieux, et celui-ci grandissait bien. Il se réjouissait de la vie, s'amusait, jouait, mais par-dessus tout il aimait la musique. Aussi s'en alla-t-il trouver un célèbre musicien et lui demanda:

- Apprends-moi ton art. Que je sache jouer du luth aussi bien que toi.

- Pauvre petit, soupira le musicien. Vos doigts ne sont pas faits pour jouer du luth; ils sont même trop grands, je crains que les cordes ne tiennent pas.

Mais il pouvait toujours dire tout ce qu'il voulait, le petit âne avait décidé de jouer du luth et ne céda pas. Et il finit par y arriver. Il était si assidu et si appliqué qu'il avait appris à jouer aussi bien que son maître.

Un jour, le petit âne se promenait et il arriva jusqu'à un puits. Là, il vit sa tête d'âne se refléter sur la surface de l'eau. Il fut si attristé par ce qu'il venait de voir qu'il s'en alla dans le monde; il ne prit avec lui que son compagnon fidèle. Ils avaient marché par monts et par vaux, lorsqu'ils arrivèrent dans un royaume où régnait un vieux roi. Il n'avait qu'une fille, mais elle était très belle. - Nous resterons un peu par ici, décida le petit âne.

Il frappa à la porte du château et cria:

- Un hôte est devant votre porte; ouvrez pour qu'il puisse entrer!

Comme la porte ne s'ouvrait pas, le petit âne s'assit, prit son luth, et avec ses pattes avant, il joua merveilleusement.

Le portier, chargé de surveillance, écarquilla les yeux et courut annoncer au roi:

- Dehors, devant la porte du château, il y a un petit âne et il joue du luth comme un grand maître.

- Faites-le donc venir, demanda le roi.

Dès que le petit âne entra avec son luth dans la grande salle, tout le monde se moqua de lui. Puis ils lui recommandèrent d'aller en bas, chez les gens de service, de s'y asseoir et d'y manger. Mais le petit âne protesta:

- Je ne sors pas d'une vulgaire étable, je descends d'une famille noble!

- Si tu es si noble, lui dirent-ils, va t'asseoir avec les soldats.

- Non, refusa le petit âne, je veux m'asseoir avec le roi.

Le roi rit, et comme il était de bonne humeur, il acquiesça.

- Entendu, petit âne, comme tu veux: viens ici, près de moi.

Ensuite il lui demanda:

- Et comment trouves-tu ma fille, petit âne?

Le petit âne tourna la tête vers la princesse, la regarda de la tête aux pieds et dit:

- Elle me plaît beaucoup, je n'ai jamais vu de fille plus belle.

- Va donc t'asseoir près d'elle, dit le roi.

- Volontiers, se réjouit le petit âne.

Et il alla s'asseoir près de la princesse. Puis il mangea et but avec de très belles manières, très proprement.

Le noble petit âne resta un temps à la cour du roi. « Il n'y a rien à faire, se dit-il un jour, il faut que tu rentres à la maison. »Triste et la tête baissée, il se présenta devant le roi et lui demanda l'autorisation de partir. Or, le roi s'était habitué à lui et l'appréciait énormément. Il se mit donc à le questionner:

- Qu'est-ce que tu as, petit âne? Tu as l'air si triste! Reste chez moi, je te donnerai tout ce que tu veux. Veux-tu de l'or?

- Non, fit le petit âne en secouant la tête.

- Veux-tu des bijoux, des objets rares?

- Non, merci.

- Veux-tu la moitié de mon royaume?

- Non, non.

- Si je savais ce qui pourrait te faire plaisir, soupira le roi. Veux-tu la main de ma gracieuse fille?

- Oh, oui, acquiesça le petit âne, elle, je la voudrais vraiment.

Et tout à coup il fut plus gai, sa bonne humeur revint, car c'était précisément ce qu'il souhaitait le plus. Et on donna alors un magnifique banquet de noces. Le soir, avant que les mariés n'aient été accompagnés à leur chambre à coucher, le roi, voulant s'assurer que le petit âne continuerait à se conduire avec toujours autant de belles manières, ordonna à son valet de se cacher dans leur chambre.

Les nouveaux mariés entrèrent dans leur chambre à coucher. Le marié ferma le verrou puis, croyant qu'ils étaient seuls, il ôta subitement sa peau d'âne. Il apparut devant la mariée comme un beau et jeune prince.

- Tu sais maintenant qui je suis, dit-il, et tu vois aussi que je ne suis pas indigne de toi.

L'heureuse mariée l'embrassa et en tomba éperdument amoureuse.

Or, dès l'aube le jeune homme revêtit sa peau d'âne. Personne ne pouvait soupçonner ce que la peau cachait! Et bientôt, le vieux roi arriva.

- Tiens donc, le petit âne est déjà debout! s'écria-t-il. Tu es sans doute triste, se tourna-t-il vers sa fille, de n'avoir pu épouser un vrai jeune homme?

- Pas du tout, père, je l'aime tant que pour moi il est le plus beau du monde; de toute ma vie, je ne veux que lui.

Le roi fut surpris, mais son valet accourut et lui raconta tout.

- Ce n'est tout de même pas possible! s'étonna le roi.

- Restez donc cette nuit dans leur chambre, vous verrez tout de vos propres yeux, lui conseilla le valet. Et j'ai encore une autre idée. Prenez-lui sa peau et jetez-la dans le feu. Il ne lui restera plus qu'à se montrer sous sa véritable apparence.

- Très bonne idée, dit le roi.

Le soir, lorsque les jeunes mariés dormaient, il se glissa comme une ombre dans leur chambre à coucher, il s'approcha du lit et au clair de lune il aperçut un beau jeune homme dormant paisiblement. La peau d'âne ôtée était par terre. Le roi l'emporta et fit allumer dehors un grand feu, puis il y fit jeter la peau. Et il veilla personnellement à ce qu'elle fût réduite en cendres. Et comme il voulait savoir comment le petit âne volé allait réagir, il resta éveillé toute la nuit.

À l'aube, dès qu'il se réveilla, le jeune homme se leva et voulut se glisser à nouveau dans sa peau d'âne; mais il la chercha en vain. Il en fut horrifié et il 'écria avec une voix pleine d'épouvante:

- Il ne me reste plus qu'à fuir!

Il sortit de la chambre, mais le roi l'y attendait.

- Où vas-tu, cher fils, l'interpella-t-il. Que veux-tu faire? Reste ici: tu es un beau jeune homme et je ne te laisserai pas partir. Je te donnerai tout de suite la moitié de mon royaume et, après ma mort, tu seras le maître du pays tout entier.

- Pourvu que ce bon début présage une bonne fin, dit le jeune homme.

Le vieux roi lui donna la moitié du royaume, et quand il mourut l'année suivante, le jeune roi devint le maître du pays tout entier. Et après la mort de son propre père, il hérita également du royaume natal. Il vécut ainsi majestueusement.

59.   La princesse sur les pois

Traduit par Félix Frank et E. Alsleben

Il était une fois un roi dont le fils unique, voulant se marier, demanda une femme à son père.

« Ton désir va être satisfait, mon fils, dit le roi, mais il ne serait pas convenable de prendre une autre qu'une princesse pour femme, et il s'en trouve justement une qui est libre tout près d'ici. Cependant, je veux faire annoncer ton intention ; peut-être nous viendra-t-il quelque princesse de l'étranger. »

Il envoya donc partout des lettres pour cet objet, et il ne se passa pas longtemps sans qu'on vit paraître des princesses. Il n'y avait presque point de jour où ce ne fut le tour de quelqu'une ; mais dès qu'on s'informait de ses aïeux et de sa famille, on s'apercevait que ce n'était point là une véritable princesse, et on la congédiait bien vite.

« Si cela continue ainsi, disait le prince, je finirai par ne pas rencontrer de femme.

– Calme-toi, mon fils, lui dit la reine ; avant que tu t'en sois avisé, tu en auras une ; souvent le bonheur est devant la porte, on n'a qu'à l'ouvrir. »

Il en advint réellement ainsi que la reine l'avait prédit. Bientôt après, par un soir d'orage, comme la pluie et le vent battaient les fenêtres, on frappa à la porte du château royal, les domestiques ouvrirent, et une jeune fille d'une beauté merveilleuse entra, demandant à être conduite immédiatement devant le roi.

Le roi fut étonné d'une visite à pareille heure, et s'informa d'où venait l'inconnue, qui elle était, ce qu'elle désirait ?

« Je viens d'un pays lointain, dit-elle ; je suis la fille d'un roi puissant. Lorsque votre lettre est parvenue avec le portrait de votre fils dans le royaume de mon père, j'ai senti naître en moi un grand amour pour ce prince et je suis partie avec l'intention de devenir sa femme.

– Voilà qui me paraît un peu étrange, repartit le roi, et vous n'avez nullement l'air d'une princesse. Depuis quand une princesse voyage-t-elle sans suite et vêtue d'aussi mauvaises robes ?

– La suite n'aurait fait que me retarder, reprit-elle ; quant à la couleur de mes robes, le soleil l'a pâlie et la pluie l'a effacée entièrement. Si vous ne croyez pas que je sois une princesse, envoyez une ambassade à mon père.

– C'est trop d'embarras, dit le roi ; une ambassade ne saurait voyager aussi vite que vous. Les gens doivent avoir le temps nécessaire, et il se passerait des années avant qu'ils fussent de retour. Si vous ne pouvez prouver autrement que vous êtes une vraie princesse, vous n'avez que faire ici et le mieux sera pour vous de retourner au plus vite dans votre pays.

– Laisse-la rester, dit alors la reine, je veux la mettre à l'épreuve, et je saurai avant peu si c'est une princesse véritable. »

La reine monta ensuite elle-même à la tour du château et fit préparer un lit superbe dans un magnifique appartement. Lorsqu'on eut apporté les matelas, elle y mit trois pois, l'un au pied du lit, un autre au milieu et le troisième au chevet ; puis on ajouta encore six matelas, puis les draps et les édredons. Quand tout fut prêt, elle conduisit la jeune fille dans cette chambre :

« Apres une si longue marche, vous devez être fatiguée, mon enfant, dit-elle ; dormez bien demain nous causerons plus amplement de tout cela. »

À peine faisait-il jour, que la reine monta à la tour où elle croyait la jeune fille plongée dans le plus profond sommeil ; mais celle-ci était tout éveillée.

« Comment avez-vous dormi, ma fille ? demanda la reine.

– Affreusement, répondit la princesse, je n'ai pas fermé les yeux de la nuit !

– Pourquoi donc, mon enfant ? Le lit n'était-il pas bien fait ?

– Jamais de la vie je n'ai couché dans un tel lit ; il était dur de la tête aux pieds, comme si j'avais été couchée sur des pois.

– Je vois bien, dit la reine, que vous êtes une vraie princesse. Je vais vous envoyer une toilette royale, des perles, des pierreries... Parez-vous comme une fiancée. Aujourd'hui même nous célébrerons le mariage qui doit vous unir à mon fils. »

60.   Raiponce

Il était une fois un mari et son épouse, qui souhaitaient depuis longtemps avoir un enfant. Un jour enfin, la femme caressa l'espoir que le Bon Dieu exaucerait ses vœux.

Ces gens avaient à l'arrière de leur maison, une petite fenêtre depuis laquelle ils pouvaient apercevoir un splendide jardin où poussaient les plus belles fleurs et les meilleures simples ; mais il était entouré d'un haut mur et personne ne s'y risquait car il appartenait à une puissante magicienne que tous craignaient.

Un jour, la femme se tenait devant la fenêtre et regardait dans le jardin. Là elle vit une plate-bande où poussaient de belles raiponces qui paraissaient si fraîches et vertes qu'elle eut une grande envie d'en manger.

L'envie grandissait chaque jour et comme elle savait qu'elle ne pourrait pas en avoir, elle dépérissait, pâlissait et prenait un air de plus en plus misérable.

Alors le mari prit peur et demanda :

- Que te manque-t-il ma chère épouse ?

- Hélas, répondit-elle, si je ne peux manger de ces raiponces du jardin derrière notre maison, alors je mourrai.

L'homme qui aimait sa femme pensa :

-   Eh, laisseras-tu ton épouse mourir ? Va lui chercher des raiponces quoiqu'il put t'en coûter.

Lorsque le crépuscule fut arrivé, il escalada le mur du jardin de la magicienne, cueillit rapidement une pleine poignée de raiponces et les rapporta à son épouse. Elle s'en fit aussitôt une salade et la mangea d'un coup avidement. Elles lui plurent tant que le jour suivant, elle en eut encore trois fois plus envie. Pour la calmer, l'homme dut encore une fois escalader le mur du jardin. Il le fit à nouveau au crépuscule. Mais tandis qu'il grimpait au mur il fut brusquement effrayé car il aperçut la magicienne qui se tenait devant lui.

- Comment peux-tu te risquer, dit-elle avec un regard plein de courroux, à pénétrer dans mon jardin et à me voler mes raiponces comme un brigand ? Tu vas être puni !

- Hélas, répondit-il, faites moi grâce et justice. Je ne l'ai fait que par nécessité. Mon épouse a vu vos raiponces depuis notre fenêtre et elle en conçut une telle envie qu'elle serait morte si elle n'avait pas pu en manger.

La magicienne laissa alors tomber son courroux et lui dit :

- Prends-en autant que tu voudras, j'y mets seulement une condition : tu dois me donner l'enfant que ta femme mettra au monde. Il sera bien traité et je m'en occuperai comme une mère.

L'homme par peur acquiesça à tout, et lorsque après quelques semaines sa femme accoucha, apparut immédiatement la magicienne, qui donna le nom de Raiponce à l'enfant et l'emmena avec elle.

Raiponce devint la plus belle enfant qui soit. Lorsqu'elle eut douze ans, la magicienne l'enferma dans une tour qui se dressait dans une forêt et qui ne possédait ni escalier ni porte ; seule tout en haut, s'ouvrait une petite fenêtre.

Quand la magicienne voulait entrer, elle se tenait au bas et appelait :

- Raiponce, Raiponce, dénoue et lance vers moi tes cheveux ! Raiponce avait de longs et splendides cheveux fins et filés comme de l'or. Lorsque la voix de la magicienne lui parvenait, elle dénouait ses nattes, les passaient autour d'un crochet de la fenêtre et les laissait tomber vingt pieds plus bas. Ainsi grâce à ceux-ci la magicienne pouvait grimper dans la tour.

Une paire d'années passa lorsque le fils du roi qui chevauchait par ces bois vint à passer près de la tour. Il entendit un chant qui était si doux qu'il s'arrêta et écouta. C'était Raiponce, qui dans sa solitude passait le temps en chantant et faisait résonner sa douce voix. Le fils du roi voulut monter auprès d'elle et chercha une porte : mais il n'en trouva aucune. Il s'en retourna alors chez lui. Mais le chant l'avait tellement ému, que chaque jour il partait pour les bois pour l'écouter. Une fois alors qu'il se tenait sous un arbre, il vit la magicienne venir et il l'entendit appeler :

- Raiponce, Raiponce, dénoue et lance vers moi tes cheveux !

Alors Raiponce laissait tomber ses tresses et la magicienne grimpait à elle.

Est-ce l'échelle par laquelle on y parvient, alors je veux aussi une fois tenter ma chance."

Et le jour suivant, tandis que le crépuscule pointait, s'en alla-t-il vers la tour et appela :

- Raiponce, Raiponce, dénoue et lance vers moi tes cheveux !

Aussitôt, la chevelure chut et le prince escalada la tour.

Au début Raiponce fut horriblement effrayée qu'un homme vint jusqu'à elle alors qu'elle n'en avait jamais vu un de ses yeux. Aussi le prince commença à lui parler amicalement et lui raconta que son cœur avait été si profondément ému par son chant qu'il ne l'avait plus laissé en paix et que lui même se devait de la rencontrer.

Raiponce se sentit rassurée et tandis que le prince lui demandait si elle souhaitait l'avoir pour époux elle vit qu'il était jeune et beau. Elle pensa alors :

- Il préfère m'avoir plutôt que la vieille Gotel, et lui dit "oui" et mit sa main dans la sienne. Elle prononça ces mots :

- Je veux bien venir avec toi mais j'ignore comment descendre. Lorsque tu viendras, apporte un écheveau de soie dont je ferai une échelle et lorsqu'elle sera prête, je descendrai pour que tu m'emportes sur ton cheval.

Ils convinrent qu'il viendrait à elle tous les soirs : car le jour venait la vieille. La magicienne n'en remarqua rien, jusqu'à ce qu'un jour Raiponce lui parla :

- Dites moi Madame Gotel, comment se peut-il que vous soyez plus lourde à soulever que le jeune prince qui en un instant est auprès de moi ?

- Hélas enfant impie ! s'exclama la magicienne, Que dois-je écouter ; je pensais t'avoir mise à l'écart du monde et tu m'as trahie !" Dans sa colère elle attrapa la chevelure de Raiponce, lui envoya une paire de claques de sa main gauche, attrapa de sa main droite une paire de ciseaux et en un clin d'œil les tresses furent étalées sur le sol. Elle fut tellement sans pitié que Raiponce fut exilée dans une contrée désertique où elle dut vivre dans la privation et la peine.

Le jour même où Raiponce fut bannie, la magicienne accrocha les tresses à la fenêtre et lorsque le prince arriva et appela :

- Raiponce, Raiponce, dénoue et lance vers moi tes cheveux !

Elle laissa choir les cheveux. Le prince monta mais ne trouva pas sa chère Raiponce mais la magicienne qui lui jeta un regard méchant et empoisonné.

- Ahah ! ricana-t-elle "tu viens chercher ta bien-aimée, mais le bel oiseau n'est plus au nid et ne chante plus, le chat l'a emporté et il va de plus t'arracher les yeux. Raiponce est perdue pour toi, tu ne la reverras plus jamais !

Le prince sentit la douleur l'envahir et de désespoir, bondit par la fenêtre. Il survécut mais les épines du bosquet dans lequel il tomba lui crevèrent les yeux. Il erra aveugle dans la forêt ne mangea que racines et baies et il ne fut plus que pleurs et peines de la perte de sa chère promise.

Il se traîna ainsi quelques années misérablement et atteignit finalement la contrée déserte où Raiponce survivait péniblement avec les jumeaux qu'elle avait mis au monde, un garçon et une fille. Il entendit une voix, qui lui sembla familière. Il s'approcha et Raiponce le reconnut, elle se pendit à son cou et se mit à pleurer.

Deux de ses larmes tombèrent dans ses yeux et il recouvra ainsi la vue qu'il avait perdue.

Il l'emmena dans son royaume où il fut accueilli avec joie. Ils y vécurent longtemps heureux et sereins.

61. Le renard et le chat

Un jour le chat rencontra messire le renard au fond d'un bois, et comme il le connaissait pour un personnage adroit, expérimenté, et fort en crédit dans le monde, il l'aborda avec une grande politesse :

— Bonjour, monsieur le renard, lui dit-il; comment vous portez-vous ? êtes-vous content de vos affaires ? comment faites-vous dans ce temps de disette ?

Le renard, tout gonflé d'orgueil, toisa de la tête aux pieds le pauvre chat, et sembla se demander pendant quelques instants s'il daignerait l'honorer d'une réponse. Il s'y décida pourtant à la fin :

— Pauvre hère que tu es ! répliqua-t-il d'un ton de mépris, misérable meurt-de-faim, infime et ridicule chasseur de souris, d'où te vient aujourd'hui tant d'audace ? Tu oses te faire l'honneur de me demander comment je me porte ? Mais pour te permettre de me questionner, quelles sont donc les connaissances que tu possèdes ? de combien d'arts connais-tu les secrets ?

— Je n'en connais qu'un seul, répondit le chat d'un air modeste et confus.

— Et quel est cet art ? demanda le renard avec arrogance.

— Quand les chiens sont à ma poursuite, repartit le chat, je sais leur échapper en grimpant sur un arbre.

— Est-ce là tout ? reprit le renard. Moi, je suis passé docteur en cent arts divers; mais ce n'est rien encore : je possède en outre un sac tout rempli de ruses. En vérité, j'ai compassion de toi ; suis-moi, et je t'apprendrai comment on échappe aux chiens.

Comme il achevait ces mots, un chasseur, précédé de quatre dogues vigoureux, parut au bout du sentier. Le chat s'empressa de sauter sur un arbre, et alla se fourrer dans les branches les plus touffues, si bien qu'il était entièrement caché.

Hâtez-vous de délier votre sac ! hâtez-vous d'ouvrir votre sac ! cria-t-il au renard.

Mais déjà les chiens s'étaient précipités sur ce dernier, et le tenaient entre leurs crocs.

— Eh ! monsieur le renard, cria de nouveau le chat, vous voilà bien embourbé avec vos cent arts divers ! Si vous n'aviez su que grimper comme moi, vous seriez en ce moment un peu plus à votre aise.

62.   Le renard et les oies

Un jour qu'il rôdait selon sa coutume, maître renard arriva dans une prairie où une troupe de belles oies bien grasses se prélassait au soleil.

A cette vue, notre chercheur d'aventures poussa un éclat de rire effrayant, et s'écria :

— En vérité, je ne pouvais venir plus à propos ! vous voilà alignées d'une façon si commode, que je n'aurai guère besoin de me déranger pour vous croquer l'une après l'autre.

A ces mots, les oies épouvantées poussèrent des cris lamentables et supplièrent le renard de vouloir bien se laisser toucher et de ne point leur ôter la vie.

Elles eurent beau dire et beau faire, maître renard resta inébranlable.

— Il n'y a pas de grâce possible, répondit-il, votre dernière heure a sonné.

Cet arrêt cruel donna de l'esprit à l'une des oies qui, prenant la parole au nom de la troupe :

— Puisqu'il nous faut, dit-elle, renoncer aux douces voluptés des prés et des eaux, soyez assez généreux pour nous accorder la dernière faveur qu'on ne refuse jamais à ceux qui doivent mourir ; promettez de ne nous ôter la vie que lorsque nous aurons achevé notre prière ; ce devoir accompli, nous nous mettrons sur une ligne, de façon à ce que vous puissiez dévorer successivement les plus grasses d'entre nous.

— J'y consens, répondit le renard; votre demande est trop juste pour n'être point accueillie : commencez donc votre prière ; j'attendrai qu'elle soit finie.

Aussitôt, une des oies entonna une interminable prière, un peu monotone à la vérité, car elle ne cessait de dire : caa-caa-caa. Et comme, dans son zèle, la pauvre bête ne s'interrompait jamais, la seconde oie entonna le même refrain, puis la troisième, puis la quatrième, puis enfin toute la troupe, de sorte qu'il n'y eut bientôt plus qu'un concert de caa-caa-caa !

Et maître renard qui avait donné sa parole, dut attendre qu'elles eussent fini leur caquetage.

Nous devrons faire comme lui pour connaître la suite de ce conte. Par malheur, les oies caquettent encore toujours, d'où je conclus qu'elles ne sont pas aussi bêtes qu'on veut bien le dire.

63.   Le roi Grive

Traduit par Félix Frank et E. Alsleben

Un roi avait une fille merveilleusement belle, mais si arrogante et si hautaine, qu'elle ne trouvait aucun prétendant digne d'elle. Non contente de les renvoyer tous, les uns après les autres, elle se moquait encore d'eux.

Un jour, le roi organisa une grande fête à laquelle il invita tous les seigneurs éloignés ou voisins qui avaient l'intention de se marier. Ils prirent place suivant leur qualité : les rois d'abord, puis les ducs, les princes, les comtes, les barons et a la fin les simples nobles. La fille du roi fut conduite le long de ces rangs ; mais à chaque prétendant, elle avait quelque objection à faire. L'un était trop corpulent : « Le tonneau ! » disait-elle ; l'autre trop grand : « Grand et mince marche mal ; » le troisième, trop petit : « Petit et gros n'a pas de grâce. » Le quatrième était trop pâle : « La mort en personne ! » Le cinquième trop rouge : « Le dindon ! » Le sixième n'était pas assez droit : « Du bois vert séché au poêle ! » Elle eut ainsi quelque chose à dire de chacun, mais elle se moqua surtout d'un bon roi placé au rang le plus élevé, et dont le menton était un peu de travers. « Oh ! s'écria-t-elle en riant, il a un menton comme le bec d'une grive. » Et depuis ce temps, elle lui donna le nom de Bec de Grive ou simplement de roi Grive. Le vieux roi, voyant que sa fille ne faisait que se moquer des gens et congédiait tous les prétendants rassemblés, se fâcha sérieusement et jura qu'elle épouserait le premier mendiant qui viendrait à sa porte.

Peu de jours après, un musicien ambulant chantait sous ses fenêtres pour gagner quelques sous. Le roi, l'ayant entendu, dit : « Faites-le venir. »

Le musicien sordide entra, chanta devant le roi et sa fille et demanda une aumône. Le roi lui dit : « Ton chant m'a plu si fort que je veux te donner ma fille en mariage. » La princesse fut consternée ; mais le roi poursuivit : « J'ai fait le serment de te marier au premier mendiant venu et je le tiendrai. » Il ne permit aucune réplique ; on alla chercher le pasteur et la jeune fille fut forcée d'épouser le musicien sur-le-champ. La cérémonie faite : « Il ne me convient pas, dit le roi, que tu restes au château ; accompagne ton mari. »

Le mendiant la prit avec lui et ils traversèrent une grande forêt. Là, elle demanda :

« Oh ! à qui appartient cette belle forêt ?

– Elle appartient au roi Grive. Tu l'aurais, si tu l'avais accepté.

– Hélas ! pauvre fillette délicate, pourquoi n'ai-je pas accepté le roi Grive ? »

Puis ils traversèrent une prairie et elle demanda de nouveau :

« À qui appartient cette belle prairie ?

– Elle est au roi Grive ; si tu l'avais accepté, elle serait aussi à toi !

– Hélas ! pauvre fillette, pourquoi n'ai-je pas accepté le roi Grive ? »

Ensuite ils passèrent par une grande ville. Là elle demanda encore :

« À qui appartient cette ville ?

– Elle appartient au roi Grive ; si tu l'avais accepté, elle serait aussi à toi !

– Ah ! pauvre fillette, pourquoi n'ai-je pas accepté le roi Grive ?

– Il ne me plaît pas, dit alors le mendiant, que tu souhaites toujours un autre mari que moi. Ne suis-je donc pas assez beau pour toi ? »

Ils se trouvèrent enfin devant une toute petite cabane.

« Ah ! Dieu, s'écria-t-elle quelle maison ! À qui peut être ce misérable réduit ?

– C'est ma maison et la tienne ; répondit le mendiant, nous allons y demeurer.

– Où sont tes serviteurs ?

– Mes serviteurs ?... dit le musicien ; ce que tu veux qui soit fait, il faut le faire toi-même. Allume toujours le feu et mets de l'eau pour cuire mon dîner ; je suis bien fatigué. »

La princesse ne savait ni allumer du feu, ni faire la cuisine, et le mendiant fut obligé de préparer lui-même un dîner passable. Lorsqu'ils eurent pris leur maigre pitance, ils se couchèrent ; mais, dès le matin, le musicien fit lever la princesse pour soigner le ménage. Ils vécurent ainsi quelques jours, mangeant leurs provisions ; l'homme dit alors :

« Femme, nous ne pouvons continuer ainsi à manger sans rien gagner. Tu feras des paniers. »

Il sortit, coupa des baguettes et les apporta chez lui ; la princesse se mit à les tresser ; mais l'osier était dur et blessait ses mains délicates.

« Je vois que cela ne va pas, dit l'homme ; file plutôt ; tu réussiras peut-être mieux. »

Elle se mit à filer ; mais le fil roide lui coupa les doigts jusqu'au sang.

« Vois-tu, lui dit son mari, tu n'es bonne à aucun travail ; me voilà bien tombé avec toi ! Allons ! je vais essayer de t'acheter de la poterie, et tu iras la vendre au marché.

– Hélas ! se dit-elle, quand les gens du royaume de mon père viendront au marché et qu'ils me verront vendre des pots, comme ils vont se moquer de moi ! »

Ce fut inutile, elle dut se soumettre sous peine de mourir de faim. La première fois, elle s'en tira encore assez bien ; on achetait volontiers à cette femme, parce qu'elle était belle et on lui payait ce qu'elle demandait : plusieurs personnes même lui donnèrent de l'argent en lui laissant ses pots. Les deux époux vécurent de ce gain jusqu'à ce qu'il ne restât plus rien. Alors le musicien racheta des pots neufs et la femme se plaça au coin du marché, étala sa marchandise autour d'elle et attendit les chalands. Tout à coup un soldat ivre arriva au galop de son cheval, qui piétina les pots et les brisa en mille morceaux. La femme se prit à pleurer, ne sachant que faire dans son angoisse.

« Ah ! que vais-je devenir ? s'écria-t-elle ; que va dire mon mari ? »

Elle courut à la maison pour lui raconter son malheur.

« Aussi, dit l'homme, qui diable va se mettre au coin du marché avec de la poterie ? Je vois maintenant que tu n'es propre à rien ; je suis allé au château du roi et j'ai demandé si l'on n'avait pas besoin d'une servante de cuisine. On m'a promis de te prendre : tu gagneras ta nourriture. »

Ainsi, la fille du roi devint servante de cuisine : elle aidait le cuisinier et faisait l'ouvrage le plus dur. Elle attachait dans chacune de ses poches un petit pot où elle emportait les restes qu'on lui donnait et elle en vivait au logis avec son mari.

L'époque arriva où les noces du prince aîné devaient être célébrées. La pauvre femme monta jusqu'à la salle et se mit à regarder par la porte. Les bougies s'allumèrent ; les invités firent leur entrée l'un après l'autre, splendidement parés lorsqu'elle vit toute cette pompe et toute cette richesse, elle eut le cœur gros de larmes et elle maudit son orgueil et son insolence qui l'avaient réduite à cet état de pauvreté et de misère.

Les serviteurs lui donnaient parfois un peu des mets délicieux qu'ils allaient servir sur la table : elle les mit dans ses petits pots pour les emporter. Tout à coup, le fils du roi paré de chaînes d'or vint à passer, et quand il vit cette belle personne à la porte, il lui prit la main et voulut danser avec elle ; mais elle s'y refusa ; car elle avait reconnu le roi Grive qui l'avait demandée en mariage et dont elle s'était tant moquée. Elle résista, il l'entraîna ; les rubans se dénouèrent et les pots tombèrent par terre, de sorte que le potage et les miettes se répandirent sur le plancher. À cette vue, on éclata de rire, on la railla et la pauvre femme aurait voulu être à cent pieds sous terre. Elle essaya de s'échapper par la porte ; mais, dans l'escalier, un homme l'atteignit et la ramena avec lui : elle reconnut encore le roi Grive qui lui dit doucement :

« Ne crains rien ; moi et le mendiant dont tu as partagé la misérable cabane, nous ne sommes qu'un : je me suis déguisé par amour pour toi ; j'étais aussi le soldat qui t'a cassé tes pots. J'ai agi ainsi pour humilier ton orgueil et pour te punir de t'être méchamment moquée de moi. Maintenant, tout est oublié ; nous allons célébrer nos noces. »

Aussitôt les femmes de chambre se présentèrent pour vêtir la princesse de robes magnifiques, et son père, accompagné de toute sa cour, vint la féliciter de son mariage avec le roi Grive. Ce fut alors que la vraie joie éclata !

J'aurais voulu que vous et moi nous eussions été de la fête.

64. Les six compagnons qui viennent à bout de tout

Il y avait une fois un homme qui était habile à tous les métiers; il se fit soldat et servit bravement; mais, quand la guerre fut finie, il reçut son congé avec trois deniers de frais de route pour regagner ses foyers. Tout cela ne lui convenait pas, et il se promit bien, s'il trouvait seulement des compagnons, de forcer le roi à lui donner tous les trésors de son royaume.

Il prit, tout en colère, le chemin de la forêt, et là il vit un homme qui venait de déraciner six grands arbres avec la main, comme si ce n'eût été que des brins d'herbe. Il lui demanda: « Veux-tu me suivre et être mon serviteur?

- Volontiers, dit l'autre; mais d'abord il faut que je porte à ma mère ce petit fagot. »

Et prenant un des arbres, il en fit un lien autour des cinq autres, mit le fagot sur son épaule et l'emporta ainsi. Ensuite il revint trouver son maître, qui lui dit: « A nous deux, nous viendrons à bout de tout. »

A quelque distance de là, ils rencontrèrent un chasseur qui était à genoux et qui tenait sa carabine en joue. Le soldat lui demanda: « Chasseur, que vises-tu donc ainsi? »

Il répondit: « Il y a une mouche posée à deux lieues d'ici sur une branche de chêne: je veux lui mettre du plomb dans l'œil gauche.

- Oh! viens avec moi, dit le soldat; à nous trois nous viendrons à bout de tout. »

Le chasseur le suivit et ils arrivèrent devant sept moulins à vent qui tournaient avec rapidité; cependant on ne sentait pas un souffle de vent à droite ni à gauche, et aucune feuille ne remuait. Le soldat dit: « Je ne conçois pas comment ces moulins peuvent marcher, l'air est entièrement immobile. »

A deux lieues plus loin, ils virent un homme qui était monté dans un arbre; il tenait une de ses narines bouchées, et de l'autre il soufflait.

« Que diable souffles-tu là-haut? lui demanda le soldat.

- A deux lieues d'ici, répondit-il, il y a sept moulins à vent; comme vous voyez, je souffle pour les faire tourner.

- Oh! viens avec moi, dit le soldat; à nous quatre, nous viendrons à bout de tout. »

Le souffleur descendit de son arbre et les accompagna. Au bout de quelque temps, ils virent un homme qui se tenait sur une seule jambe; il avait décroché l'autre et l'avait posée à côté de lui.

« En voilà un, dit le soldat, qui veut se reposer à coup sûr.

- Je suis coureur, répondit l'autre, et pour ne pas aller trop vite, je me suis décroché une jambe; quand je les ai toutes les deux, je devance les hirondelles.

- Oh! viens avec moi, dit le soldat; à nous cinq nous viendrons à bout de tout. »

Il alla avec eux, et peu de temps après, ils rencontrèrent un homme qui avait un petit chapeau posé tout à fait sur l'oreille. Le soldat lui dit: « Avec tout le respect que je vous dois, monsieur, vous feriez mieux de mettre votre chapeau plus droit, car vous avez tout l'air ainsi d'une tête à grelots.

- Je m'en garderais bien, dit l'autre; quand je mets mon chapeau droit, il vient un tel froid que les oiseaux gèlent en l'air et tombent morts par terre.

- Oh! alors, viens avec moi, dit le soldat; à nous six nous viendrons à bout de tout. »

Tous les six entrèrent dans une ville où le roi avait fait publier que celui qui voudrait lutter à la course avec sa fille l'épouserait s'il était vainqueur, mais aurait la tête tranchée s'il était vaincu. Le soldat se présenta, mais il demanda s'il pouvait faire courir un de ses gens à sa place. « Sans doute, répondit le roi; mais sa vie et la tienne serviront de gage, et s'il est vaincu, on prendra votre tête à tous deux. »

Les choses étant ainsi convenues, le soldat ordonna au coureur d'accrocher sa seconde jambe, et lui recommanda de courir sans perdre de temps, et de ne rien négliger pour remporter la victoire. Il était décidé que le vainqueur serait celui des concurrents qui rapporterait le premier de l'eau d'une fontaine située loin de là.

Le coureur et la fille du roi reçurent chacun une cruche et partirent en même temps; mais la princesse avait fait quelques pas à peine, qu'il était hors de vue, comme si le vent l'eût enlevé. Il fut bientôt à la fontaine, y remplit sa cruche et se remit en route. Mais au milieu du trajet il se sentit fatigué, et posant la cruche à terre, il se coucha pour dormir un somme; seulement il eut le soin de mettre sous sa tête un crâne de cheval qu'il trouva par terre, afin que la dureté du coussin ne tardât pas à l'éveiller.

Cependant la princesse, qui courait aussi bien que peut le faire une personne à l'état naturel, était arrivée à la fontaine, et elle se hâtait de revenir après avoir rempli sa cruche. Elle rencontra le coureur endormi. " Bon, se dit-elle joyeusement, l'ennemi est entre mes mains. " Elle vida la cruche du dormeur et continua son chemin.

Tout était perdu, si par bonheur le chasseur, posté sur le haut du château, n'avait pas vu cette scène avec ses yeux perçants. « Il ne faut pourtant pas, se dit-il, que la princesse l'emporte, » et, d'un coup de sa carabine, il brisa sous la tête du coureur, et sans lui faire aucun mal, le crâne du cheval qui lui servait d'oreiller. L'autre, se réveillant en sursaut, s'aperçut que sa cruche était vide et que la princesse avait déjà pris une grande avance. Mais sans perdre courage, il retourna à la fontaine, remplit de nouveau sa cruche et fut encore arrivé au terme de sa course dix minutes plus tôt que la princesse. « A la fin, dit-il, j'ai vraiment remué les jambes; ce que j'avais fait auparavant, je n'appelle pas cela courir. »

Mais le roi et sa fille étaient furieux de voir que le vainqueur était un misérable soldat licencié; ils résolurent de le perdre, lui et tous ses compagnons. Le roi dit à sa fille: « J'ai trouvé un bon moyen: n'aie pas peur, ils n'échapperont pas. » Puis, sous prétexte de les régaler, il les fit entrer dans une chambre dont le plancher était en fer les portes en fer, les fenêtres en fer.

Au milieu de l'appartement était une table chargée d'un repas somptueux. « Entrez, leur dit le roi, et régalez-vous bien. » Et quand ils furent dedans, il fit fermer et verrouiller toutes les portes en dehors. Puis il donna l'ordre à son cuisinier d'entretenir du feu sous la chambre, jusqu'à ce que le plancher de fer fût tout à fait rouge. L'ordre s'exécuta, et les six compagnons qui étaient à table commencèrent à avoir chaud; ils crurent d'abord que cela venait de l'activité avec laquelle ils mangeaient; mais la chaleur augmentant toujours, ils voulurent sortir et s'aperçurent alors que les portes et les fenêtres étaient fermées et que le roi avait voulu leur jouer un mauvais tour. « Mais son coup sera manqué, dit l'homme au petit chapeau, car je vais faire venir un froid devant lequel il faudra bien que le feu recule. »Alors il posa son chapeau tout droit sur sa tête, et il vint un tel froid que toute la chaleur disparut et que les plats gelèrent sur la table.

Au bout de deux heures, le roi, convaincu qu'ils étaient tous cuits, fit ouvrir les portes et vint lui-même voir ce qu'ils étaient devenus. Mais il les trouva tous les six frais et dispos, et disant qu'ils étaient bien aises de pouvoir sortir pour aller se chauffer un peu, parce qu'il faisait tellement froid dans la chambre que les plats en avaient gelé sur la table. Le roi, plein de colère, alla trouver le cuisinier et lui demanda pourquoi il n'avait pas exécuté ses ordres. Mais le cuisinier lui répondit: « J'ai chauffé au rouge, voyez vous-même. » Le roi reconnut, en effet, qu'on avait entretenu un feu violent dans le four au-dessous de la chambre, mais que les six compagnons n'en avaient pas souffert.

Le roi cherchant toujours à se débarrasser de ces hôtes incommodes, fit venir le soldat et lui dit: « Si tu veux abandonner tes droits sur ma fille, je te donnerai autant d'or que tu voudras.

- Volontiers, sire, répondit l'autre; donnez-moi seulement autant d'or qu'un de mes serviteurs en pourra porter, et j'abandonne la princesse. »

Le roi était enchanté; le soldat lui dit qu'il reviendrait chercher son or dans quinze jours. En attendant, il convoqua à l'instant même tous les tailleurs du royaume et les loua pour quinze jours, afin de lui coudre un sac. Quand le sac fut prêt, l'hercule de la bande, celui qui déracinait les arbres avec la main, le mit sur son épaule et se présenta au palais. Le roi demanda quel était ce vigoureux gaillard qui portait sur son épaule un ballot de drap gros comme une maison, et, quand il l'eut appris, il fut effrayé en pensant à tout ce qui pourrait s'engouffrer d'or là dedans. Il en fit venir une tonne que seize hommes des plus forts avaient peine à rouler; mais l'hercule la saisit d'une main, et, la jetant dans le sac, se plaignit qu'on lui en eût apporté si peu, qu'il n'y en avait pas de quoi garnir seulement le fond. Le roi fit apporter successivement tout son trésor, qui passa tout entier dans le sac sans le remplir seulement à moitié. « Apportez toujours, criait l'hercule; deux miettes ne suffisent pas à rassasier un homme. » On fit venir encore sept cents voitures chargées d'or de toutes les parties du royaume, et il les fourra dans son sac avec les bœufs qu'on y avait attelés. « Je vais finir, dit-il, par prendre indistinctement tout ce qui me tombera sous la main pour le remplir. » Quand tout y fut, il y avait encore de la place, mais il dit: « Il faut faire une fin, on peut bien fermer son sac avant qu'il soit plein. » Il le mit sur son dos et alla rejoindre ses compagnons.

Le roi, voyant qu'un seul homme emportait ainsi toutes les richesses de son pays, entra dans une grande colère et fit monter à cheval toute sa cavalerie, avec ordre de courir sus aux six compagnons et de reprendre le sac. Ils furent bientôt atteints par deux régiments, qui leur crièrent: « Vous êtes prisonniers, rendez le sac et l'or qu'il contient, ou vous êtes massacrés sur l'heure.

- Que dites-vous là, répliqua le souffleur, que nous sommes prisonniers? Auparavant vous danserez tous en l'air. »

Et bouchant une de ses narines, il se mita souffler de l'autre sur les deux régiments, et ils furent dispersés çà et là dans le bleu du ciel, par-dessus monts et vallées. Un vieux sergent-major cria grâce, ajoutant qu'il avait neuf cicatrices, et qu'un brave comme lui ne méritait pas d'être traité si honteusement. Le souffleur s'arrêta un peu, de sorte que le sergent retomba sans se blesser; mais il lui dit: « Va trouver ton roi, et fais-lui savoir qu'il aurait dû envoyer plus de monde contre nous, et que je les aurais tous fait sauter en l'air. »

Le roi apprenant l'aventure, dit: « Il faut les laisser aller; les drôles sont sorciers. » Les six compagnons emportèrent donc leurs richesses; ils en firent le partage et vécurent heureux jusqu'à la fin.

65.   Les sept corbeaux

Un homme avait sept fils et aucune fille, alors qu'il désirait vraiment en avoir une. Mais un jour, sa femme le combla de joie en donnant enfin naissance à une fille. La joie des parents fut immense, mais hélas, le bébé était si petit et si chétif qu'on jugea nécessaire de le baptiser de toute urgence.

Le père envoya vite un de ses fils à la source afin qu'il y puisât l'eau du baptême, mais les six autres l'y suivirent et comme chacun voulut être le premier à puiser, la cruche tomba à l'eau. Les sept garçons restèrent là, ne sachant que faire et n'osant surtout pas rentrer chez eux.

Ne les voyant pas revenir, le père s'impatienta et dit: « Les garnements sont certainement en train de s'amuser et ont oublié la pauvre petite! » Il avait tellement peur que le bébé meure sans baptême qu'il s'emporta: « Je voudrais les voir tous transformés en corbeaux! »

A peine eut-il prononcé ces paroles, qu'il entendit des battements d'ailes au-dessus de sa tête. Il leva les yeux et vit s'envoler sept corbeaux noirs.

Les parents ne pouvaient rompre la malédiction et leur peine était immense d'avoir ainsi perdu leurs sept fils. Néanmoins, ils se consolèrent quelque peu en constatant que leur chère petite fille recouvrait ses forces et embellissait de jour en jour.

Pendant très longtemps, la petite ignora qu'elle avait eu des frères, car ses parents se gardaient bien d'y faire la moindre allusion. Mais un jour, elle surprit par hasard une conversation à son sujet: on disait qu'elle était bien jolie, mais qu'elle était tout de même responsable du malheur qui avait frappé ses sept frères. Toute bouleversée, elle courut demander à son père et à sa mère si elle avait bien eu des frères et ce qu'il était advenu d'eux.

Ses parents ne purent garder le secret plus longtemps. Ils l'assurèrent que seul le ciel avait voulu tout ce qui s'était passé. Sa naissance n'avait été que la cause indirecte de cette malédiction. Cependant, de jour en jour, la fillette se sentait davantage coupable et était persuadée qu'elle devait absolument délivrer ses frères. Elle ne connut ni trêve ni repos jusqu'au jour où elle partit parcourir le vaste monde: elle retrouverait ses frères, où qu'ils soient, et les délivrerait à n'importe quel prix. Elle n'emporta qu'une petite bague en souvenir de ses parents, une miche de pain contre la faim, un cruchon d'eau contre la soif et une petite chaise pour se reposer.

Alors elle s'en alla loin, très loin, jusqu'au bout du monde. Elle s'approcha du soleil, mais il était brûlant, effrayant et mangeait les jeunes enfants. Elle s'enfuit à toutes jambes et courut vers la lune, mais celle-ci était glaciale, sinistre et méchante. Lorsqu'elle aperçut la fillette, elle dit: « Je sens, je sens l'odeur de la chair humaine. » La petite fille s'éloigna aussi vite qu'elle le put et arriva auprès des étoiles, qui l'accueillirent avec bonté. Chaque étoile était assise sur sa petite chaise personnelle. L'étoile du matin se leva, lui tendit un petit os de poulet et dit: « Sans cet osselet, tu ne pourras pas ouvrir la Montagne de Verre où se trouvent tes frères. »

La fillette prit l'osselet, l'enroula précieusement dans son mouchoir et reprit sa route jusqu'à ce qu'elle fût arrivée à la Montagne de Verre. La porte était fermée; la petite voulut donc sortir le petit os, mais quand elle dénoua son minuscule mouchoir, il contenait non plus un os de poulet, mais une petite clé en or.

Quand elle s'avança à l'intérieur, un nain vint à sa rencontre et lui demanda:

« Que cherches-tu, mon enfant? »

« Je cherche mes frères, les sept corbeaux, » répondit-elle.

Et le nain déclara: « Messieurs les corbeaux ne sont pas à la maison, mais si tu veux attendre ici leur retour, entre donc! »

Le nain se mit alors à servir le repas des corbeaux dans sept petites assiettes et sept petits gobelets. La petite sœur mangea une bouchée de chaque petite assiette et but une gorgée de chaque petit gobelet; dans le dernier gobelet, elle laissa tomber la bague qu'elle avait emportée avec elle.

Tout à coup, on entendit dans l'air des battements d'ailes et des croassements. Le nain dit alors: « Voici Messieurs les corbeaux qui rentrent. »

Dès qu'ils furent arrivés, ils voulurent manger et boire et chacun chercha donc son assiette et son gobelet.

Tous, l'un après l'autre, s'étonnèrent: « Qui donc a mangé dans mon assiette? Qui a bu dans mon gobelet? Une bouche humaine est passée par là! »

Et comme le septième corbeau arrivait au fond de son gobelet, la petite bague roula devant lui. Il la regarda et reconnut la bague qui avait appartenu à son père et à sa mère. « Mon Dieu! si notre petite soeur pouvait être là, » s'exclama-t-il, « nous serions délivrés! »

En entendant ce souhait, la fillette, qui se tenait cachée derrière la porte, s'avança vers les sept corbeaux qui retrouvèrent instantanément leur forme humaine. Ils s'embrassèrent chaleureusement, puis reprirent tous ensemble joyeusement le chemin de la maison.

66. Les sept Souabes

Il était une fois sept habitants de la Souabe. Le premier s'appelait Monsieur Schulz, le second Jackli, le troisième Marli, le quatrième Jergli, le cinquième Michel, le sixième Jeannot et le septième Veitli. Ils s'étaient fixés pour but de voyager à travers le monde pour y chercher aventure et y accomplir de hauts faits. Comme ils voulaient être armés afin d'être en sécurité, ils avaient jugé bon de se fabriquer une pique, une seule, mais vraiment longue et solide. Ils la tenaient tous les sept à la fois. Le plus hardi, le plus viril se tenait devant: c'était Monsieur Schulz. Puis venaient les autres, dans l'ordre, le dernier étant Veitli.

Il arriva un jour qu'au mois des foins, comme ils avaient fait un long chemin et qu'il leur restait encore un peu de route à parcourir jusqu'au village où ils comptaient passer la nuit, un scarabée, un frelon peut-être, passa non loin d'eux, derrière un buisson, dans le pré, vrombissant pacifiquement. Monsieur Schulz s'effraya tant qu'il en laissa presque tomber la pique et que la sueur lui coula par tous les pores.

- Écoutez, écoutez! dit-il à ses compagnons. Seigneur, j'entends un tambour.

Jackli, qui tenait la pique derrière lui et dont je ne sais quelle odeur avait chatouillé les narines, dit:

- Il se passe indiscutablement quelque chose: je sens la poudre et la mèche à canon.

À ces mots, Monsieur Schulz prit la fuite et d'un bond franchit une clôture.

Comme il était retombé sur les dents d'un râteau que des faneurs avaient laissé là, le manche lui revint dans la figure, lui assénant un violent coup.

- Ouïe, ouïe, ouïe, s'écria Monsieur Schulz, faites-moi prisonnier, faites-moi prisonnier! Je me rends!

Les six autres, qui l'avaient suivi, s'écrièrent à leur tour:

- Si tu te rends, je me rends aussi! Finalement, comme il n'y avait aucun ennemi qui voulût les ligoter et les emmener, ils se rendirent compte qu'ils s'étaient trompés. Et pour que personne n'apprît cette histoire et ne se moquât d'eux, ils jurèrent de n'en point parler aussi longtemps que l'un d'eux n'ouvrirait par hasard la bouche à ce sujet.

Sur quoi, ils continuèrent leur voyage. Le deuxième péril qui les menaça était encore bien plus grand que le premier. Quelques jours plus tard, leur chemin les conduisit à travers des terres en friche. Un lièvre y dormait au soleil, oreilles pointées et ses yeux vitreux grands ouverts. À la vue de cette bête effrayante et sauvage, ils prirent peur et tinrent conseil pour savoir ce qu'ils allaient faire et quelle était la conduite la moins dangereuse à suivre. Car s'ils se mettaient à fuir, il était à craindre que le monstre les suivît et les avalât avec la peau et les os. Ils dirent donc:

- Nous allons devoir affronter un dangereux combat. Bien le concevoir, c'est déjà l'avoir gagné à moitié.

Ils saisirent leur pique, Monsieur Schulz était devant, Veitli derrière. Monsieur Schulz tenait l'engin. Mais Veitli, qui, dans sa position protégée, se sentait plein de courage, brûlait d'attaquer et criait:

- Au nom de la Souabe, en avant, les enfants!

Sinon que le diable nous laisse en plan!

Mais Jeannot savait où le bât le blessait. Il dit:

- Par tous les diables, tu parles bien!

Mais quand on voit l'ombre du dragon

de ta personne on ne voit que les talons!

Michel cria:

- Il s'en faut d'un cheveu

Que du diable lui-même je voie les yeux!

Ce fut au tour de Jergli. Il dit:

- Si ce n'est lui, c'est donc sa mère

Ou pour le moins, du diable le beau-frère!

Il vint à Marli une charitable pensée. Il dit à Veitli:

- Va, va, Veitli, va de l'avant!

De là derrière, je t'aiderai à serrer les dents!

Mais Veitli ne l'écoutait pas. Jackli dit:

- C'est à Schulz d'être le premier!

À lui seul l'honneur d'attaquer!

Monsieur Schulz prit son courage à deux mains et dit:

- À voir votre énervement

On voit bien que vous êtes vaillants.

Et tous ensembles, ils avancèrent contre le dragon. Monsieur Schulz se signa et appela Dieu à son secours. Mais comme rien ne se passait et que l'ennemi approchait, il cria, tant grande était sa peur:

- Ouah! Ouah! Ouahaha!

Le lièvre se réveilla, s'effraya et s'en fut à toute vitesse. Quand Monsieur Schulz le vit si couard, il s'écria plein de joie:

- Peuh! Veitli, regarde-moi ça

Ce n'était qu'un lièvre, va!

Les sept Souabes alliés partirent à la poursuite d'autres aventures. Ils arrivèrent sur les bords de la Moselle, un fleuve tranquille et profond que traversent peu de ponts et qu'il faut, en maints endroits, franchir en bateau. Nos Souabes n'en savaient rien. Ils appelèrent un homme qui, de l'autre côté, vaquait à ses occupations et lui demandèrent comment on pouvait passer. À cause de l'éloignement et de l'accent de ses interlocuteurs, l'homme ne comprit pas ce qu'ils voulaient et cria:

- Eh? Eh?

Monsieur Schultz comprit qu'il disait « À pied! À pied! » et, comme il était le premier, il se mit en demeure de pénétrer dans la Moselle. Bientôt, il s'enlisa dans la vase et l'eau, en vagues profondes, monta autour de lui. Le vent chassa son chapeau de l'autre côté du fleuve. Une grenouille le regarda et coassa:

- Ouais, ouais!

Les six autres, entendant cela, dirent:

- Notre compagnon, Monsieur Schulz, nous appelle. S'il a pu traverser, pourquoi pas nous?

Ils sautèrent tous ensemble dans l'eau et se noyèrent. Si bien qu'aucun des membres de l'alliance souabe ne rentra jamais à la maison.

67. Le serpent blanc

Il y a maintenant fort longtemps que vivait un roi dont la sagesse était connue dans tout son royaume. On ne pouvait rien lui cacher, il semblait capter dans les airs des nouvelles sur les choses les plus secrètes. Ce roi avait une étrange habitude: tous les midis, alors que la grande table était desservie et qu'il n'y avait plus personne dans la salle, son serviteur fidèle lui apportait un certain plat. Or, ce plat était recouvert, et le valet lui-même ignorait ce qu'il contenait; personne d'ailleurs ne le savait, car le roi ne soulevait le couvercle et ne commençait à manger que lorsqu'il était seul. Pendant longtemps cela se passa ainsi.

Mais un jour, le valet, ne sachant plus résister à sa curiosité, emporta le plat dans sa chambrette et referma soigneusement la porte derrière lui. Il souleva le couvercle et vit un serpent blanc au fond du plat. Cela sentait bon et il eut envie d'y goûter. N'y tenant plus, il en coupa un morceau et le porta à sa bouche. Mais à peine sentit-il le morceau sur sa langue qu'il entendit gazouiller sous la fenêtre. Il s'approcha, écouta et se rendit compte qu'il s'agissait de moineaux qui se racontaient ce qu'ils avaient vu dans les champs et dans les forêts. Le fait d'avoir goûté au serpent lui avait donné la faculté de comprendre le langage des animaux.

Ce jour-là, justement, la reine perdit sa plus belle bague, et les soupçons se portèrent sur le valet qui avait la confiance du roi et avait donc accès partout. Le roi le fit appeler, le rudoya et menaça de le condamner s'il ne démasquait pas le coupable avant le lendemain matin. Le jeune homme jura qu'il était innocent mais le roi ne voulut rien entendre et le renvoya. Le valet, effrayé et inquiet, descendit dans la cour où il commença à se demander comment il pourrait bien faire pour s'en tirer.

Il y avait là, sur le bord du ruisseau, des canards qui se reposaient en discutant à voix basse tout en lissant leurs plumes avec leur bec. Le valet s'arrêta pour écouter. Les canards se racontaient où ils avaient pataugé ce matin-là et quelles bonnes choses ils avaient trouvées à manger puis l'un d'eux se plaignit: « J'ai l'estomac lourd car j'ai avalé par mégarde une bague qui était sous la fenêtre de la reine. » Le valet l'attrapa aussitôt, le porta dans la cuisine et dit au cuisinier: « Saigne ce canard, il est déjà bien assez gras. » - « D'accord, » répondit le cuisinier en le soupesant. « Il n'a pas été fainéant et il s'est bien nourri; il devait depuis longtemps s'attendre à ce qu'on le mette dans le four. » Il le saigna et trouva, en le vidant, la bague de la reine. Le valet put ainsi facilement prouver son innocence au roi. Celui-ci se rendit compte qu'il avait blessé son valet fidèle et voulut réparer son injustice; il promit donc au jeune homme de lui accorder une faveur et la plus haute fonction honorifique à la cour, que le valet choisirait.

Le valet refusa tout et demanda seulement un cheval et de l'argent pour la route, car il avait envie de partir à la découverte du monde. Aussi se mit-il en route dès qu'il eut reçu ce qu'il avait demandé. Un jour, il passa près d'un étang où trois poissons, qui s'étaient pris dans les roseaux, étaient en train de suffoquer. On dit que les poissons sont muets, et pourtant le valet entendit leur complainte qui disait qu'ils ne voulaient pas mourir si misérablement.

Le jeune homme eut pitié d'eux; il descendit de son cheval et rejeta les trois poissons prisonniers dans l'eau. Ceux-ci recommencèrent à frétiller gaiement, puis ils sortirent la tête de l'eau et crièrent: « Nous n'oublierons pas que tu nous as sauvés et te revaudrons cela un jour. » Le valet continua à galoper et eut soudain l'impression d'entendre une voix venant du sable foulé par son cheval. Il tendit l'oreille et entendit le roi des fourmis se lamenter: « Oh, si les gens voulaient faire un peu plus attention et tenaient leurs animaux maladroits à l'écart! Ce cheval stupide piétine avec ses lourds sabots mes pauvres serviteurs! »

Le jeune homme s'écarta aussitôt et le roi des fourmis cria: « Nous n'oublierons pas et te revaudrons cela un jour! » Le chemin mena le valet dans la forêt où il vit un père corbeau et une mère corbeau en train de jeter tous leurs petits du nid. « Allez-vous-en, sacripants, » croassèrent-ils, « nous n'arrivons plus à vous nourrir vous êtes déjà assez grands pour vous trouver à manger tout seuls! » Les pauvres petits, qui s'agitaient par terre en battant des ailes, piaillèrent: « Comment pourrions-nous, pauvres petits que nous sommes, subvenir à nos besoins alors que nous ne savons même pas voler! Nous allons mourir de faim! » Le jeune homme descendit aussitôt de son cheval, le transperça de son épée et l'abandonna aux jeunes corbeaux pour qu'ils aient de quoi se nourrir. Les petits s'approchèrent et, après s'être rassasiés, crièrent: « Nous ne t'oublierons pas et te revaudrons cela un jour! »

Le valet fut désormais obligé de continuer sa route à pied. Il marcha et marcha et, après une longue marche, il arriva dans une grande ville dont les rues étaient très peuplées et très animées. Soudain, un homme arriva à cheval et annonça que l'on cherchait un époux pour la princesse royale, mais que celui qui voudrait l'épouser devrait passer une épreuve difficile et, s'il échouait, il devrait payer de sa vie. De nombreux prétendants s'y étaient déjà essayés et tous y avaient péri. Mais le jeune homme, lorsqu'il eut l'occasion de voir la princesse, fut si ébloui de sa beauté qu'il en oublia tous les dangers. Il se présenta donc comme prétendant devant le roi.

On l'emmena immédiatement au bord de la mer et on jeta sous ses yeux un anneau d'or dans les vagues. Puis, le roi lui ordonna de ramener l'anneau du fond de la mer, et ajouta: « Si tu émerges de l'eau sans l'anneau, les vagues te rejetteront sans cesse jusqu'à ce que tu périsses. » Tous plaignirent le jeune homme et s'en allèrent. Seul, debout sur la plage, le valet se demanda ce qu'il allait bien pouvoir faire, lorsqu'il vit soudain trois poissons s'approcher de lui.

C'étaient les poissons auxquels il avait sauvé la vie. Le poisson du milieu portait dans sa gueule un coquillage qu'il déposa aux pieds du jeune homme. Celui-ci le prit, l'ouvrit et y trouva l'anneau d'or. Heureux, il le porta au roi, se réjouissant d'avance de la récompense. Or, la fille du roi était très orgueilleuse et, dès qu'elle eut appris que son prétendant n'était pas de son rang, elle le méprisa et exigea qu'il subît une nouvelle épreuve. Elle descendit dans le jardin et, de ses propres mains, elle répandit dans l'herbe dix sacs de millet. « Tu devras ramasser ce millet! » ordonna-t-elle, « que ces sacs soient remplis avant le lever du soleil! Et pas un seul grain ne doit manquer! »

Le jeune homme s'assit dans l'herbe et se demanda comment il allait pouvoir s'acquitter de cette nouvelle tâche. Ne trouvant pas de solution, il resta assis en attendant tristement l'aube et la mort. Or, dès que les premiers rayons de soleil éclairèrent le jardin, il vit devant lui les dix sacs de millet remplis à ras. Ils étaient rangés les uns à côté des autres et pas un grain ne manquait. Le roi des fourmis était venu la nuit avec des milliers de ses serviteurs et les fourmis reconnaissantes avaient rassemblé tout le millet avec infiniment de soin et en avaient rempli les sacs. La princesse descendit elle-même dans le jardin et constata avec stupéfaction que son prétendant avait rempli sa tâche.

Ne sachant pourtant toujours pas maîtriser son cœur plein d'orgueil, elle déclara: « Il a su passer les deux épreuves, mais je ne serai pas sa femme tant qu'il ne m'aura pas apporté une pomme de l'Arbre de Vie. » Le jeune homme ignorait où poussait un tel arbre, mais il décida de marcher là où ses jambes voudraient bien le porter, sans trop d'espoir de trouver l'arbre en question. Il traversa trois royaumes et il arriva un soir dans une forêt. Il s'assit au pied d'un arbre pour se reposer un peu lorsqu'il entendit un bruissement dans les branches au-dessus de sa tête et une pomme d'or tomba dans sa main.

Au même moment, trois corbeaux se posèrent sur ses genoux et dirent: « Nous sommes les trois jeunes corbeaux que tu as sauvés de la famine. Nous avons appris que tu étais en quête de la pomme d'or et c'est pourquoi nous avons traversé la mer et sommes allés jusqu'au bout du monde où se trouve l'Arbre de Vie pour t'apporter cette pomme. » Le jeune homme, le cœur joyeux, prit le chemin du retour et remit la pomme d'or à la belle princesse qui ne pouvait plus se dérober. Ils coupèrent la pomme de Vie en deux, la mangèrent ensemble et, à cet instant, le cœur de la princesse s'enflamma d'amour pour le jeune homme. Ils s'aimèrent et vécurent heureux jusqu'à un âge très avancé.

68. Le soleil qui rend témoignage

Un ouvrier tailleur voyageait de ville en ville pour se perfectionner dans son état. Les temps devinrent si difficiles, qu'il ne put plus trouver d'ouvrage, et qu'il tomba dans une misère profonde. Dans cette extrémité, il rencontra un juif au milieu d'un bois touffu ; et chassant de son cœur la pensée de Dieu, il le saisit au collet et lui dit :

— La bourse, ou la vie !

Le juif répondit :

— De grâce, laissez-moi la vie; je ne suis d'ailleurs qu'un pauvre juif, et je n'ai que deux sous pour toute fortune.

Le tailleur crut que le juif lui en imposait ; et il reprit :

— Tu mens ; je suis sûr que ta bourse est bien garnie.

En achevant ces mots, il fondit sur le pauvre juif et lui asséna des coups si violents, que le malheureux tomba expirant contre terre. Sur le point de rendre le dernier soupir, le juif recueillit le peu qui lui restait de forces pour prononcer ces paroles :

— Le soleil qui a vu ton crime, saura bien en rendre témoignage !

Et le pauvre juif avait cessé d'exister.

Aussitôt l'ouvrier tailleur se mit à fouiller dans les poches de sa victime, mais il eut beau les retourner en tous sens, il n'y trouva que les deux sous annoncés par le juif.

Alors, il souleva le corps et alla le cacher derrière un buisson ; après quoi, il poursuivit sa route, à la recherche d'une place.

Quand il eut voyagé longtemps de la sorte, il finit par trouver à s'employer dans une ville chez un maître tailleur qui avait une très-belle fille. Le jeune apprenti ne tarda pas à en devenir épris, la demanda en mariage, et l'épousa. Et ils vécurent heureux.

Longtemps après, son beau-père et sa belle mère moururent, et le jeune couple hérita de leur maison. Un matin, tandis que notre tailleur était assis, les deux jambes croisées sur la table, et regardait par la fenêtre, sa femme lui apporta son café. Il en versa une partie dans sa soucoupe, et comme il se disposait à boire, un rayon de soleil vint se jouer à la surface de la liqueur, puis remonta vers les bords en traçant des dessins fantastiques.

Le tailleur, à qui sa conscience rappelait sans cesse les dernières paroles du juif, marmotta entre ses dents :

— Voilà un rayon qui voudrait bien rendre témoignage, mais il lui manque la voix !

— Que murmures-tu là dans ta barbe ? lui demanda avec étonnement sa femme.

Le tailleur fort embarrassé par cette question, répondit :

— Ne le demande pas ; c'est un secret.

Mais la femme reprit :

— Entre nous il ne doit pas y avoir place pour un secret. Tu me confieras celui-ci, ou je croirai que tu ne m'aimes pas.

Et la femme accompagna cette réponse insidieuse des plus belles promesses de discrétion : elle ensevelirait ce secret dans son sein ; elle ne lui en parlerait même jamais plus. Bref, elle fit si bien, que le tailleur lui avoua que jadis, dans ses années de compagnonnage, un jour, égaré par la misère et la faim, il avait fait tomber sous ses coups, pour le dévaliser, un malheureux juif ; et qu'au moment de rendre le dernier soupir, ce juif lui avait dit:

— Le soleil qui a vu ton crime saura bien en rendre témoignage !

— Et c'est à quoi je faisais allusion tout à l'heure, poursuivit le tailleur, en voyant le soleil s'évertuer à faire des ronds dans ma tasse; mais je t'en supplie, veille bien sur ta langue ; songe qu'un seul mot pourrait me perdre.

La femme jura ses grands dieux qu'elle se montrerait digne de recevoir un secret.

Or, son mari s'était à peine remis au travail, qu'elle courut en toute hâte chez sa marraine, à qui elle raconta ce qu'elle venait d'apprendre, en lui recommandant bien de n'en souffler mot à qui que ce soit. Le lendemain, ce secret était celui de la ville entière ; si bien, que le tailleur fut cité à comparaître devant le juge, qui le condamna à la peine qu'il méritait.

Et c'est ainsi que le soleil, qui voit tous les crimes, finit toujours par en rendre témoignage.

69. Tom Pouce

Un pauvre laboureur assis un soir au coin de son feu dit à sa femme, qui filait à côté de lui :

- Quel grand chagrin pour nous de ne pas avoir d'enfants. Notre maison est si triste tandis que la gaieté et le bruit animent celle de nos voisins.

- Hélas ! dit la femme, en poussant un soupir quand nous n'en aurions qu'un gros comme le pouce, je m'en contenterais, et nous l'aimerions de tout notre cœur.

Sur ces entrefaites, la femme devint souffrante et mit au monde au bout de sept mois un enfant bien conformé dans tous ses membres mais n'ayant qu'un pouce de haut.

Ils dirent :

- Il est tel que nous l'avons souhaité et nous ne l'en aimerons pas moins de tout notre cœur.

Ils l'appelèrent Tom Pouce à cause de sa taille... Ils ne le laissaient manquer de rien ; cependant l'enfant ne grandit pas et conserva toujours sa petite taille. Il avait les yeux vifs, la physionomie intelligente et se montra bientôt avisé et adroit, de sorte que tout ce qu'il entreprit lui réussit.

Le paysan s'apprêtait un jour à aller abattre du bois dans la forêt et il se disait à lui-même : « Ah ! si j'avais quelqu'un qui voulût conduire ma charrette! »

- Père, s'écria Tom Pouce, je la conduirai bien, vous pouvez vous reposer sur moi, elle arrivera dans le bois à temps.

L'homme se mit à rire.

- Comment cela est-il possible, dit-il, tu es beaucoup trop petit pour conduire, le cheval par la bride.

- Ça ne fait rien, si maman veut atteler je m'installerai dans l'oreille du cheval et je lui crierai où il faudra qu'il aille.

- Eh bien, dit le père, nous allons essayer.

La mère attela et installa Tom Pouce dans l'oreille du cheval. Le petit homme lui cria le chemin qu'il fallait prendre. « Hue ! dia ! Rue ! dia ! » et le cheval marcha ainsi, comme, s'il eût été guidé, par un véritable charretier ; la charrette arriva dans le bois par la bonne route.

Au moment où la voiture tournait au coin d'une haie, tandis que, le petit criait : Dia, Dia ! deux étrangers vinrent à passer.

- Voilà, s'écria l'un d'eux, une charrette qui marche sans que l'on voie le charretier et cependant on entend sa voix.

- C'est étrange, en effet, dit l'autre, suivons-la et voyons où elle s'arrêtera.

Elle poursuivit sa route et s'arrêta juste à l'endroit où se trouvait le bois abattu.

Quand Tom Pouce, aperçut son père, il lui cria :

- Vois-tu, père, me voilà avec la voiture, maintenant viens me faire descendre.

Lie père saisit la bride du cheval de la main gauche et de la main droite retira de l'oreille son fils et le déposa à terre. Celui-ci s'assit joyeusement sur un fétu. En voyant Tom Pouce les deux étrangers ne surent que dire dans leur étonnement.

L'un d'eux prit l'autre à part et lui dit :

- Ecoute, ce petit être ferait notre fortune si nous l'exhibions pour de l'argent dans une grande ville. Achetons-le.

Ils s'adressèrent au paysan et lui dirent :

- Vendez-nous ce petit bonhomme, nous en aurons bien soin.

- Non, répond le père, c'est mon enfant et il n'est pas à vendre pour tout l'or du monde.

Cependant, en entendant cette proposition, Tom Pouce avait grimpé le long des plis des vêtements de son Père. Il se posa sur son épaule et de là lui souffla dans l'oreille :

- Livrez-moi toujours, père, je saurai bien revenir.

Son père le donna donc aux deux hommes pour une belle pièce d'or.

- Où veux-tu te, mettre lui demandèrent-ils.

- Posez-moi sur le bord de votre chapeau, je pourrai m'y promener et voir le paysage ; je ne tomberai pas.

Ils firent comme il le demanda et quand Tom Pouce eut fait ses adieux à son père ils l'emmenèrent avec eux. Ils marchèrent ainsi jusqu'au soir. A ce moment le petit homme leur dit :

- Posez-moi un peu par terre, j'ai besoin de descendre.

L'homme ôta son chapeau et en retira Tom Pouce qu'il déposa dans un champ près de la route. Aussitôt il s'enfuit parmi les mottes de terre, puis il se glissa dans un trou de souris qu'il avait cherché exprès.

- Bonsoir, mes amis, rentrez sans moi, leur cria-t-il d'un ton moqueur.

Ils voulurent le rattraper et fourragèrent avec des baguettes le trou de souris, peine perdue. Tom Pouce s'y enfonça toujours plus avant, et, comme la nuit était venue tout à fait, ils durent rentrer chez eux en colère et les mains vides.

Quand ils furent partis, Tom Pouce sortit de sa cachette souterraine. Il est dangereux de s'aventurer de nuit dans les champs, on a vite fait de se casser une jambe. Il rencontra par bonheur une coque vide d'escargot.

- Je pourrai passer ici la nuit en sûreté ; et il s'y installa. Sur le point de s'endormir, il entendit passer deux hommes dont l'un dit :

- Comment s'y prendre pour dérober son or et son argent à ce richard de curé?

- Je vais vous le dire, interrompit Tom Pouce.

- Que veut dire ceci s'écria l'un des voleurs effrayés ; j'ai entendu quelqu'un parler.

Ils s'arrêtèrent et prêtèrent l'oreille. Tom Pouce répéta :

- Emmenez-moi, je vous aiderai.

- Mais où es-tu ?

- Cherchez par, terre, répondit-il, et du côté d'où vient la voix.

Les voleurs finirent par le trouver.

- Comment peux-tu avoir la prétention de nous être utile, petit drôle ? lui demandèrent-ils.

- Je me glisserai à travers les barreaux dans la fenêtre du curé, et -vous passerai tout ce que vous voudrez.

- C'est bien, répondirent-ils, nous allons voir ce que tu sais faire.

Quand ils furent arrivés au presbytère, Tom Pouce se coula dans la chambre du curé, puis il se mit à crier de toutes ses forces :

- Voulez-vous tout ce qu'il y a ici ?

Les -voleurs furent effrayés et ils lui dirent :

- Parle plus bas, tu vas éveiller tout le monde.

Mais Tom Pouce feignit de ne pas avoir entendu et cria de nouveau :

- Qu'est-ce que vous désirez ? Voulez-vous tout ce qu'il y a ici ?

La servante qui reposait dans la chambre contiguë entendit ces mots, elle se leva sur son séant et prêta l'oreille. Les voleurs avaient commencé à battre en retraite, mais ils reprirent courage, et, pensant que le petit drôle voulait s'amuser à leurs dépens, ils revinrent sur leurs pas et lui dirent tout bas :

- Allons, sois sérieux et passe-nous quelque chose.

Alors Tom Pouce cria encore une fois, le plus fort qu'il put :

- Je vous passerai tout ; tendez-moi les mains.

Cette fois, la servante entendit bien nettement, elle sauta à bas de son lit et se précipita vers la porte. Les voleurs s'enfuirent comme si le diable eût été à leurs trousses, mais n'ayant rien remarqué, la servante alla allumer une chandelle. Quand elle revint, Tom Pouce alla se cacher dans le foin, et la servante, ayant fouillé, partout sans avoir rien pu découvrir, crut avoir rêvé les yeux ouverts et alla se recoucher.

Tom Pouce s'était blotti dans le foin et s'y était arrangé une bonne, place, pour dormir ; il comptait s'y reposer jusqu'au jour et puis retourner chez ses parents. Mais il dut en voir bien d'autres, car ce monde est plein de peines et de, misères. La servante se leva dès l'aurore, pour donner à manger aux bestiaux. Sa première visite fut pour la grange où elle prit une brassée du foin là où se trouvait précisément endormi le pauvre Tom. Mais il dormait d'un sommeil si profond qu'il ne s'aperçut de rien et ne s'éveilla que quand il fut dans la bouche d'une vache qui l'avait pris avec son foin.

- Mon Dieu ! s'écria-t-il, me voilà dans le moulin à foulon.

Mais il se rendit bientôt compte où il se, trouvait réellement. Il prit garde, de ne pas se laisser broyer entre les dents, et finalement glissa dans la gorge et dans la panse. « Les fenêtres ont été oubliées dans cet appartement, se dit-il, et l'on n'y voit ni le soleil, ni chandelle. » Ce, séjour lui déplut beaucoup et, ce qui aggravait encore la situation, c'est qu'il arrivait toujours du nouveau foin et que l'espace qu'il occupait devenait de plus en plus, étroit. Il se mit à crier le plus haut qu'il put :

- Ne m'envoyez plus de fourrage, ne m'envoyez plus de fourrage !

La servante à ce moment était justement en train de traire la vache. En entendant parler sans voir personne, et, reconnaissant la même voix que celle qui l'avait déjà éveillée la nuit, elle fut prise d'une telle frayeur qu'elle tomba de son tabouret et répandit son lait.

Elle alla en toute hâte trouver son maître et lui cria :

- Ah ! grand Dieu, monsieur le curé, la vache parle.

- Tu es folle, répondit le prêtre.

Il se rendit cependant à l'étable afin de s'assurer de ce, qui se passait.

A peine y eut-il mis le pied que Tom Pouce s'écria de nouveau :

- Ne m'envoyez plus de fourrage, ne m'envoyez plus, de fourrage.

La frayeur gagna le curé lui-même et, s'imaginant qu'il y avait un diable dans le corps de la vache, il dû qu'il fallait la tuer. Ainsi fut fait, et l'on jeta au fumier la panse, où se trouvait le pauvre Tom Pouce.

Il eut beaucoup de mal à se démêler de là et il commençait à passer sa tête quand survint un nouveau malheur. Un loup affamé qui passait par là avala la panse de la vache avec le petit bonhomme d'une seule bouchée. Tom Pouce ne perdit pas courage. « Peut-être, se dit-il, ce loup sera-t-il traitable. » Et de son ventre où il était enfermé il lui cria :

- Cher loup, je, vais t'indiquer un bon repas à faire.

- Et où cela ? dit le loup.

Dans telle et telle maison ; tu n'auras qu'à te glisser par le soupirail de la cuisine, et tu trouveras des gâteaux, du lard, des saucisses à bouche que veux-tu.

Et il lui indiqua exactement la maison de son père.

Le loup ne se le fit pas dire deux fois. Il s'introduisit de nuit dans le soupirail et s'en donna à cœur joie dans le buffet aux provisions. Quand il fut repu et qu'il voulut sortir il s'était tellement gonfl6 de nourriture qu'il ne put venir à bout de repasser par la même voie. C'est là-dessus que Tom Pouce avait compté. Aussi commença-t-il à faire dans le ventre du loup un vacarme effroyable, hurlant et gambadant tant qu'il put.

- Veux-tu te tenir en repos, dit le loup ; tu vas éveiller le monde.

- Eh quoi ! répondit le petit homme, tu t'es régalé, je veux m'amuser aussi moi.

Et il recommença son tapage. Il finit par éveiller son père et sa mère qui se mirent à regarder dans la cuisine par la serrure. Quand ils virent le loup, ils coururent s'armer, l'homme d'une hache, la femme d'une faux.

- Reste derrière, dit l'homme, à la femme au moment d'entrer, je vais lui asséner un coup avec ma hache, et s'il n'en meurt pas du coup, tu lui couperas le ventre.

Tom Pouce qui entendit la voix de son père lui cria :

- Cher père, c'est moi, je suis dans le ventre du loup.

- Notre cher enfant nous est rendu ! s'écria le père plein de joie.

Et il ordonna à sa femme de mettre la faux de côté afin de ne pas blesser Tom Pouce. Puis il leva sa hache et en porta au loup un coup qui l'étendit mort. Il lui ouvrit ensuite le ventre avec des ciseaux et un couteau et en tira le petit Tom.

- Ah ! dit le père, que nous avons été inquiets sur ton sort !

- Oui, père, j'ai beaucoup couru le monde, heureusement que je puis enfin reprendre l'air frais.

- Où as-tu donc été?

- Ah ! père, j'ai été dans un trou de souris, dans la panse d'une vache et dans le ventre d'un loup. Mais maintenant je veux rester avec vous.

- Nous ne te vendrons plus pour tout l'or du monde, dirent les parents en l'embrassant et le serrant contre leur cœur.

Ils lui donnèrent à manger et à boire, et lui firent confectionner d'autres vêtements, car les siens avaient été gâtés pendant le voyage.

70.   Les trois fileuses

Traduit par Félix Frank et E. Alsleben

Il était une fois une jeune fille qui ne voulait jamais filer ; sa mère avait beau dire et se fâcher, elle n'arrivait pas à la faire travailler.

Un jour, l'impatience et la colère de la mère allèrent si loin, qu'elle en vint à battre sa fille, qui se mit à pousser des cris. Dans le même moment, la reine passa devant la porte ; émue de ces cris, elle fit arrêter sa voiture, entra dans la maison et demanda à la mère pourquoi elle battait son enfant, au point qu'on l'entendait de la rue.

La bonne femme eut honte d'avouer la paresse de sa fille, et dit :

« Je ne peux lui faire quitter le rouet ; elle veut toujours filer, je suis pauvre, et ne puis acheter une telle quantité de lin !

– Je n'aime rien tant que de voir nier, répondit la reine, et je ne suis jamais si gaie qu'en entendant tourner les rouets ; donnez-moi votre fille pour l'amener au château j'ai assez de lin pour qu'elle y file tant qu'elle voudra. ! »

La mère fut bien contente de ce langage, et la reine prit la fille avec elle.

Dès qu'elles furent arrivées au château, la reine conduisit la jeune fille dans trois chambres toutes remplies, du haut en bas, de lin magnifique.

« Maintenant, file-moi ce lin, dit-elle ; et si tu viens à bout de ta besogne, tu épouseras mon fils aîné ; quoique tu sois pauvre, je n'y regarderai pas de si près, car ton activité incessante est une assez belle dot. »

La jeune fille était mortellement effrayée : jamais elle n'eût su filer ce lin, quand elle eût vécu trois cents ans et se fut mise à filer du matin au soir. Lorsqu'elle fut seule, elle se prit à pleurer et resta ainsi trois jours sans remuer la main. Le troisième jour, la reine revint, et voyant que rien n'était filé encore, elle parut bien étonnée ; mais la jeune fille s'excusa sur la tristesse qu'elle éprouvait d'avoir quitté la maison de sa mère. La reine n'y trouva rien à redire ; seulement, en sortant, elle dit :

« Il faut pourtant que demain tu te mettes à la besogne ! »

Lorsque la jeune fille fut seule de nouveau, ne sachant où trouver aide ni conseil, dans sa tristesse elle se mit à la fenêtre. Alors, elle vit venir trois femmes dont la première avait un gros pied large, l'autre une lèvre si épaisse qu'elle lui pendait jusqu'au menton, et la troisième un pouce plat. Quand elles furent au-dessous de la fenêtre, elles s'arrêtèrent, regardèrent en haut et demandèrent à la jeune fille ce qu'elle avait. Elle leur raconta ses tourments ; les trois inconnues lui proposèrent de l'aider et lui dirent :

« Veux-tu nous inviter à ta noce, ne pas être honteuse de nous, nous appeler tes cousines et nous placer à table avec toi ? Nous te filerons ce lin, et en peu de temps !

— De tout mon cœur, répliqua-t-elle ; entrez seulement, et commencez tout de suite votre tâche. »

Elle fit donc entrer ces trois femmes étranges ; puis elle leur ménagea une niche dans le lin de la première chambre, où elles s'assirent pour filer. L'une tirait le fil et faisait aller le rouet ; la seconde mouillait le fil ; la troisième le tordait et frappait la table avec son doigt ; et chaque fois qu'elle frappait, un écheveau du fil le plus fin tombait à terre. La jeune fille cachait les trois fileuses à la reine et lui montrait, à chaque visite, la masse de lin filé qui s'élevait, si bien que celle-ci ne trouvait pas assez de compliments pour elle.

La première chambre épuisée, on attaqua la seconde, puis la troisième qui fut bientôt vide aussi. Alors les trois femmes prirent congé de la jeune fille, en lui disant :

« N'oublie pas ce que tu nous as promis ; ce sera le gage de ton bonheur. »

Quand la jeune fille eut montré à la reine les chambres vides et l'amas de lin filé, ce fut vite fait d'arranger la noce ; et le fiancé, ravi d'avoir une femme si habile et si active, lui en fit ses compliments.

« J'ai trois cousines, dit la jeune fille, et comme elles m'ont obligée, je ne voudrais pas les oublier dans mon bonheur ; permettez que je les invite à ma noce et qu'elles soient assises à notre table. »

La reine et le fiancé lui accordèrent volontiers cette permission.

Or, comme la fête commençait, tes trois femmes entrèrent habillées de vêtements bizarres, et la fiancée dit :

« Bonjour, chères cousines !

— Ah ! dit le fiancé, d'où te vient cette parenté étrange ? »

Il alla auprès de celle qui avait le pied large et lui demanda :

« D'où vient que vous avez le pied si large ?

– De frapper le rouet, dit-elle, de frapper le rouet ! »

Le fiancé alla ensuite à la seconde et lui dit :

« D'ou vous vient cette lèvre pendante ?

– De mouiller le lin, répondit-elle, de mouiller le lin. »

Puis il questionna la troisième :

« D'où vient que vous avez le pouce si plat ?

– De tordre le fil, dit-elle, de tordre le fil. »

Sur quoi le fils du roi, effrayé, s'écria :

« Alors, ma belle fiancée ne touchera jamais à un rouet ! »

De cette façon, jamais plus elle n'eut besoin de filer.

71.   Les trois frères

Un vieillard avait trois fils, mais comme il ne possédait pour tout bien qu'une maison, et que cette maison lui avait été léguée par son père, il ne pouvait se résoudre à la vendre pour en partager le produit entre ses enfants. Dans cette incertitude, il lui vint une bonne idée :

— Risquez-vous par le monde, leur dit-il un jour; allez apprendre chacun un métier qui vous fasse vivre, et, votre apprentissage terminé, hâtez-vous de revenir ; celui qui me donnera alors la preuve la plus convaincante de son savoir-faire, héritera de ma maison.

En conséquence, le départ des trois fils fut arrêté. Ils décidèrent qu'ils deviendraient, l'un maréchal-ferrant, l'autre barbier, et le troisième maître d'armes.

Ils fixèrent ensuite un jour et une heure où ils se retrouveraient dans la suite, pour revenir ensemble sous le toit paternel. Ces conventions arrêtées, ils partirent.

Or, il arriva que les trois frères eurent le bonheur de rencontrer chacun un maître consommé dans le métier qu'ils voulaient apprendre. C'est ainsi que notre maréchal-ferrant ne tarda pas à être chargé de ferrer les chevaux du roi ; aussi pensa-t-il dans sa barbe :

— Mes frères seront bien habiles s'ils me disputent la maison.

De son côté, le jeune barbier eut bientôt pour pratiques les plus grands seigneurs de la cour, si bien qu'il se flattait aussi d'hériter de la maison à la barbe de ses frères.

Quant au maître d'armes, avant de connaître tous les secrets de son art, il dut recevoir plus d'un bon coup d'estoc et de taille ; mais la récompense promise soutenait son courage, en même temps qu'il exerçait son œil et sa main.

Quand l'époque fixée pour le retour fut arrivée, les trois frères se réunirent à l'endroit convenu, puis ils regagnèrent ensemble la maison de leur père.

Le soir même de leur retour, tandis qu'ils étaient assis tous quatre devant la porte, ils aperçurent un lièvre qui accourait à travers champs de leur côté.

— Bravo ! dit le barbier, voici une pratique qui vient fort à propos pour me fournir l'occasion de montrer mon savoir-faire !

En prononçant ces mots, notre homme prenait savon et bassin et préparait sa blanche mousse.

Quand le lièvre fut parvenu à proximité, il courut à sa poursuite, le rejoignit, et tout en galopant de concert avec le léger animal, il lui barbouilla le nez de savon, puis d'un seul coup de rasoir il lui enleva la moustache, sans lui faire la plus petite coupure, et sans oublier le plus petit poil.

— Voilà qui est travaillé ! dit le père, il faudra que tes frères soient bien habiles pour te disputer la maison.

Quelques moments après, on vit arriver à toute bride un cheval fringant attelé à une légère voiture.

— Je sais vous donner un échantillon de mon adresse, dit à son tour le maréchal-ferrant.

A ces mots, il s'élança sur la trace du cheval, et bien que celui-ci redoublât de vitesse, il lui enleva les quatre fers auquel il en substitua quatre autres ; et tout cela en moins d'une minute, le plus aisément du monde et sans ralentir la course du cheval.

— Tu es un artiste accompli, s'écria le père ; tu es aussi sûr de ton affaire, que ton frère l'est de la sienne ; et je ne saurais en vérité décider lequel de vous deux mérite le plus la maison.

— Attendez que j'aie aussi fait mes preuves, dit alors le troisième fils.

La pluie commençait à tomber en ce moment.

Notre homme tira son épée, et se mit à en décrire des cercles si rapides au-dessus de sa tête, que pas une seule goutte d'eau ne tomba sur lui ; la pluie redoublant de force, ce fut bientôt comme si on la versait à seaux des hauteurs du ciel. Cependant notre maître d'armes qui s'était borné à agiter son épée toujours plus vite, demeurait à sec sous son arme, comme s'il eût été sous un parapluie ou sous un toit.

A cette vue, l'admiration de l'heureux père fut au comble, et il s'écria :

— C'est toi qui as donné la preuve d'adresse la plus étonnante ; c'est à toi que revient la maison.

Les deux fils aînés approuvèrent cette décision, et joignirent leurs éloges à ceux de leur père. Ensuite, comme ils s'aimaient tous trois beaucoup, ils ne voulurent pas se séparer, et continuèrent de vivre ensemble dans la maison paternelle, où ils exercèrent chacun leur métier. Leur réputation d'habileté s'étendit au loin, et ils devinrent bientôt riches. C'est ainsi qu'ils vécurent heureux et considérés jusqu'à un âge très-avancé ; et lorsqu'enfin l'aîné tomba malade et mourut, les deux autres en prirent un tel chagrin qu'ils ne tardèrent pas à le suivre.

On leur rendit les derniers devoirs. Le pasteur de la commune fit observer avec raison que trois frères qui, pendant leur vie avaient été doués d'une si grande adresse et unis par une si touchante amitié, ne devaient pas non plus être séparés dans la mort. En conséquence, on les plaça tous trois dans le même tombeau.

72. Les trois fainéants

Un roi avait trois fils qu'il aimait également, et il ne savait auquel d'entre eux laisser sa couronne. Lorsqu'il se sentit près de mourir, il les fit venir, et leur dit :

— Mes chers enfants, il est temps que je vous fasse connaître ma dernière volonté : j'ai décidé que celui d'entre vous qui serait le plus fainéant, hériterait de mes états.

A ces mots, l'aîné prenant la parole :

— C'est donc à moi, mon père, dit-il, que revient votre sceptre ; car je suis tellement fainéant, que, le soir, j'ai beau tomber de fatigue et de sommeil, je n'ai pas le courage de fermer mes yeux pour dormir.

Le cadet dit à son tour :

— C'est donc à moi, mon père, qu'appartient votre couronne, car je suis si fainéant, que lorsque je me trouve assis devant le feu, et que je sens la flamme me brûler les jambes, j'aime mieux les laisser rôtir, que de faire un mouvement pour les retirer.

Le troisième reprit :

— Mon père, personne plus que moi n'a droit à vous succéder, car telle est ma fainéantise que si j'étais condamné à être pendu, que j'eusse déjà la corde autour du cou, et qu'au moment d'être étranglé, que quelqu'un me tendit un couteau pour couper la corde, je préférerais subir mon triste sort plutôt que de me déranger pour prendre ce couteau.

Le roi répondit aussitôt :

— C'est à toi que revient ma couronne.

73. Les trois plumes

Traduction de René Bories

Il était une fois un homme qui ne possédait que la maison dans laquelle il habitait avec ses trois fils. Chacun aurait bien voulu en hériter à la mort de leur père mais celui-ci aimait autant l'un que l'autre et restait indécis. Il aurait pu répartir l'argent d'une vente, cependant, il ne souhaitait pas céder la maison car elle lui venait de ses ancêtres. Enfin il lui vint une idée et dit à ses fils : « Allez sur les chemins et apprenez chacun un métier, lorsque vous reviendrez, celui qui fera le meilleur chef-d'œuvre recevra la maison. »

Cela satisfaisait les fils. L'aîné choisit d'être maréchal-ferrant, le puîné barbier et le benjamin maître d'armes. Ils se mirent ainsi d'accord sur la date de leur retour et se séparèrent.

La Providence fit si bien que chacun trouva un maître compétent auprès duquel ils apprirent avec justesse. Le forgeron devait panser la monture royale et déclara : maintenant tu es paré tu auras la demeure. Le barbier qui rasait de nombreux gentilshommes pensa aussi : la bâtisse ce serait bien. Le maître d'armes recevant quelques coups mais serrant les dents et ne s'en laissant pas compter, pensait : ne crains pas les coups ainsi tu hériteras de la maison.

Lorsque vint le moment du retour, ils se retrouvèrent de nouveau chez leur père. Mais ils ignoraient comment ils devraient trouver la meilleure occasion de démontrer leur art. Ils se réunirent pour y réfléchir et alors qu'ils étaient assis, un lièvre vint à passer devant leurs yeux.

« Eh », s'exclama le barbier, « Ça tombe à pic » il se saisit d'un bol de savon, fit de la mousse, jusqu'à ce que le lièvre revint, puis le savonna et lui tailla une barbe de bélier en pleine course et cela sans le couper et sans lui abîmer le poil. « Ça me plaît bien », dit le père, « si les autres ne font pas mieux, alors la maison est à toi. »

Peu après, arriva un chevalier dans une voiture lancée en pleine course. « Vous allez voir père, ce dont je suis capable », affirma le maréchal-ferrant. Il bondit après la voiture, empoigna le cheval qui menait le train, lui ôta les quatre fers et le ferra à neuf en pleine cavalcade.

« Tu es un sacré bonhomme », s'enthousiasma le père, « tu fais les choses aussi bien que ton frère, je ne sais pas à qui je dois céder la maison. »

Alors le troisième annonça : « Père, laisse-moi aussi une fois tenter ma chance, » et alors qu'il se mettait à pleuvoir, il tira son sabre et le balança si habilement au dessus de la tête de son père qu'aucune goutte ne lui tomba dessus. Et bien que la pluie redoublât et qu'enfin elle fut aussi forte que si quelqu'un vidait sa baignoire du haut du ciel, il agita son sabre toujours plus vite de sorte que le père resta aussi au sec que s'il se fut tenu sous un toit.

Voyant cela, le père s'étonna et déclara : » Tu as réalisé le meilleur ouvrage, la maison est maintenant à toi. »

Les autres frères en furent aussi satisfaits et parce qu'ils s'aimaient comme ils s'étaient toujours aimés ils restèrent tous les trois ensemble dans la maison. Ils travaillèrent si bien leur art qu'ils gagnèrent beaucoup d'argent. Ainsi vécurent-ils dans la joie jusqu'à un âge avancé et lorsque l'un d'eux tomba malade et mourut, les deux autres aussitôt en furent si attristés qu'ils en devinrent malades et moururent à leur tour. Ainsi, tous trois furent étendus dans le même tombeau car ils avaient été ainsi décidé et qu'ils s'étaient tant aimés.

74. Les trois vieux

Le nouveau pasteur du village d'Oest, passant un jour devant une ferme dépendante de sa commune, mais située à l'écart au milieu des champs, aperçut, assis sur un banc de pierre auprès de la porte, un vieillard en cheveux blancs qui pleurait à chaudes larmes.

— Qu'avez-vous donc, pour vous désoler ainsi ? lui demanda avec intérêt le bon pasteur.

— Hélas ! répondit en sanglotant le vieillard, je pleure parce que mon père m'a battu!

Ces paroles, comme bien on pense, excitèrent au plus haut point l'étonnement du vénérable pasteur. Il se hâta de descendre de cheval, et d'entrer dans la maison. A peine franchissait-il le seuil, qu'il aperçut un autre vieillard beaucoup plus âgé que le premier, et dont les traits annonçaient une agitation violente.

— Qui peut vous émouvoir ainsi, mon père ? lui demanda avec intérêt le bon pasteur.

— Ne m'en parlez pas ! répondit le vieillard encore tout tremblant de colère ! est-ce que mon étourdi de fils n'a pas eu la maladresse de faire tomber mon père !

Pour le coup, le bon pasteur ne voulait point croire ses oreilles, mais il dut bien se rendre au témoignage de ses yeux qui, en se tournant vers la cheminée, aperçurent assis dans un fauteuil au bord du feu un troisième vieillard au dos tout voûté par l'âge mais d'un air encore vigoureux.

— A coup sûr, se dit le pasteur, ces hommes-là sont de la race des patriarches ! ils n'auront pas fait d'excès dans leur jeunesse !

75. Le vaillant petit tailleur

Par un beau matin d'été, un petit tailleur assis sur sa table et de fort bonne humeur, cousait de tout son cœur. Arrive dans la rue une paysanne qui crie :

- Bonne confiture à vendre ! Bonne confiture à vendre !

Le petit tailleur entendit ces paroles avec plaisir. Il passa sa tête délicate par la fenêtre et dit :

- Venez ici, chère Madame ! C'est ici qu'on vous débarrassera de votre marchandise.

La femme grimpa les trois marches avec son lourd panier et le tailleur lui fit déballer tous ses pots. Il les examina, les tint en l'air, les renifla et finalement déclara :

- Cette confiture me semble bonne. Pesez-m'en donc une demi-once, chère Madame. Même s'il y en a un quart de livre, ça ne fera rien.

La femme, qui avait espéré trouver un bon client, lui donna ce qu'il demandait, mais s'en alla bien fâchée et en grognant.

- Et maintenant, dit le petit tailleur, que Dieu bénisse cette confiture et qu'elle me donne de la force !

Il prit une miche dans le buffet, s'en coupa un grand morceau par le travers et le couvrit de confiture.

- Ça ne sera pas mauvais, dit-il. Mais avant d'y mettre les dents, il faut que je termine ce pourpoint.

Il posa la tartine à côté de lui et continua à coudre et, de joie, faisait des points de plus en plus grands. Pendant ce temps, l'odeur de la confiture parvenait jusqu'aux murs de la chambre qui étaient recouverts d'un grand nombre de mouches, si bien qu'elles furent attirées et se jetèrent sur la tartine.

- Eh ! dit le petit tailleur. Qui vous a invitées ?

Et il chassa ces hôtes indésirables. Mais les mouches, qui ne comprenaient pas la langue humaine, ne se laissèrent pas intimider. Elles revinrent plus nombreuses encore. Alors, comme on dit, le petit tailleur sentit la moutarde lui monter au nez. Il attrapa un torchon et « je vais vous en donner, moi, de la confiture ! » leur en donna un grand coup. Lorsqu'il retira le torchon et compta ses victimes, il n'y avait pas moins de sept mouches raides mortes. « Tu es un fameux gaillard », se dit-il en admirant sa vaillance. « Il faut que toute la ville le sache. »

Et, en toute hâte, il se tailla une ceinture, la cousit et broda dessus en grandes lettres - « Sept d'un coup ». « Eh ! quoi, la ville… c'est le monde entier qui doit savoir ça ! » Et son cœur battait de joie comme une queue d'agneau. Le tailleur s'attacha la ceinture autour du corps et s'apprêta à partir dans le monde, pensant que son atelier était trop petit pour son courage. Avant de quitter la maison, il chercha autour de lui ce qu'il pourrait emporter. Il ne trouva qu'un fromage et le mit dans sa poche. Devant la porte, il remarqua un oiseau qui s'était pris dans les broussailles ; il lui fit rejoindre le fromage. Après quoi, il partit vaillamment et comme il était léger et agile, il ne ressentit aucune fatigue. Le chemin le conduisit sur une montagne et lorsqu'il en eut escaladé le plus haut sommet, il y vit un géant qui regardait tranquillement le paysage. Le petit tailleur s'approcha bravement de lui et l'apostropha :

- Bonjour, camarade ! Alors, tu es assis là et tu admires le vaste monde ? C'est justement là que je vais pour y faire mes preuves. Ça te dirait de venir avec moi ?

Le géant examina le tailleur d'un air méprisant et dit :

- Gredin, triste individu !

- Tu crois ça, répondit le tailleur en dégrafant son manteau et en montrant sa ceinture au géant.

- Regarde là quel homme je suis !

Le géant lut : « Sept d'un coup », s'imagina qu'il s'agissait là d'hommes que le tailleur avait tués et commença à avoir un peu de respect pour le petit homme. Mais il voulait d'abord l'éprouver. Il prit une pierre dans sa main et la serra si fort qu'il en coula de l'eau.

- Fais-en autant, dit-il, si tu as de la force.

- C'est tout ? demanda le petit tailleur. Un jeu d'enfant !

Il plongea la main dans sa poche, en sortit le fromage et le pressa si fort qu'il en coula du jus.

- Hein, dit-il, c'était un peu mieux !

Le géant ne savait que dire. Il n'arrivait pas à croire le petit homme. Il prit une pierre et la lança si haut qu'on ne pouvait presque plus la voir.

- Alors, avorton, fais-en autant !

- Bien lancé, dit le tailleur ; mais la pierre est retombée par terre. Je vais t'en lancer une qui ne reviendra pas.

Il prit l'oiseau dans sa poche et le lança en l'air. Heureux d'être libre, l'oiseau monta vers le ciel et ne revint pas.

- Que dis-tu de ça, camarade ? demanda le tailleur.

- Tu sais lancer, dit le géant, mais on va voir maintenant si tu es capable de porter une charge normale.

Il conduisit le petit tailleur auprès d'un énorme chêne qui était tombé par terre et dit :

- Si tu es assez fort, aide-moi à sortir cet arbre de la forêt.

- Volontiers, répondit le petit homme, prends le tronc sur ton épaule ; je porterai les branches et la ramure, c'est ça le plus lourd.

Le géant prit le tronc sur son épaule ; le tailleur s'assit sur une branche et le géant, qui ne pouvait se retourner, dut porter l'arbre entier avec le tailleur pardessus le marché. Celui-ci était tout joyeux et d'excellente humeur. Il sifflait la chanson « Trois tailleurs chevauchaient hors de la ville » comme si le fait de porter cet arbre eût été un jeu d'enfant. Lorsque le géant eut porté l'arbre pendant quelque temps, il n'en pouvait plus et il s'écria :

- Écoute, il faut que je le laisse tomber.

Le tailleur sauta en vitesse au bas de sa branche et dit au géant :

- Tu es si grand et tu ne peux même pas porter l'arbre !

Ensemble, ils poursuivirent leur chemin. Comme ils passaient sous un cerisier, le géant attrapa le faîte de l'arbre d'où pendaient les fruits les plus mûrs, le mit dans la main du tailleur et l'invita à manger. Le tailleur était bien trop faible pour retenir l'arbre et lorsque le géant le lâcha, il se détendit et le petit homme fut expédié dans les airs. Quand il fut retombé sur terre, sans dommage, le géant lui dit :

- Que signifie cela ? tu n'as même pas la force de retenir ce petit bâton ?

- Ce n'est pas la force qui me manque, répondit le tailleur. Tu t'imagines que c'est ça qui ferait peur à celui qui en a tué sept d'un coup ? J'ai sauté par-dessus l'arbre parce qu'il y a des chasseurs qui tirent dans les taillis. Saute, toi aussi, si tu le peux !

Le géant essaya, n'y parvint pas et resta pendu dans les branches de sorte que, cette fois encore, ce fut le tailleur qui gagna. Le géant lui dit :

- Si tu es si vaillant, viens dans notre caverne pour y passer la nuit avec nous. Le petit tailleur accepta et l'accompagna.

Lorsqu'ils arrivèrent dans la grotte, les autres géants étaient assis autour du feu et chacun d'entre eux tenait à la main un monstrueux rôti auquel ils mordaient. Le petit tailleur regarda autour de lui et pensa : « C'est bien plus grand ici que dans mon atelier. » Le géant lui indiqua un lit et lui dit de s'y coucher et d'y dormir. Mais le lit était trop grand pour le petit tailleur. Il ne s'y coucha pas, mais s'allongea dans un coin. Quand il fut minuit et que le géant pensa que le tailleur dormait profondément, il prit une barre de fer et, d'un seul coup, brisa le lit, croyant avoir donné le coup de grâce au rase-mottes. Au matin, les géants s'en allèrent dans la forêt. Ils avaient complètement oublié le tailleur. Et le voilà qui s'avançait tout joyeux et plein de témérité ! Les géants prirent peur, craignirent qu'il ne les tuât tous et s'enfuirent en toute hâte. Le petit tailleur poursuivit son chemin au hasard. Après avoir longtemps voyagé, il arriva dans la cour d'un palais royal et, comme il était fatigué, il se coucha et s'endormit. Pendant qu'il était là, des gens s'approchèrent, qui lurent sur sa ceinture : « Sept d'un coup ».

- Eh ! dirent-ils, que vient faire ce foudre de guerre dans notre paix ? Ce doit être un puissant seigneur !

Ils allèrent le dire au roi, pensant que si la guerre éclatait ce serait là un homme utile et important, qu'il ne fallait laisser repartir à aucun prix. Ce conseil plut au roi et il envoya l'un de ses courtisans auprès du petit tailleur avec pour mission de lui offrir une fonction militaire quand il s'éveillerait. Le messager resta planté près du dormeur, attendit qu'il remuât les membres et ouvrit les yeux et lui présenta sa requête.

- C'est justement pour cela que je suis venu ici, répondit-il. je suis prêt à entrer au service du roi.

Il fut reçu avec tous les honneurs et on mit à sa disposition une demeure particulière. Les gens de guerre ne voyaient cependant pas le petit tailleur d'un bon œil. Ils le souhaitaient à mille lieues.

- Qu'est-ce que ça va donner, disaient-ils entre eux, si nous nous prenons de querelle avec lui et qu'il frappe ? Il y en aura sept à chaque fois qui tomberont. Aucun de nous ne se tirera d'affaire.

Ils décidèrent donc de se rendre tous auprès du roi et demandèrent à quitter son service.

- Nous ne sommes pas faits, dirent-ils, pour rester à côté d'un homme qui en abat sept d'un coup.

Le roi était triste de perdre, à cause d'un seul, ses meilleurs serviteurs. Il aurait souhaité ne l'avoir jamais vu et aurait bien voulu qu'il repartît. Mais il n'osait pas lui donner son congé parce qu'il aurait pu le tuer lui et tout son monde et prendre sa place sur le trône. Il hésita longtemps. Finalement, il eut une idée. Il fit dire au petit tailleur que, parce qu'il était un grand foudre de guerre, il voulait bien lui faire une proposition. Dans une forêt de son pays habitaient deux géants qui causaient de gros ravages, pillaient, tuaient, mettaient tout à feu et à sang. Personne ne pouvait les approcher sans mettre sa vie en péril. S'il les vainquait et qu'il les tuât, il lui donnerait sa fille unique en mariage et la moitié de son royaume en dot. Cent cavaliers l'accompagneraient et lui prêteraient secours. « Voilà qui convient à un homme comme un moi », songea le petit tailleur. « Une jolie princesse et la moitié d'un royaume, ça ne se trouve pas tous les jours ».

- Oui, fut donc sa réponse. Je viendrai bien à bout des géants et je n'ai pas besoin de cent cavaliers. Celui qui en tue sept d'un coup n'a rien à craindre quand il n'y en a que deux.

Le petit tailleur prit la route et les cent cavaliers le suivaient. Quand il arriva à l'orée de la forêt, il dit à ses compagnons :

- Restez ici, je viendrai bien tout seul à bout des géants.

Il s'enfonça dans la forêt en regardant à droite et à gauche. Au bout d'un moment, il aperçut les deux géants. Ils étaient couchés sous un arbre et dormaient en ronflant si fort que les branches en bougeaient. Pas paresseux, le petit tailleur remplit ses poches de cailloux et grimpa dans l'arbre. Quand il fut à mi-hauteur, il se glissa le long d'une branche jusqu'à se trouver exactement au-dessus des dormeurs et fit tomber sur la poitrine de l'un des géants une pierre après l'autre. Longtemps, le géant ne sentit rien. Finalement, il se réveilla, secoua son compagnon et lui dit :

- Pourquoi me frappes-tu ?

- Tu rêves, répondit l'autre. Je ne te frappe pas.

Ils se remirent à dormir. Alors le petit tailleur jeta un caillou sur le second des géants.

- Qu'est-ce que c'est ? cria-t-il. Pourquoi me frappes-tu ?

- Je ne te frappe pas, répondit le premier en grognant.

Ils se querellèrent un instant mais, comme ils étaient fatigués, ils cessèrent et se rendormirent. Le petit tailleur recommença son jeu, choisit une grosse pierre et la lança avec force sur la poitrine du premier géant.

- C'est trop fort ! s'écria celui-ci.

Il bondit comme un fou et jeta son compagnon contre l'arbre, si fort que celui-ci en fut ébranlé. Le second lui rendit la monnaie de sa pièce et ils entrèrent dans une telle colère qu'ils arrachaient des arbres pour s'en frapper l'un l'autre. À la fin, ils tombèrent tous deux morts sur le sol. Le petit tailleur regagna alors la terre ferme. « Une chance qu'ils n'aient pas arraché l'arbre sur lequel j'étais perché. Il aurait fallu que je saute sur un autre comme un écureuil. Heureusement que l'on est agile, nous autres ! » Il tira son épée et en donna quelques bons coups à chacun dans la poitrine puis il rejoignit les cavaliers et leur dit :

- Le travail est fait, je leur ai donné le coup de grâce à tous les deux. Ça a été dur. Ils avaient dû arracher des arbres pour se défendre. Mais ça ne sert à rien quand on a affaire à quelqu'un qui en tue sept, comme moi, d'un seul coup.

- N'êtes-vous pas blessé ? demandèrent les cavaliers.

- Ils ne m'ont même pas défrisé un cheveu, répondit le tailleur. Les cavaliers ne voulurent pas le croire sur parole et ils entrèrent dans le bois. Ils y trouvèrent les géants nageant dans leur sang et, tout autour, il y avait des arbres arrachés.

Le petit tailleur réclama le salaire promis par le roi. Mais celui-ci se déroba et chercha comment il pourrait se débarrasser du héros.

- Avant que tu n'obtiennes ma fille et la moitié du royaume, lui dit-il, il faut encore que tu accomplisses un exploit. Dans la forêt il y a une licorne qui cause de gros ravages. Il faut que tu l'attrapes.

- J'ai encore moins peur d'une licorne que de deux géants. Sept d'un coup, voilà ma devise, répondit le petit tailleur.

Il prit une corde et une hache, partit dans la forêt et ordonna une fois de plus à ceux qu'on avait mis sous ses ordres de rester à la lisière. Il n'eut pas à attendre longtemps. La licorne arriva bientôt, fonça sur lui comme si elle avait voulu l'embrocher sans plus attendre.

- Tout doux ! tout doux ! dit-il. Ça n'ira pas si vite que ça.

Il attendit que l'animal soit tout proche. Alors, il bondit brusquement derrière un arbre. La licorne courut à toute vitesse contre l'arbre et enfonça sa corne si profondément dans le tronc qu'elle fut incapable de l'en retirer. Elle était prise !

- Je tiens le petit oiseau, dit le tailleur.

Il sortit de derrière l'arbre, passa la corde au cou de la licorne, dégagea la corne du tronc à coups de hache et, quand tout fut fait, emmena la bête au roi. Le roi ne voulut pas lui payer le salaire promis et posa une troisième condition. Avant le mariage, le tailleur devait capturer un sanglier qui causait de grands ravages dans la forêt. Les chasseurs l'aideraient.

- Volontiers, dit le tailleur, c'est un jeu d'enfant.

Il n'emmena pas les chasseurs avec lui, ce dont ils furent bien contents car le sanglier les avait maintes fois reçus de telle façon qu'ils n'avaient aucune envie de l'affronter. Lorsque le sanglier vit le tailleur, il marcha sur lui l'écume aux lèvres, les défenses menaçantes, et voulut le jeter à terre. Mais l'agile héros bondit dans une chapelle qui se trouvait dans le voisinage et d'un saut en ressortit aussitôt par une fenêtre. Le sanglier l'avait suivi. Le tailleur revint derrière lui et poussa la porte. La bête furieuse était captive. Il lui était bien trop difficile et incommode de sauter par une fenêtre. Le petit tailleur appela les chasseurs. Ils virent le prisonnier de leurs propres yeux. Le héros cependant se rendit chez le roi qui dut tenir sa promesse, bon gré mal gré ! Il lui donna sa fille et la moitié de son royaume. S'il avait su qu'il avait devant lui, non un foudre de guerre, mais un petit tailleur, l'affaire lui serait restée encore bien plus sur le cœur. La noce se déroula donc avec grand éclat, mais avec peu de joie, et le tailleur devint roi. Au bout de quelque temps, la jeune reine entendit une nuit son mari qui rêvait.

- Garçon, disait-il, fais-moi un pourpoint et raccommode mon pantalon, sinon je te casserai l'aune sur les oreilles !

Elle comprit alors dans quelle ruelle était né le jeune roi et au matin, elle dit son chagrin à son père et lui demanda de la protéger contre cet homme qui n'était rien d'autre qu'un tailleur. Le roi la consola et lui dit :

- La nuit prochaine, laisse ouverte ta chambre à coucher. Quand il sera endormi, mes serviteurs qui se trouveront dehors entreront, le ligoteront et le porteront sur un bateau qui l'emmènera dans le vaste monde.

Cela plut à la fille. Mais l'écuyer du roi, qui avait tout entendu, était dévoué au jeune seigneur et il alla lui conter toute l'affaire.

- Je vais leur couper l'herbe sous les pieds, dit le petit tailleur.

Le soir, il se coucha avec sa femme à l'heure habituelle. Quand elle le crut endormi, elle se leva, ouvrit la porte et se recoucha. Le petit tailleur, qui faisait semblant de dormir, se mit à crier très fort :

- Garçon, fais-moi un pourpoint et raccommode mon pantalon, sinon je te casse l'aune sur les oreilles, j'en ai abattu sept d'un coup, j'ai tué deux géants, capturé une licorne et pris un sanglier et je devrais avoir peur de ceux qui se trouvent dehors, devant la chambre ?

Lorsque ceux-ci entendirent ces paroles, ils furent saisis d'une grande peur. Ils s'enfuirent comme s'ils avaient eu le diable aux trousses et personne ne voulut plus se mesurer à lui. Et c'est ainsi que le petit tailleur resta roi, le reste de sa vie durant.

76.   Unœil, Deuxyeux et Troisyeux

Il était une fois une femme qui avait trois filles. L'aînée s'appelait Unœil parce qu'elle n'avait qu'un œil unique au milieu du front, et la seconde s'appelait Deuxyeux parce qu'elle avait ses deux yeux comme tout le monde, tandis que cadette se nommait Troisyeux parce qu'elle avait trois yeux, ayant elle aussi un oeil au milieu du front, telle sa aînée. Mais comme Deuxyeux n'était pas faite autrement que les autres gens, ni ses sœurs ni sa mère ne pouvaient la souffrir. « Toi, avec tes deux yeux, lui disaient--elles, tu ressembles à tout le monde et tu n'es pas des nôtres! » Elles ne faisaient que de la malmener et maltraiter, la bousculaient et la chassaient toujours dans les coins, ne lui laissaient que de vieilles frusques pour s'habiller, ne lui donnaient que leurs restes à manger, et encore juste de quoi ne pas mourir de faim. Bref, c'était leur souffre-douleur.

Or, il advint qu'un jour, comme Deuxyeux s'en était allée garder la chèvre dans les prés, la faim dont elle souffrait la fit pleurer, parce qu'une fois de plus ses deux sœurs ne lui avaient donné que trop peu. Assise dans l'herbe, la pauvre pleura et pleura tellement qu'elle avait deux petits ruisseaux qui lui coulaient sur les joues. Mais quand elle leva les yeux pour implorer le ciel dans sa détresse, elle vit devant elle une dame qui lui demanda:

- Deuxyeux, pourquoi pleures-tu?

- Comment pourrais-je ne pas pleurer? lui répondit Deuxyeux. Sous prétexte que j'ai deux yeux comme tout le monde, mes deux sœurs et ma mère ne peuvent pas me souffrir et me font toutes les misères; elles me chassent de partout, m'habillent de loques et ne me donnent pas assez à manger: je n'ai jamais que leurs restes, et aujourd'hui il y avait si peu que la faim me tenaille sans cesse.

- Allons, sèche tes larmes, Deuxyeux! lui dit la fée, et écoute moi-bien. Tu ne connaîtras plus jamais la faim. Tu n'as qu'à dire:

Méhéhé la Biquette,
Petite table prête!

et tu auras devant toi la table mise proprement, avec la nappe blanche et le couvert, et les plats finement servis, dont tu pourras manger autant que ton envie. Et après, lorsque tu te seras bien régalée et que tu n'en auras plus besoin, tu diras:

Méhéhé la Biquette,
Petite table arrête!

et aussitôt elle aura disparu sous tes yeux.

Ces paroles dites, la fée était partie. Alors Deuxyeux se dit qu'elle allait essayer tout de suite si c'était bien vrai, puisqu'elle avait si grand-faim

Méhéhé la Biquette,
Petite table prête!

Mais oui, presque en même temps que les paroles, la petite table se trouvait là avec sa nappe blanche, l'assiette, le couteau, la fourchette et une cuillère d'argent; et les plats succulents et fumants attendaient devant elle et sentaient bon: on eût dit qu'ils arrivaient tout droit de la cuisine. " Mon Dieu, soyez notre hôte en tous les temps! Amen. "Telle était la prière que Deuxyeux s'était empressée de dire, parce que c'était la plus courte qu'elle savait. Puis elle se servit et se régala de tout son cœur. Après, quand elle eut bien mangé de tout et se sentit complètement satisfaite, elle dit ce que la fée lui avait enseigné:

Méhéhé la Biquette,
Petite table arrête!

La table, avec tout ce qu'il y avait dessus, s'évanouit et disparut à l'instant même. «Le service est fameux!» se dit Deuxyeux, tout heureuse et rassérénée. Et le soir, quand elle rentra avec la chèvre et trouva son écuelle de terre avec les restes que lui avaient laissés ses sœurs, elle n'y toucha point, pas plus qu'elle ne toucha aux rares bribes qui lui étaient destinées, le lendemain, quand elle repartit avec la chèvre. Une fois, deux fois, cela passa, et les sœurs ne s'en aperçurent même pas. Mais comme la chose se répétait sans cesse, elles s'en firent la remarque: «Il y a quelque chose de louche là-dessous: Deuxyeux ne touche plus à rien, alors qu'elle a toujours dévoré ce qu'on lui laissait jusqu'à maintenant. Elle doit avoir trouvé quelque chose... » Et pour mettre le doigt dessus et découvrir la vérité, Unœil, la sœur aînée, décida de l'accompagner le lendemain, quand elle irait garder la chèvre, afin de voir si quelqu'un lui donnait à manger ou à boire.

- Je vais avec toi aujourd'hui, Deuxyeux! lui dit Unœil au moment qu'elle allait partir. Il faut que je voie si tu gardes convenablement notre chèvre et si tu la mènes vraiment aux meilleurs endroits.

Deuxyeux, qui ne fut pas dupe et se douta bien de ses vraies raisons, mena la chèvre dans l'herbe haute, mais beaucoup plus loin qu'où elle allait d'habitude. Arrivée là, elle appela sa sœur et lui dit:

- Viens, Unœil, nous allons nous asseoir ensemble et je vais te chanter quelque chose.

Fatiguée par cette longue promenade et par la chaleur d'un soleil dont elle n'avait pas non plus l'habitude, l'aînée somnolait à demi, tandis que Deuxyeux lui chantait sans cesse sur le même air:

Unœil, ma sœur, ne dors-tu pas?
Unœil, ma sœur, dors-tu déjà?

Finalement, Unœil ferma son oeil unique et s'endormit vraiment. Dès que Deuxyeux en fut bien sûre et la vit endormie assez profondément pour ne pouvoir pas la surprendre, elle se hâta de dire sa petite chanson:

Méhéhé la Biquette,
Petite table prête!

Pour s'asseoir bien vite à sa petite table, manger et boire son avant que de chanter de nouveau:

Méhéhé la Biquette,
Petite table arrête!

Après que tout eut disparu, Deuxyeux réveilla sa sœur et dit: « Unœil, au lieu de garder, voilà que tu t'endors; et pendant ce temps, la chèvre pouvait courir n'importe où! Viens, nous allons rentrer. » Lorsqu'elles furent revenues à la maison, Deuxyeux ne toucha pas aux malheureux petits morceaux qu'on avait mis dans son écuelle, mais Unœil fut bien incapable de dire à sa mère pourquoi elle ne mangeait pas.

« Je me suis endormie là-bas! » avoua-t-elle pour s'en excuser.

Le lendemain, la mère dit à Troisyeux: « C'est toi qui iras aujourd'hui avec elle; mais fais attention et surveille-la bien, car si Deuxyeux mange là-bas, ou si quelqu'un lui apporte à manger et boire, cela doit se faire en cachette. » Alors Troisyeux alla rejoindre Deuxyeux et lui dit qu'elle voulait venir avec elle garder la chèvre et voir si elle le faisait bien. Deuxyeux ne fut pas dupe et comprit parfaitement ce qu'elle avait dans l'idée; aussi mena-t-elle la chèvre assez loin dans les hautes herbes, puis elle invita sa sœur à s'asseoir à côté d'elle en lui proposant de chanter un peu pour la distraire. Troisyeux s'étendit dans l'herbe, déjà fatiguée par le long chemin et un peu étourdie par la chaleur du soleil; alors Deuxyeux reprit à son intention sa petite chanson de la veille. Mais par inattention, elle commença comme la veille et chanta sans s'en apercevoir

Unœil, ma sœur, ne dors-tu pas?

avant de reprendre correctement:

Troisyeux, ma sœur, dors-tu déjà?

Et quand la petite berceuse accomplit son oeuvre, Troisyeux s'endormit en effet, mais seulement avec ses deux yeux son troisième œil, lui, ne s'était pas endormi, ayant échappé au charme; et si elle le ferma, ce fut par ruse et seulement pour pouvoir guetter sous ses cils et surprendre tout ce qu'il y aurait à surprendre. Aussi lorsque Deuxyeux, la croyant profondément endormie après sa petite chanson, mangea et but son content, puis chanta l'autre petite chanson, le troisième œil de Troisyeux vit-il tout! Deuxyeux vint alors réveiller sa sœur et lui dit, comme à l'autre: « Tu dormais, Troisyeux. Tu ne vaux rien pour garder. Viens, nous rentrons à présent. » Et elles rentrèrent; mais quand elles furent à la maison. Deuxyeux ne toucha pas à ce qu'on avait mis dans son écuelle et Troisyeux dit à leur mère:

- Je sais à présent pourquoi cette orgueilleuse ne veut rien de ce qu'on lui donne. Une fois là-bas, elle dit à la chèvre:

Méhéhé la Biquette,
Petite table prête!

et elle a devant elle une petite table couverte des meilleurs plats, bien meilleurs que ceux que nous mangeons, nous! Son repas terminé, elle dit encore:

Méhéhé la Biquette,
Petite table arrête!

Et alors tout s'en va. J'ai tout vu clairement et nettement, parce qu'avec une petite chanson elle m'avait endormi deux yeux, mais le troisième était resté ouvert.

C'était plus qu'il n'en fallait pour exciter la jalousie furieuse de la mère.

- Mademoiselle a des prétentions, hein? s'écria-t-elle en s'en prenant à Deuxyeux. Mademoiselle veut jouir d'une meilleure existence que la nôtre, hein? Eh bien! c'est un plaisir dont tu vas te priver!

Empoignant un couteau, elle courut à la chèvre et lui enfonça le couteau dans le cœur. En voyant sa chèvre morte, Deuxyeux se précipita hors de la maison et s'en alla pleurer amèrement, assise dans l'herbe du premier pré. Soudain, la fée se trouva de nouveau devant elle et lui demanda:

- Pourquoi pleures-tu, Deuxyeux?

- Comment pourrais-je ne pas pleurer? répondit Deuxyeux. La chèvre qui dressait si joliment la petite table pour moi quand je lui chantais votre petite chanson, hélas! elle est morte à présent et c'est ma mère qui l'a égorgée! La faim et les misères sont revenues pour moi...

- Écoute-moi bien, Deuxyeux, je vais te donner le bon conseil, lui dit la bonne fée: tu demanderas à tes deux sœurs qu'elles te laissent les boyaux de ta chèvre, et tu les enfouiras sous terre devant la porte de la maison. Avec cela, ton bonheur est assuré.

Ces paroles dites, la fée avait disparu, et Deuxyeux revint à la maison pour demander à ses sœurs: « Mes chères sœurs, s'il vous plaît, laissez-moi avoir quelque chose de ma pauvre chèvre: je ne demande rien de bon, seulement les boyaux! » cette modeste requête les fit éclater de rire, et elles lui répondirent: « Si c'est ton seul désir, cela peut se faire! » Deuxyeux prit les boyaux, qu'elle enterra en cachette, le soir venu, sans faire de bruit, devant la porte de la maison. Ainsi, elle avait fait comme le lui avait dit la fée.

Le lendemain matin, la maisonnée se réveilla et se leva en même temps, et quand elles allèrent à la porte, quelle ne fut pas leur surprise d'y voir un arbre merveilleux qui avait poussé là: un arbre d'une splendeur et d'une magnificence sans égales dans le monde entier, car il avait un feuillage d'argent et portait des fruits d'or! Comment cet arbre avait pu venir là en une nuit? Ni la mère ni les sœurs n'en eurent la moindre idée; mais Deuxyeux, elle, le savait très bien, parce que l'arbre avait poussé à l'endroit même où elle avait enterré les boyaux de la chèvre.

- Monte sur l'arbre, mon enfant, dit la mère à Unœil, et cueille-nous quelques-uns de ces fruits merveilleux.

Unœil monta dans l'arbre, mais quand elle avança la main pour attraper un fruit d'or, la branche s'écarta brusques Elle eut beau recommencer autant de fois qu'elle voulut ce fut à chaque fois la même chose, et il lui fut impossible de toucher à un seul des beaux fruits d'or.

- Vas-y, toi, Troisyeux, commanda la mère. Tu pourras mieux te débrouiller avec tes trois yeux que ta sœur avec son œil unique.

Unœil se laissa glisser au bas de l'arbre et Troisyeux y grimpa prestement; mais elle put bien s'y prendre comme elle voulut et regarder partout à la fois avec ses trois yeux, elle n'eut pas plus de succès que son autre sœur: les fruits d'or se tenaient toujours hors de sa portée. La mère, impatientée, y monta à son tour; mais pas plus que ses filles elle ne put attraper un seul fruit d'or, et sa main se refermait toujours sur du vent!

- Si je montais, dit Deuxyeux, peut-être réussirais-je mieux...

- Toi! se moquèrent les sœurs. A quoi peux-tu bien arriver avec tes deux yeux?

Elle grimpa néanmoins dans l'arbre, et voici que les fruits d'or, au lieu de fuir devant ses mains, venaient d'eux-mêmes s'y placer et se laissaient cueillir l'un après l'autre. Elle en avait le tablier plein quand elle redescendit de l'arbre, et sa mère les lui prit. Jalouses toutes trois qu'elle pût cueillir les fruits précieux alors qu'elles ne l'avaient pas pu, elles ne furent que plus méchantes avec elle, au lieu de lui en être reconnaissantes, et la traitèrent d'autant plus durement.

Un jour, comme elles se trouvaient ensemble au pied de l'arbre merveilleux, arriva un jeune seigneur à cheval. « Vite, Deuxyeux, cache-toi pour ne pas nous faire honte! » Lui crièrent ses deux sœurs en la fourrant précipitamment sous un tonneau vide qui se trouvait là, et, avec elle, les pommes d'or qu'elle venait de cueillir. Le jeune seigneur avait belle allure, comme elles purent le voir quand il fut tout près, et il s'arrêta pour admirer ce merveilleux arbre d'argent et d'or.

- A qui ce bel arbre appartient-il? demanda le jeune seigneur aux deux sœurs. Si l'on m'en donnait une branche, on pourrait me demander ce qu'on voudrait.

Unœil et Troisyeux répondirent ensemble que l'arbre était à elles, s'élançant déjà pour en casser un rameau. Mais quelque peine qu'elles y prissent, elles n'en furent capables ni l'une ni l'autre: les branches, comme les fruits, se tenaient tout à coup à l'écart de leurs mains.

- Il est vraiment étonnant que l'arbre vous appartienne, dit le jeune cavalier, si vous n'avez pas le pouvoir d'en couper un simple petit rameau!

Les deux sœurs soutinrent néanmoins que l'arbre était bel et bien leur propriété; mais tandis qu'elles parlaient de la sorte, Deuxyeux poussa du pied, sous son tonneau, quelques pommes d'or et les envoya rouler jusqu'aux pieds du beau cavalier, parce que le mensonge de ses sœurs l'avait indignée. Voyant les fruits d'or devant lui, le jeune seigneur s'étonna et demanda d'où ils venaient. Alors Unœil et Troisyeux avouèrent qu'elles avaient une autre sœur, qui ne devait pas se montrer parce qu'elle n'avait que deux yeux comme le commun des gens. Le jeune seigneur voulut pourtant la voir, il l'exigeait, c'était son grand désir, et il l'appela lui-même en criant:

- Deuxyeux! Viens! Sors de là!

Le plus naturellement du monde, Deuxyeux se glissa hors du tonneau pour s'approcher, et le beau cavalier s'émerveilla de sa grande beauté.

- Toi, Deuxyeux, lui dit-il, tu peux sûrement me cueillir une branche de l'arbre!

- Mais oui, répondit Deuxyeux, je le peux bien, puisque cet arbre m'appartient.

Grimpant à l'arbre, elle en cassa une merveilleuse branche avec ses feuilles d'argent et ses fruits d'or, qu'elle tendit au beau cavalier.

- Que veux-tu que je te donne en échange, Deuxyeux? demanda le cavalier

- Ah! répondit Deuxyeux, moi qui n'ai que misère, chagrin et douleur, qui ne connais que faim et soif de la pointe de l'aube jusqu'au bout du soir, si vous vouliez m'emmener avec vous, ce serait ma délivrance et j'en serais heureuse!

Le jeune seigneur la prit en croupe et galopa jusqu'au château de son père, où elle eut une garde-robe magnifique et table selon son cœur. Épris d'elle comme il l'était, le beau seigneur fit bénir leur union, et leurs noces furent célébrées en grande joie.

Après le départ de Deuxyeux avec le beau seigneur à cheval, les deux sœurs lui envièrent furieusement son bonheur tout en se cherchant des consolations. " Au moins, se dirent-elles il nous reste l'arbre merveilleux! Et même si nous ne pouvons pas y cueillir de fruits d'or, tout le monde sera attiré par sa splendeur et viendra à nous, s'arrêtant là pour l'admirer et nous complimenter. Qui sait jusqu'où peut aller notre chance? "

C'était peut--être ce qu'elles croyaient, mais le lendemain quand elles se levèrent, l'arbre avait disparu, emportant avec lui leurs belles espérances. Par contre, en se mettant à la fenêtre de sa jolie chambrette, Deuxyeux le vit qui était là: il l'avait donc suivie, et elle en fut heureuse infiniment.

Mariée et heureuse, elle vécut de longues années de joie et de plaisir. Mais un jour, il y eut deux pauvresses qui frappèrent à la porte du château et qui mendièrent une aumône; et voilà que Deuxyeux, en les regardant de plus près, reconnut Unœil et Troisyeux, ses deux sœurs, devenues si misérables qu'elles allaient de porte en porte mendier leur pain. Deuxyeux les reçut avec cœur et les garda près d'elle, les traitant avec une telle générosité et une telle affection, qu'elles eurent toute deux un sincère remords et se repentirent profondément du mal qu'elles avaient pu faire à leur sœur dans sa jeunesse.

77. Les vagabonds

Coq dit à poule: "Voici la saison des noix; il faut aller sur la côte avant que l'écureuil les ait toutes récoltées." - "Bonne idée," répondit poule, "partons; nous allons bien nous divertir." Ils allèrent ensemble sur la côte et y restèrent jusqu'au soir. Alors, soit par vanité, soit parce qu'ils avaient trop mangé, ils ne voulurent pas retourner à pied chez eux, et le coq fut obligé de fabriquer une petite voiture avec des coquilles de noix. Quand elle fut prête, la poule monta dedans et dit au coq de s'atteler au timon. "Et pour qui me prends-tu?" répondit le coq, "j'aimerais mieux m'en retourner à pied que de m'atteler comme un cheval; non, cela n'est pas dans nos conventions: je veux bien être cocher et m'asseoir sur le siège; mais traîner moi-même la voiture, c'est ce que je ne ferai pas."

Comme ils se disputaient ainsi, une cane se mit à crier: "Eh! voleurs, qui vous a permis de venir sous mes noyers! Attendez, je vais vous arranger!" Et elle se précipita, le bec ouvert, sur le coq. Mais celui-ci, prompt à la riposte, frappa la cane en plein corps et lui laboura si bien les chairs à coups d'ergot, qu'elle demanda grâce et se laissa atteler à la voiture en punition de son attaque. Le coq s'assit sur le siège pour conduire l'équipage, et il le lança à fond de train en criant: "Au galop, cane, au galop!" Comme ils avaient déjà fait un bout de route, ils rencontrèrent deux voyageurs qui cheminaient à pied; c'était une épingle et une aiguille, qui crièrent: "Halte! halte!"

Bientôt, dirent-ils, il ferait nuit noire, ils ne pouvaient plus avancer; le chemin était plein de boue; ils s'étaient attardés à boire de la bière devant la porte, à l'auberge du Tailleur; finalement ils prièrent qu'on leur permît de monter dans la voiture. Le coq, vu la maigreur des nouveaux venus et le peu de place qu'ils tiendraient, consentit à les recevoir, à condition qu'ils ne marcheraient sur les pieds de personne. Fort tard dans la soirée ils arrivèrent à une auberge, et, comme ils ne voulaient pas se risquer de nuit sur la route, et que la cane était fatiguée, ils se décidèrent à entrer. L'hôte fit d'abord des difficultés; sa maison était déjà pleine, et les nouveaux voyageurs ne lui paraissaient pas d'une condition très relevée, mais enfin, vaincu par leurs belles paroles, par la promesse qu'on lui fit de lui abandonner l'œuf que la poule venait de pondre en route et de lui laisser la cane qui en pondait un tous les jours, il voulut bien les recevoir pour la nuit.

Ils se firent servir du meilleur et passèrent la soirée à faire bombance. Le lendemain matin, à la pointe du petit jour, quand tout le monde dormait encore, le coq réveilla la poule, et, piquant l'œuf à coups de bec, ils l'avalèrent tous deux et en jetèrent la coquille dans la cheminée; ils allèrent ensuite prendre l'aiguille qui dormait encore, et la saisissant par la tête, ils la plantèrent dans le fauteuil de l'hôte, ainsi que l'épingle dans sa serviette; puis ils prirent leur vol par la fenêtre.

La cane qui couchait volontiers à la belle étoile et qui était restée dans la cour, se leva en les entendant passer, et entrant dans un ruisseau qui coulait au pied du mur, elle le descendit plus vite qu'elle n'avait couru la poste la veille. Deux heures plus tard l'hôte sortit du lit, et, après s'être lavé la figure, il prit la serviette pour s'essuyer; mais l'épingle lui égratigna le visage et lui fit une grande balafre rouge qui allait d'une oreille à l'autre. Il descendit à la cuisine pour allumer sa pipe; mais en soufflant sur le feu, les débris de la coquille de l'œuf lui sautèrent dans les yeux. "Tout conspire contre moi ce matin," se dit-il, et dans son chagrin il se laissa tomber dans son grand fauteuil; mais il se releva bientôt en poussant des cris, car l'aiguille l'avait solidement piqué et non pas à la tête. Ce dernier accident acheva de l'exaspérer; ses soupçons tombèrent tout de suite sur les voyageurs qu'il avait reçus la veille au soir; et en effet, quand il alla pour voir ce qu'ils étaient devenus, il les trouva décampés. Alors il jura bien qu'à l'avenir il ne recevrait plus dans sa maison de ces vagabonds qui font beaucoup de dépenses, ne payent pas, et pour tout merci vous jouent quelque méchant tour.

78. Le vieux sultan

Un paysan possédait un chien fidèle, nommé Sultan. Or le pauvre Sultan était devenu si vieux qu'il avait perdu toutes ses dents, si bien qu'il lui était désormais impossible de mordre. Il arriva qu'un jour, comme ils étaient assis devant leur porte, le paysan dit à sa femme :

- Demain un coup de fusil me débarrassera de Sultan, car la pauvre bête n'est plus capable de me rendre le plus petit service.

La paysanne eut pitié du malheureux animal :

- Il me semble qu'après nous avoir été utile pendant tant d'années et s'être conduit toujours en bon chien fidèle, il a bien mérité pour ses vieux jours de trouver chez nous le pain des invalides.

- Je ne te comprends pas, répliqua le paysan, et tu calcules bien mal : ne sais-tu donc pas qu'il n'a plus de dents dans la gueule, et que, par conséquent, il a cessé d'être pour les voleurs un objet de crainte ? Il est donc temps de nous en défaire. Il me semble que s'il nous a rendu de bons services, il a, en revanche, été toujours bien nourri. Partant quitte.

Le pauvre animal, qui se chauffait au soleil à peu de distance de là, entendit cette conversation qui le touchait de si près, et je vous laisse à penser s'il en fut effrayé. Le lendemain devait donc être son dernier jour ! Il avait un ami dévoué, sa seigneurie le loup, auquel il s'empressa d'aller, dès la nuit suivante, raconter le triste sort dont il était menacé.

- Écoute, compère, lui dit le loup, ne te désespère pas ainsi ; je te promets de te tirer d'embarras. Il me vient une excellente idée. Demain matin à la première heure, ton maître et sa femme iront retourner leur foin ; comme ils n'ont personne au logis, ils emmèneront avec eux leur petit garçon. J'ai remarqué que chaque fois qu'ils vont au champ, ils déposent l'enfant à l'ombre derrière une haie. Voici ce que tu auras à faire. Tu te coucheras dans l'herbe auprès du petit, comme pour veiller sur lui. Quand ils seront occupés à leur foin, je sortirai du bois et je viendrai à pas de loup dérober l'enfant ; alors tu t'élanceras de toute ta vitesse à ma poursuite, comme pour m'arracher ma proie ; et, avant que tu aies trop longtemps couru pour un chien de ton âge, je lâcherai mon butin, que tu rapporteras aux parents effrayés. Ils verront en toi le sauveur de leur enfant, et la reconnaissance leur défendra de te maltraiter ; à partir de ce moment, au contraire, tu entreras en faveur, et désormais tu ne manqueras plus de rien.

L'invention plut au chien, et tout se passa suivant ce qui avait été convenu. Qu'on juge des cris d'effroi que poussa le pauvre père quand il vit le loup s'enfuir avec son petit garçon dans la gueule ! qu'on juge aussi de sa joie quand le fidèle Sultan lui rapporta son fils !

Il caressa son dos pelé, il baisa son front galeux, et dans l'effusion de sa reconnaissance, il s'écria :

- Malheur à qui s'aviserait jamais d'arracher le plus petit poil à mon bon Sultan ! J'entends que, tant qu'il vivra, il trouve chez moi le pain des invalides, qu'il a si bravement gagné ! Puis, s'adressant à sa femme :

- Gretel dit-il, cours bien vite à la maison, et prépare à ce fidèle animal une excellente pâtée ; puisqu'il n'a plus de dents, il faut lui épargner les croûtes ; aie soin d'ôter du lit mon oreiller ; j'entends qu'à l'avenir mon bon Sultan n'aie plus d'autre couchette.

Avec un tel régime, comment s'étonner que Sultan soit devenu le doyen des chiens.

La morale de ce conte est que même un loup peut parfois donner un conseil utile. Je n'engage pourtant pas tous les chiens à aller demander au loup un conseil, surtout s'ils n'ont plus de dents.

79.   Le violon merveilleux

Il était une fois un ménétrier qui avait un violon merveilleux. Ce ménétrier se rendit un jour tout seul dans une forêt, laissant errer sa pensée ça et là ; et quand il ne sut plus à quoi songer, il se dit :

— Le temps commence à me sembler long dans cette forêt ; je veux faire en sorte qu'il m'arrive un bon compagnon.

En conséquence, il prit son violon qu'il portait sur le dos, et se mit à jouer un air qui réveilla mille échos dans le feuillage. Il n'y avait pas longtemps qu'il jouait, lorsqu'un loup vint en tapinois derrière les arbres.

— Ciel ! voilà un loup ! ce n'est point là le compagnon que je désire, pensa le ménétrier.

Cependant le loup s'approcha, et lui dit :

— Eh ! cher ménétrier, que tu joues bien ! ne pourrais-je pas aussi apprendre ton art ?

— La chose est facile, répondit le ménétrier ; il suffit pour cela que tu fasses exactement tout ce que je te dirai.

— Oh ! cher ménétrier, reprit le loup, je veux t'obéir, comme un écolier obéit à son maître.

Le musicien lui enjoignit de le suivre, et lorsqu'ils eurent fait un bout de chemin, ils arrivèrent au pied d'un vieux chêne qui était creux et fendu par le milieu.

— Tu vois cet arbre, dit le ménétrier; si tu veux apprendre à jouer du violon, il faut que tu places tes pattes de devant dans cette fente.

Le loup obéit ; mais le musicien ramassa aussitôt une pierre et en frappa avec tant de force les deux pattes du loup, qu'elles s'enfoncèrent dans la fente, et que le pauvre animal dut rester prisonnier.

— Attends-moi jusqu'à ce que je revienne, ajouta le ménétrier.

Et il continua sa route.

Il avait à peine marché pendant quelques minutes, qu'il se prit à penser de nouveau :

— Le temps me semble si long dans cette forêt, que je vais tâcher de m'attirer un autre compagnon.

En conséquence, il prit son violon, et joua un nouvel air. Il n'y avait pas longtemps qu'il jouait, lorsqu'un renard arriva en tapinois à travers les arbres.

— Ah ! voilà un renard, se dit le musicien; ce n'est pas là le compagnon que je désire.

Le renard s'approcha, et lui dit :

— Eh ! cher musicien, que tu joues bien ! Je voudrais bien apprendre ton art.

— La chose est facile, répondit le musicien; il suffit pour cela que tu fasses exactement tout ce que je te dirai.

— Oh ! cher musicien, reprit le renard, je te promets de t'obéir, comme un écolier obéit à son maître.

— Suis-moi, dit le ménétrier.

Quand ils eurent marché pendant quelques minutes, ils arrivèrent à un sentier bordé des deux côtés par de hauts arbustes. En cet endroit, le musicien s'arrêta, saisit d'un côté du chemin un noisetier qu'il inclina contre terre, mit le pied sur sa cime ; puis de l'autre côté, il en fit de même avec un autre arbrisseau; après quoi, s'adressant au renard :

— Maintenant, camarade, s'il est vrai que tu veuilles apprendre quelque chose, avance ta patte gauche.

Le renard obéit, et le musicien lui lia la patte à l'arbre de gauche.

— Renard, mon ami, lui dit-il ensuite, avance maintenant ta patte droite.

L'animal ne se le fit pas dire deux fois, et le ménétrier lui lia cette patte à l'arbre de droite. Cela fait, il lâcha les deux arbustes qui se redressèrent soudain, emportant avec eux dans l'air le renard qui resta suspendu et se débattit vainement.

— Attends-moi jusqu'à ce que je revienne, dit le musicien.

Et il continua sa route. Il ne tarda pas à penser pour la troisième fois :

— Le temps me semble long dans cette forêt ; il faut que je tâche de me procurer un autre compagnon.

En conséquence, il prit son violon, et les accords qu'il en tira retentirent à travers le bois. Alors arriva, à bonds légers, un levraut.

— Ah ! voilà un levraut, se dit le musicien. Ce n'est pas là le compagnon que je désire.

— Eh ! cher musicien, dit le levraut, que tu joues bien ! je voudrais bien apprendre ton art.

— La chose est facile, répondit le ménétrier ; il suffit pour cela que tu fasses exactement tout ce que je te dirai.

— Oh ! cher musicien, reprit le levraut, je te promets de t'obéir comme un écolier obéit à son maître.

Ils cheminèrent quelque temps ensemble, puis ils arrivèrent à un endroit moins sombre du bois où se trouvait un peuplier. Le musicien attacha au cou du levraut une longue corde qu'il noua au peuplier par l'autre bout.

— Maintenant alerte ! ami levraut, fais-moi vingt fois en sautant le tour de l'arbre.

Le levraut obéit ; et quand il eut fait vingt fois le tour commandé, la corde était enroulée vingt fois autour de l'arbre, si bien que le levraut se trouva captif, et il eut beau tirer de toutes ses forces, il ne réussit qu'à se meurtrir le cou avec la corde.

— Attends-moi jusqu'à ce que je revienne, dit le musicien.

Et il poursuivit sa route.

Cependant à force de tirer, de s'agiter, de mordre la pierre et de travailler en tous sens, le loup avait fini par rendre la liberté à ses pattes en les retirant de la fente. Plein de colère et de rage, il se mit à la poursuite du musicien qu'il se promettait de mettre en pièces. Lorsque le renard l'aperçut qui arrivait au galop, il se prit à gémir et à crier de toutes ses forces :

— Frère loup, viens à mon secours ! le musicien m'a trompé.

Le loup inclina les deux arbustes, rompit les cordes d'un coup de dent, et rendit la liberté au renard qui le suivit, impatient aussi de se venger du musicien. Ils rencontrèrent bientôt le pauvre levraut, qu'ils délivrèrent également, et tous les trois se mirent à la poursuite de l'ennemi commun.

Or, en continuant son chemin, le ménétrier avait une quatrième fois joué de son violon merveilleux ; pour le coup il avait mieux réussi. Les accords de son instrument étaient arrivés jusqu'aux oreilles d'un pauvre bûcheron, qui, séduit par cette douce musique, abandonna sa besogne, et, la hache sous le bras, s'empressa de courir vers l'endroit d'où partaient les sons.

— Voilà donc enfin le compagnon qu'il me faut ! dit le musicien ; car je cherchais un homme et non des bêtes sauvages.

Puis il se remit à jouer d'une façon si harmonieuse et si magique, que le pauvre homme resta là immobile comme sous l'empire d'un charme, et que son cœur déborda de joie. C'est en ce moment qu'arrivèrent le loup, le renard et le levraut. Le bûcheron n'eut pas de peine à remarquer que ses camarades n'avaient pas les meilleures intentions. En conséquence, il saisit sa hache brillante et se plaça devant le musicien, d'un air qui voulait dire :

— Celui qui en veut au ménétrier fera bien de se tenir sur ses gardes, car il aura affaire à moi.

Aussi la peur s'empara-t-elle des animaux conjurés, qui retournèrent en courant dans la forêt. Le musicien témoigna sa reconnaissance au bûcheron en lui jouant encore un air mélodieux, puis il s'éloigna.

80.   Les Wichtelmænner

5

Traduit par Félix Frank et E. Alsleben

PREMIER CONTE

Un cordonnier était devenu si pauvre, sans qu'il y eût de sa faute, qu'il ne lui restait a la fin que tout juste assez de cuir pour faire une paire de souliers. Dans la soirée, il tailla ce cuir afin de le coudre le lendemain, et, comme il avait la conscience en repos, il se mit tranquillement au lit après s'être recommandé au bon Dieu, puis s'endormit.

Le lendemain, lorsqu'il eut fait sa prière et qu'il voulut se mettre à l'ouvrage, les deux souliers se trouvaient tout faits sur la table. Jugez de l'étonnement du bonhomme ; il ne savait que dire ni que penser, et il prit les souliers à sa main pour les regarder de plus près : ils étaient façonnés avec tant de soin qu'il n'y avait pas un faux point ; c'était vraiment un ouvrage de maître !

Bientôt un acheteur entra dans la boutique ; et, comme ces souliers lui plurent, il les paya plus que le prix ordinaire, et le cordonnier put s'acheter de cet argent du cuir pour deux autres paires de souliers. Il les tailla le soir, se proposant de les coudre le lendemain ; mais il n'en eut pas besoin, car en se levant, il les trouva déjà tout faits, et les acheteurs ne tardèrent pas non plus à lui donner de quoi s'acheter du cuir pour quatre paires de souliers. Le lendemain matin encore, il trouva ces quatre paires toutes faites ; et ce fut ainsi toujours de mieux en mieux : ce qu'il taillait le soir, il le trouvait cousu et achevé le lendemain, de telle sorte qu'il eut, au bout de peu de temps, assez pour vivre sans souci, et que finalement il devint un homme aisé.

Il arriva qu'un soir, quelques jours avant Noël, le cordonnier, ayant taillé ses souliers, dit à sa femme au moment de se coucher :

« Qu'en dis-tu, femme ? Si nous restions debout cette nuit pour voir qui nous aide ainsi ? »

---

[5] Petits hommes, espèce de nains merveilleux d'une taille lilliputienne. On cite leurs tours et leurs malices ; mais travailleurs et obligeants, ils ne deviennent guère taquins et méchants que pour ceux les narguent. C'est surtout du côté du Rhin, à Cologne, etc., que les Wichtelmænner font parler d'eux. Par leur obligeance ils ressemblent assez aux teuz, et par leurs taquineries aux korrigans et poulpikans de notre Bretagne.

La femme fut contente de ce propos et alluma une chandelle puis ils se cachèrent dans un coin de la chambre, derrière leurs habits qu'ils y avaient accrochés, et se tinrent aux aguets.

Quand la cloche eut sonné minuit, ils virent surgir deux petits hommes nus qui se mirent devant l'établi du cordonnier, prirent tout le cuir taillé et commencèrent avec leurs petits doigts à piquer si vite et à coudre avec tant d'agilité que le cordonnier, ébahi, ne pouvait les quitter des yeux. Ils ne cessèrent pas de travailler avant que tout fût achevé ; et, laissant leur ouvrage sur la table, s'en allèrent au plus vite.

Le lendemain, la femme dit au mari :

« Nous sommes devenus riches par le travail de ces petits hommes ; nous devrions bien nous montrer reconnaissants. Ils courent tout nus et n'ont rien sur le corps, ils doivent avoir froid. Sais-tu ? Je vais leur coudre une chemise, un habit, des culottes et un gilet, et leur tricoter une paire de bas ; et toi, tu feras pour chacun d'eux une paire de petits souliers.

Le mari y consentit de tout son cœur. Le soir, lorsque tout fut fini, ils mirent leurs cadeaux sur la table à la place du cuir taillé, et ils se cachèrent pour voir ce que les petits hommes allaient en faire.

A minuit, les nains arrivèrent et voulurent se mettre immédiatement à l'ouvrage ; en trouvant ces jolis vêtements au lieu de cuir, ils s'étonnèrent d'abord, puis ils montrèrent une joie folle. Ils s'habillèrent en grande hâte et ils caressaient leurs habits et chantaient :

« Ne sommes-nous pas des garçons gentils et galants ?

Pourquoi être des cordonniers plus longtemps ? »

Puis ils sautèrent et dansèrent partout, sur les chaises et sur la table. Enfin, ils s'en allèrent par la porte en dansant. Depuis lors, ils ne revinrent plus ; mais le cordonnier vécut à son aise toute sa vie, et tout ce qu'il entreprit lui réussit à souhait.

DEUXIÈME CONTE

Il était une fois une pauvre servante, bien active et bien propre, qui balayait tous les jours toute la maison, et mettait les ordures devant la porte. Un matin, en voulant commencer son travail, elle y trouva une lettre, et, comme elle ne savait pas lire, elle mit son balai dans un coin et porta la lettre à ses maîtres. C'était une invitation des Wichtelmænner qui demandaient à la pauvre fille d'être marraine d'un de leurs enfants.

La servante ne savait trop que faire ; après bien des conseils, et comme on lui disait qu'il ne fallait jamais refuser ces sortes de choses, elle y consentit.

Alors vinrent trois Wichtelmænner, qui la conduisirent dans une grande montagne creuse, où vivaient ces petits êtres.

Tout y était petit, mais si beau et si gentil qu'on ne saurait le décrire. L'accouchée était dans un lit d'ébène, dont les pommes étaient autant de perles ; les couvertures étaient brodées d'or, le berceau en ivoire et la baignoire en or.

La servante fut donc marraine, puis s'apprêta à s'en retourner au logis. Mais les petits hommes insistèrent tellement qu'elle consentit à rester trois jours. Elle passa ce temps joyeusement et dans les plaisirs ; et les Wichtelmænner faisaient tout ce qu'elle désirait.

Lorsqu'elle voulut s'en aller, ils lui mirent plein ses poches d'or et la reconduisirent hors de la montagne.

Arrivée à la maison, elle reprit son balai qui était encore dans le coin où elle l'avait mis et recommença à balayer. Alors survinrent des personnes de la maison qui lui demandèrent ce qu'elle voulait et qui elle était. Et elle vit que ce n'étaient pas trois jours, comme elle le pensait, mais sept ans, qu'elle avait passés dans la montagne avec les petits hommes ; et ses maîtres étaient morts pendant ce temps-là[6].

TROISIÈME CONTE

Les Wichtelmænner avaient enlevé un enfant à sa mère et avaient mis dans le berceau, à sa place, un nain avec une grosse tête et des yeux fixes, qui ne voulait que manger et boire.

La pauvre mère alla chez sa voisine, pour lui demander conseil.

La voisine dit qu'il fallait porter le nain dans la cuisine, le mettre sur le foyer, allumer du feu et faire bouillir de l'eau dans des coques d'œufs ; que cela ferait rire le nain, et que, dès qu'il rirait, il n'aurait plus de puissance.

---

[6] Dans ce monde surnaturel, l'homme, quand il s'y trouve transportée ne s'aperçoit pas du cours du temps ; ou plutôt, le temps est suspendu pour lui. Tel il n'en retrouve la notion et les effets qu'en rentrant dans le monde ordinaire. On se rappelle l'histoire de ce moine, citée comme preuve des jouissances de l'éternité dans les sermons du moyen âge : il croyait n'avoir écouté que pendant une matinée le chant d'un oiseau envoyé par Dieu, et l'avait écouté pendant trois cents ans, oubliant toutes choses dans la douceur de son extase.

La mère fit tout comme le lui avait conseillé la voisine et lorsqu'elle mit les coques avec l'eau sur le feu, le nain s'écria :

« Je suis aussi vieux que la forêt Noire,

Et jamais je n'ai vu bouillir de l'eau dans des œufs. »

Et il commença à rire. Il riait encore qu'une foule de petits hommes arrivèrent, mirent l'enfant de la pauvre mère sur le foyer et emportèrent le nain[7].

FIN

---

[7] Ce conte rappelle d'une façon frappante un chant breton, dialecte de Cornouaille, recueilli par M. de La Villemarqué dans son Barzaz-Breiz. « C'est, dit-il, une des traditions les plus populaires de l'Armorique. Le chant est un peu plus développé que le conte ; mais les circonstances et les paroles sont presque semblables. Seulement, dans la chanson bretonne, dès que le nain a parlé, il faut le fouetter, pour qu'il crie et que ses compagnons viennent l'enlever ; dans le conte allemand, il faut arriver à le faire rire en mettant bouillir de l'eau dans des coques d'œufs alors il perd sa puissance et les petits hommes l'emportent. Mais le refrain qui trahit le caractère surnaturel du nain exprime la même idée avec le même tour de part et d'autre. Le Korrigan s'écrie :
« J'ai vu l'œuf avant d'avoir vu la poule blanche ; j'ai vu le gland avant de voir l'arbre. »
« J'ai vu le gland et j'ai vu la gaule ; j'ai vu le chêne dans les bois de l'autre Bretagne, et je n'ai jamais vu pareille chose. »

UltraLetters vous invite à lire ou relire...

Collection Classiques

Charles Baudelaire, *Pauvre Belgique!*
Henri Bergson (œuvres majeures)
    1. *Essai sur les données immédiates de la conscience*, 1889
    2. *Matière et Mémoire*, 1896
    3. *Le Rire. Essai sur la signification du comique*, 1899
    4. *L'Évolution créatrice*, 1907
    5. *L'Énergie spirituelle*, 1919
    6. *Durée et simultanéité*, 1922
    7. *Les Deux Sources de la morale et de la religion*, 1932
    8. *La Pensée et le mouvant*, 1934
Lewis Carroll,
    Alice au pays des merveilles (illustré)
    Alice au pays des merveilles (édition bilingue anglais-français)
Hendrik Conscience, *De Leeuw van Vlaanderen (édition néerlandaise)*
James Fenimore Cooper, *Le Dernier des Mohicans*
Charles Darwin, *L'Origine des espèces*
Charles Dickens, *A Christmas Carol (édition bilingue anglais-français)*
Erasme, *Eloge de la folie*
Gustave Flaubert,
    L'éducation sentimentale
    Madame Bovary
    Salammbô
Frères Grimm, *80 contes*
Jerome K. Jerome, *Three Men in a Boat (édition bilingue anglais-français)*
Comte de Lautréamont, *Les Chants de Maldoror, suivi de Poésies I et II*
Gustave Le Bon, *Psychologie des foules*
Camille Lemonnier, *Un Mâle*
Jack London,
The Call of the Wild (édition anglaise)
Love of Life (édition bilingue anglais-français)
Nicolas Machiavel, *Le Prince*
Karl Marx & Friedrich Engels, *Manifeste du parti communiste*
Thomas More, *L'Utopie*
William Shakespeare, *Roméo et Juliette*
Sophocle, *Antigone (édition anglaise)*
Robert Louis Stevenson, Dr. Jekyll et Mr. Hyde (édition bilingue anglais-français)
Sun Tzu, *L'Art de la guerre*
Oscar Wilde,
    L'Âme humaine sous le régime socialiste
    Le Crime de Lord Savile et autres contes
    Le Portrait de Dorian Gray
    The Picture of Dorian Gray (édition anglaise)

The Picture of Dorian Gray (édition bilingue anglais-français)
The Soul of Man under Socialism (édition bilingue anglais-français)
Arthur Young, *Voyages en France: En 1787, 1788, 1789 et 1790*

Collection Humour

Jean Aymard de Vauquonery, *Mémoires d'un amnésique*

www.ingramcontent.com/pod-product-compliance
Lightning Source LLC
Chambersburg PA
CBHW071307200626
46813CB00015B/513